JN443775

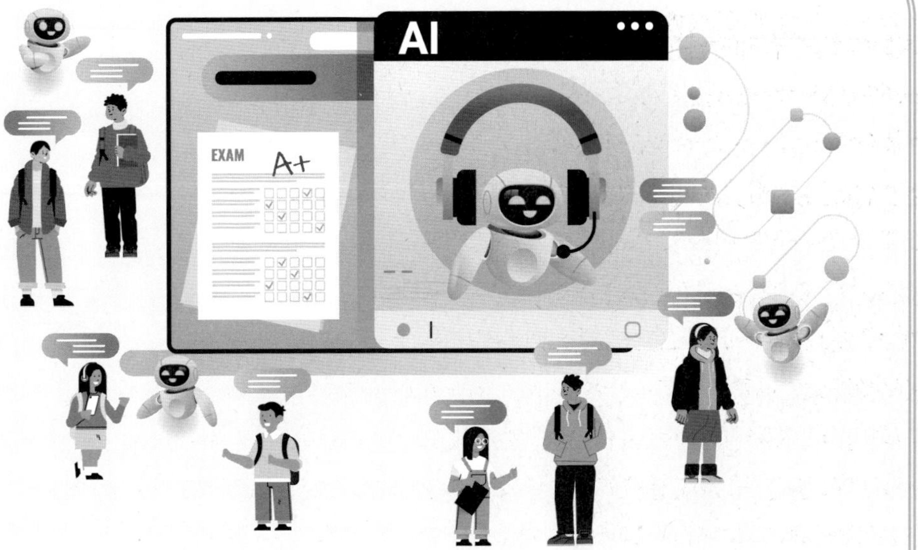


Understanding
AI Convergence
English
Education

인공지능이 변화시키는 영어교육의 미래

# 인공지능 융합 영어교육의 이해

남보라 · 조규희 · 박지현 · 성민창 · 황필아 · 강정진
이동환 · 심창용 · 최희경 · 박선호 · 김혜련

KM 경문사

# 머리말

## 인공지능 융합 영어교육의 이해: 인공지능이 변화시키는 영어교육의 미래

21세기의 도래와 함께, 인공지능(AI) 기술은 우리 사회의 다양한 분야에서 혁신적 변화를 이끌고 있다. 특히 교육 분야에서의 그 영향력은 매우 크며, 외국어 교육, 특히 영어교육에서도 그 중요성이 더욱 부각되고 있다. 인공지능은 인간의 학습, 추론, 인식, 언어 이해와 같은 지능적 행위를 모방하여 컴퓨터나 기계가 수행할 수 있도록 하는 기술이다. 이미 교육 분야에서 인공지능은 개인 맞춤형 학습, 자동화된 평가, 언어 학습 지원 등 다양한 방식으로 활용되고 있으며, 효율성과 효과성을 높이는 데 기여하고 있다.

인공지능이 영어교육에 미치는 영향은 기본적으로 영어교육의 전통적인 접근 방식을 변화시키고 있다. 인공지능이 구현된 언어 학습 앱, 챗봇, 가상 교사 등은 학습자에게 맞춤화된 학습 경험을 제공하며, 언제 어디서나 접근 가능한 학습 환경을 조성한다. 이는 학습자의 동기 부여를 증진시키고, 학습 효과를 극대화하는 데 중요한 역할을 하고 있다. 이러한 변화에 맞춰 앞으로의 영어교육은 기술과 교사의 상호 보완적인 관계 속에서 발전할 것으로 예측된다. 인공지능은 학습자의 개별적인 필요를 파악하고 맞춤형 학습 경로를 제공하는 반면, 교사는 학습자와의 상호작용을 통해 정서적 지원과 교육적 가치를 제공할 것이다. 이러한 협력적 접근 방식이야말로 미래 영어교육의 새로운 패러다임을 보여주는 것이다. 인공지능 시대에 영어교육의 본질은 무엇인가? 인공지능과 영어는 어떻게 협력하여 새로운 패러다임을 제시할 수 있을까? 이러한 질문에 대한 답을 찾기 위해 인공지능 융합 영어교육 시리즈가 기획되었다. 그 첫 번째 시리즈로 『인공지능 융합 영어교육의 이해: 인공지능이 변화시키는 영어교육의 미래』를 논의하고자 한다.

이 책은 인공지능 융합 영어교육에 대한 심층적인 이해를 제공하기 위해 8장으로 구성되었다. 1장부터 4장까지는 인공지능 융합 영어교육의 이론적 토대를 설명한다. 5장부터 8장까지는 인공지능 융합 영어교육의 실제 적용 및 실습에 초점을 맞추었다.

1장에서는 미래를 주도하는 핵심 기술 중 하나로서 인공지능과 교육의 방향을 살펴본다. 먼저 인공지능의 정의와 인공지능이 교육 분야에서 어떤 변화를 가져오고 있는지를 살펴보고, 이에 따른 미래교육의 방향을 모색한다. 또한, 인공지능 시대에 영어교육의 필요성이 더욱 강조되고 있는 상황에서, 인공지능이 영어교육에 미치는 영향과 가능성을 탐구한다. 후반부에는 인간 언어의 특성과 기능에 대해 살펴보면서, 이를 기반으로 인공지능이 언어를 처리하는 과정을 탐구한다.

2장에서는 2022 개정교육과정과 외국어 교육의 핵심 목표 중 하나는 외국어 의사소통 능력에 대해 살펴본다. 의사소통 능력의 다양한 학술적 정의를 소개하고, 의사소통 능력의 개발을 위해 필요한 상호작용의 개념 및 양상을 살펴본다. 또한 외국어 교실에서 상호작용을 증진하기 위한 인공지능 도구의 활용 가능성에 대해 탐색한다.

3장에서는 기술이 외국어 교수 및 학습에 끼친 역사적 영향과 현재를 조명한다. 외국어 교수법은 시대에 따라 변화를 겪어 왔으며, 시대별 기술의 발전은 외국어 교수 및 학습에 직·간접적인 영향을 미치고, 교수법의 변화를 가져오기도 하였다. 청화식 교수법 등 초창기 교수법부터 컴퓨터 보조 언어교육 등의 현대적 교수법에 이르기까지 외국어 수업에서의 기술의 활용과 역할에 대해 시대별로 개관한다.

4장에서는 언어 평가의 기본 개념과 인공지능의 발전이 평가 방법론에 끼친 영향을 다룬다. 전반부에서는 평가의 본질과 정확한 평가를 위해 고려해야 할 측정 오류를 설명한다. 또한 목적에 따른 평가 유형을 구분하고, 세환 효과를 통해 평가가 갖는 중요성을 이해하도록 한다. 후반부에서는 인공지능의 발전과 함께 평가 부문에서 이루어진 혁신들을 소개한다. 문항반응이론을 통해 인공지능 평가의 개별화에 대한 이해도를 높이고, 상업평가에서 선구자적으로 도입된 자동평가를 실제 사례와 함께 살펴봄으로써 영어평가의 최신 경향성을 다룬다.

5장에서는 최근 영어교육 분야에서 주목할 만한 영향력을 보이고 있는 챗봇에 대해 다룬다. 챗봇은 1966년 엘리자(ELIZA)가 개발된 이후 많은 기술 발전이 있었고, 오늘날 교육 영역을 비롯한 여러 분야에서 다양한 목적으로 활용되고 있다. 특히 영어교육용 챗봇이 많이 개발되어, 대화 운영, 교수·학습 접근법, 기술 구성 등에서 차별화된 모습을 보이고 있다. 본 장에서는 챗봇의 개념과 유형을 소개하고 영어교육에 적용될 때의 특징과 실제 사례들을 탐구한다.

6장은 메타버스가 가진 장점을 활용한 효과적인 영어 교수·학습을 제공하기 위해 메타버스에 대한 이론적 이해와 메타버스 활용 영어교육에 대해 살펴본다. 이론 영역에서는 메타버스의 개념 및 특징, 메타버스의 주요 기술이 갖는 교육적 시사점을 알아보고, 활용 영역에서는 가장 많이 사용되고 있는 AR 및 VR 기반 영어교육 사례와 메타버스 기반 교육 협력 활동 사례를 소개한다.

7장은 디지털 스토리텔링에 대해 다룬다. 디지털 스토리텔링은 인공지능기술과 결합하며 생겨난 비언어 디지털 매체들이 일상적 의사소통을 비롯한 다양한 주제 영역 콘텐츠 생성에 활용되는 추세로 인해 다중모드 리터러시(multimodal literacy)를 키우기 적합한 수단으로 주목받고 있다. 이런 환경 변화에 따라, 본 장에서는 1990년대부터 소개된 디지털 스토리텔링의 발전사를 개관하면서 이를 활용한 영어교육의 장단점, 구성 유형, 그리고 활용 시 유의사항과 평가 기준을 기술하였다.

8장은 자연어 처리(Natural Language Processing: NLP)의 기본 개념, 영어교육 및 연구 영역에서의 자연어 처리 적용 사례를 다루고 있다. 특히, LISTLY 및 Orange 3 프로그램을 활용한 텍스트 자연어 수집과 분석 예시를 통해 자연어 처리의 실제에 대해 구체적으로 살펴본다.

이 책은 인공지능 융합 영어교육의 개념, 역사, 현황, 미래 전망을 심층적으로 다루며, 교육 현장에 적용 가능한 실제 사례와 활용 방안을 제시하였다. 또한, 각 장의 내용을 이해하기 쉬운 용어와 구체적인 예시를 사용하여 설명하고, 독자들이 직접 실습해 볼 수 있도록 다양한 활동을 제공하였다. 이 책은 다음과 같은 독자들에게 유용한 정보를 제공할 수 있을 것이다.

- 인공지능 융합 영어교육에 관심 있는 교사, 학부모, 학생
- 영어교육 정책 수립자 및 교육 기관 운영자
- 인공지능 기술 개발자 및 연구자
- 영어교육 분야의 미래를 열고자 하는 모든 사람

이 책을 통해 독자들이 인공지능 융합 영어교육에 대한 심층적인 이해를 얻고, 미래 영어교육의 새로운 지평을 열어나가는 데 기여할 수 있기를 기대한다.

# 차례

## CHAPTER 01

## 인공지능 시대, 언어교육

01 인공지능 시대, 교육 ······ 2
02 인공지능 시대, 영어교육 ······ 19
03 의사소통의 진화, 인간 언어의 본질과 인공지능 ······ 33

## CHAPTER 02

## 인간은 언어라는 도구를 사용하여 의사소통한다

01 의사소통 능력 ······ 56
02 상호작용 ······ 67

CHAPTER 03

# 외국어 교수·학습에서 테크놀로지 활용의 과거와 현재

01 금속 활자부터 라디오까지 …… 82
02 어학실습실과 초창기 컴퓨터 …… 87
03 마이크로 컴퓨터와 지능형 컴퓨터 보조 언어 학습 …… 92
04 웹 기반 교수 자료와 인공지능 기반 컴퓨터 보조 언어 학습 … 103

CHAPTER 04

# 인공지능과 영어평가

01 평가와 측정 오류 …… 112
02 인공지능의 발전과 영어평가 …… 133

## CHAPTER 05

# 챗봇을 활용한 영어교육

01 챗봇이란? ········· 158
02 교육용 챗봇 ········· 172

## CHAPTER 06

# 메타버스와 영어교육

01 메타버스의 이해 ········· 184
02 메타버스 활용 영어교육 ········· 197

CHAPTER 07

## 디지털 스토리텔링과 영어학습

01 디지털 스토리텔링의 의미와 특징 ······ 212

02 다중모드 리터러시의 의미와 특징 ······ 220

03 디지털 스토리텔링 활용 수업의 실제 ······ 225

CHAPTER 08

## 자연어 처리와 영어교육

01 자연어 처리와 Orange 3 ······ 252

02 Orange 3 활용 텍스트 자연어 처리의 실제 ······ 273

참고문헌 ······ 290

찾아보기 ······ 300

CHAPTER 01

# 인공지능 시대, 언어교육

인류의 미래에 대해 예전부터 많은 학자, 연구자, 전문가들이 예측을 해왔다. 전문가들은 미래 사회를 바꿀 기술 등에 관심을 가져왔는데, 전문가들이 예측한 미래를 변화시킬 가장 중요한 기술은 바로 인공지능 기술이다. 사람들이 인공지능이라는 개념을 접한 것은 주로 영화나 책 속인데, 우리 일상 속에서 실제적으로 느끼기 시작한 것은 바로 최근이다. 그중에 인공지능이 미래가 아닌 현실임을 일깨워준 사건은 바로 알파고, 메타버스, ChatGPT 뉴스를 통해서이다. 알파고와 천재 바둑기사 이세돌의 바둑 대전이 인공지능의 실존을 확인하는 사건이었다면, 메타버스는 인공지능을 통해 펼쳐질 미래의 모습을 경험할 수 있었으며, ChatGPT는 AI가 어디까지 발전할 수 있는지 기대와 동시에 두려움을 갖게 하는 사건들이었다. 인공지능 시대에 우리 교육은 무엇을 추구해야 하며, 영어교육은 어떤 방향으로 나아가야 할 것인가? 인공지능 시대에 우리에게 주어진 질문이다.

SECTION

# 01 인공지능 시대, 교육

## ① 미래는 이미 우리 곁에 와 있다.

"The future is already here. It's just not very evenly distributed(미래는 이미 우리 곁에 와있다. 다만 널리 퍼져있지 않을 뿐이다.)" SF 소설가 윌리엄 깁슨(William Gibson)이 언급한 내용이다. 미래의 변화와 혁신이 아직 일반 대중에게 널리 알려지지 않았다는 것을 의미한다. 많은 사람들이 새로운 기술, 아이디어, 사회적인 변화 등 미래 변화와 요소들에 대해 나와 상관없는 일로 생각하거나, 아직 일부 사람들이나 일부 지역에서만 변화와 혁신적인 기술들이 퍼져있음을 암시한다. 미래는 정말 우리 곁에 있는 것일까? 우리는 지금 미래 시대를 경험하면서 살고 있는 것일까?

우리가 미래를 예측하거나 맛볼 수 있는 경우는 보통 책, 만화, 영화 등을 통해서이다. 영화 「백투더퓨처(Back to the Future)」가 그중 한 영화이다. 1985년에 처음 소개되어 총 3편이 제작되었는데, 그 당시만 해도 미래의 일상 모습을 자연스럽게 잘 그려낸 영화였다. 시간적 배경은 1985년이며, 2015년을 가장 가까운 미래로 설정하였는데, 영화 제작 당시 30년 후 미래 우리 삶의 모습을 상상한 것이다. 놀랍게도 이 영화에는 인공지능, 3D, 가상 현실(VR), 증강 현실(AR), 무인자동차, 로봇 의사 등을 소개하고 있다. 이 영화에서 소개되었던 기술은 실제 2015년 무렵에 거의 상용화되었다. 물론 영화에서는 2015년에 날아다니는 자동차 등도 예측했는데 그 부분은 아직 상용화되진 않았다. 하지만 기술적으로는 이미 성공했고, 조만간 날아다니는 자동차를 탈 수 있을 것이다. 요즘 영화들을 살펴보면, 인공지능이나 인간 복제 등도 영화의 주된 소재들이다. 인간의 노동을 대신해 주는 고마운 인공지능부터 인류와 대결하는 무서운 인공지능의 모습도 그리고 있다. 그렇다면 인공지능은 어디까지 우리 삶에 자리 잡은 것일까?

인공지능은 이미 우리 일상 속 깊숙이 자리 잡은 기술이다. 스마트폰의 음성 인식 기능부터 온라인 쇼핑몰의 개인 맞춤형 추천 시스템까지, 인공지능은 삶을 편리하고 효율적으로 만드는 역할을 한다. 예를 들어, 스마트폰의 음성 인식 기능은 사용자의 언어를 이해하고, 이에 따른 명령을 수행하는 기능이다. 이 기능은 정보 검색에서 복잡한 일정 관리에 이르기까지 다양한 형태로 활용된다. 온라인 쇼핑에서 인공지능은 사용자의 구매 이력과 검색 패턴을 분석하여 개인에게 적합한 제품을 추천하는 역할을 한다. 이는 사용자가 브랜드와 상품에 대한 정보 과부하 속에서 적절한 선택을 할 수 있도록 돕는다. 의료 분야에서도 인공지능이 환자의 진단과 치료 과정을 개선하는 중요한 역할을 한다. 인공지능 기반의 의료 분석 시스템은 환자 데이터를 분석하여 정확한 진단을 지원하고, 효율적인 치료 방안을 제시한다. 교통 시스템에서 인공지능의 적용은 또 다른 중요한 분야이다. 자율주행 자동차는 도로 상황을 실시간으로 분석하고, 최적의 경로를 선택하여 안전하고 효율적인 운행을 가능하게 한다. 이는 교통체증 감소와 사고율 감소에 크게 기여할 것으로 기대된다.

우리도 모르는 사이에 인공지능은 우리 삶에 깊숙이 들어와 있다. 윌리엄 깁슨이 언급한 미래가 널리 퍼져있지 않다는 주장은 어쩌면 미래가 공평하게 퍼져있지 않다는 말로도 해석할 수 있다. 즉 우리가 인공지능을 이해하지 못하고, 적절하게 사용하지 못한다면 인공지능으로 인한 격차는 불공평하게 나타날 것이다. 인공지능이 무엇인지, 인공지능에 따라 교육의 방향이 어떻게 바뀌어야 하는지, 또한 어떻게 활용할 것인지에 대한 고민이 필요한 시점이다.

## ② 인공지능

인공지능(Artificial Intelligence)은 인간의 지적 능력을 모방하여 컴퓨터에 구현하는 과학기술을 말한다. 이 기술은 상황인지, 이성적 및 논리적 판단, 감성적이고 창의적인 기능 수행 능력을 포함한다. 인공지능에 대한 정의는 연구자나 기관에 따라 다양하게 제시되었으나 주요 정의를 살펴보면 다음과 같다.

(1) 인간의 지능이 가지는 학습, 추리, 적응, 논증 따위의 기능을 갖춘 컴퓨터 시스템, 전문가 시스템, 자연 언어의 이해, 음성 번역, 로봇공학, 인공 시각, 문제 해결, 학습과 지식 획득, 인지 과학 따위에 응용하는 것(국립국어원)

(2) 인공지능은 인간이 할 수 있는 사고, 학습, 자기 개발 등을 컴퓨터가 할 수 있도록 연구하는 컴퓨터 공학 및 정보기술의 한 분야로서 컴퓨터가 인간의 지능적인 행동을 모방할 수 있도록 하는 것(두산백과)

(3) 인공지능은 인간의 지적 활동과 관련된 문제 해결이나 학습을 수행하는 컴퓨팅 과정으로 정의하며, 자연어

처리, 기계 학습, 데이터 마이닝 등과 같은 기술을 포함하는 포괄적 개념(Russell & Norvig, 2010)

(4) 인공지능은 인간이 가지는 지능적인 활동을 컴퓨터가 스스로 시행할 수 있도록 능력을 부여하는 것(교육부, 2022)

인공지능의 기원은 1950년 앨런 튜링의 「Computing Machinery and Intelligence」 논문으로 거슬러 올라가며, 1956년 존 맥카시가 다트머스 대학교에서 열린 워크숍에서 "지능적 기계를 만드는 과학과 공학"으로 정의하면서 본격적인 연구가 시작되었다. 인공지능의 초기 발전 단계에서는 많은 기대가 있었으나 실제 복잡한 문제 해결에는 어려움을 겪었다. 이 시기의 인공지능은 주로 간단한 작업이나 특정 영역에 제한되었다. 그러나 이후 전문가 시스템이라는 새로운 기술이 등장하며 인공지능 연구는 다시금 주목을 받기 시작했다. 전문가 시스템은 특정 분야의 전문 지식을 컴퓨터 프로그램에 통합해 특정 문제를 해결하는 데 초점을 맞췄다. 하지만 이 방식은 복잡한 구현 과정, 한정된 응용 분야, 유지보수의 어려움 등으로 인해 곧 한계에 부딪혔다. 이렇게 두 번의 침체기를 거친 뒤, 퍼셉트론 모델[1)]을 기반으로 하는 다층 신경망의 개발, 대량의 데이터 처리 능력, 그리고 컴퓨팅 파워의 증가가 인공지능의 새로운 발전을 이끌었다. 이러한 진보는 머신러닝(machine learning)과 딥러닝(deep learning)의 발전을 촉진했으며, 이것이 현재 인공지능이 다양한 사회 영역에서 중요한 역할을 할 수 있는 기반을 마련하게 되었다.

---

1) 퍼셉트론(Perceptron): 인지 능력(perception)과 뇌 신경망(neuron)의 합성어로 인공신경망의 한 종류이다. 다수의 신호를 입력 받아 하나의 값을 출력하는 알고리즘을 말한다.

2022년도 11월에 소개된 ChatGPT의 등장과 2023년도 12월 구글이 소개한 제미나이(Gemini)는 인공지능의 발전을 계속해서 기대하게 한다. OpenAI가 개발한 인공지능 언어 모델 'ChatGPT-4'는 강력한 자연어 처리 능력을 가진다. 이 모델은 대화형 인공지능으로, 다양한 주제에 대한 질문에 답변할 수 있으며, 문서 작성, 요약, 번역과 같은 다양한 언어 관련 작업을 수행할 수 있다. ChatGPT-4는 이전 버전인 GPT-3보다 더 많은 데이터와 개선된 알고리즘을 기반으로 하여 더 정교하고 정확한 응답을 제공한다. 또한, 다양한 문맥을 이해하고, 복잡한 대화 흐름을 따라갈 수 있는 능력을 갖추고 있다. 이 모델은 광범위한 응용 분야에서 활용되고 있으며, 특히 교육, 고객 서비스, 콘텐츠 생성 등의 분야에서 유용하게 사용되고 있다. 구글의 자회사인 딥마인드가 발표한 제미나이 모델은 알파고를 능가하는 성능을 자랑한다. 제미나이는 멀티모달(multi-modal) 설계로 되어 있어 텍스트뿐만 아니라 이미지, 소리, 영상 등 다양한 형태의 입력을 처리할 수 있다. 다양한 벤치마크 테스트에서 GPT-4보다 높은 성능을 보여주었다. 제미나이는 세 가지 버전으로 제공되고 있는데, 각각 '울트라(ultra)', '프로(pro)', '나노(nano)'라 불린다. 특히 제미나이 나노가 '온디바이스(on device)' 모델로 작동하는데, 이는 인공지능 시스템이 클라우드 기반의 서버가 아닌 사용자의 개인 장치(예: 스마트폰, 노트북)에서 모든 연산을 처리한다는 의미이다. 이러한 접근 방식은 데이터 보안과 개인정보 보호가 강화되어 개인정보 유출 위험이 줄어든다. 또한 인터넷 연결이 필요 없거나 불안정한 환경에서도 인공지능 서비스를 사용할 수 있다.

ChatGPT와 제미나이와 같은 인공지능 모델의 개발은 인공지능 분야에서의 중요한 진전을 나타낸다. ChatGPT는 자연어 처리와 대화 생성에 있어 뛰어난 성능을 보여주며, 이는 인간과 기계 간의 상호작용을 더 자연스럽고 유용하게 만든다. 제미나이의 개발은 인공지능이 프로그래밍 및 기술적 문제 해결에도 효과적으로 활용될 수 있음을 시사한다. 이러한 발전은 인공지능이 점점 더 복잡하고 다양한 작업을 수행할 수 있음을 보여주며, 기술과 일상 생활의 여러 영역에서 인공지능의 역할이 증가하고 있음을 나타낸다. 인공지능은 어디까지 발전할 수 있을까? 인공지능의 발전을 예측하기 위해서, 현재 인공지능의 개발 수준을 파악할 필요가 있다. 인공지능은 크게 세 가지로 분류된다. 약인공지능, 강인공지능, 그리고 초인공지능이다.

〈표 1-1〉 인공지능의 분류

| 유형 | 정의 | 특징 | 예시 |
|---|---|---|---|
| 약한 인공지능 | 특정 분야에서만 활용 가능 | 규칙에 따라 특정 작업 수행, 창조적 사고 불가능 | 챗봇, 가상비서, 추천 알고리즘 |
| 강한 인공지능 | 인간과 같은 지능 수준을 목표로 하는 인공지능 | 스스로 학습 및 적응, 복잡한 문제 해결 능력 | 현재는 이론적 수준 |
| 초지능 인공지능 | 인간 지능을 뛰어넘는 인공지능 | 복잡한 문제 해결, 새로운 기술 창출, 고급 의사결정 | 논의와 연구 단계 |

약한 인공지능은 특정 분야에서만 활용 가능하며, 알고리즘, 기초 데이터, 규칙에 따라 작업을 수행하며, 규칙을 벗어난 창조는 불가능하다. 대부분의 현재 인공지능 시스템이 이에 해당한다. 이러한 인공지능은 특정 작업에 한정되며, 프로그래밍을 넘어선 학습이나 적응 능력이 없다. 예를 들면, 챗봇과 가상 비서(SIRI), 추천 알고리즘 등이 있다. 반면에, 강한 인공지능은 범

용 인공지능으로 스스로 데이터를 찾아 학습하며, 정해진 규칙을 벗어나 복잡하고 고차원적인 업무를 처리할 수 있는 시스템이다. 이러한 인공지능은 인간과 비슷한 지능을 갖추어 새로운 상황을 학습하고 적응하며 추상적으로 사고하고, 추론하고, 문제를 해결할 수 있다. 하지만 현재까지는 이러한 강한 인공지능은 이론적인 수준에 머물러 있다. 초지능 인공지능은 인간의 지능을 뛰어넘어 복잡한 문제를 해결하고, 새로운 기술을 만들며, 인간의 이해 범위를 넘어선 의사 결정을 내릴 수 있는 고급 버전의 인공지능이다. 현재는 논쟁의 대상이며, 잠재적인 이점과 위험성에 대한 예측은 어렵다. 초지능 단계의 정의와 달성 가능성, 개발 필요성에 대한 논의와 논쟁이 지속되고 있다.

인공지능의 발전에 있어 핵심적인 역할을 하는 기술은 머신러닝과 딥러닝이며, 이들은 자연어 처리(NLP)와 같은 응용 기술과 밀접하게 연결되어 있다.

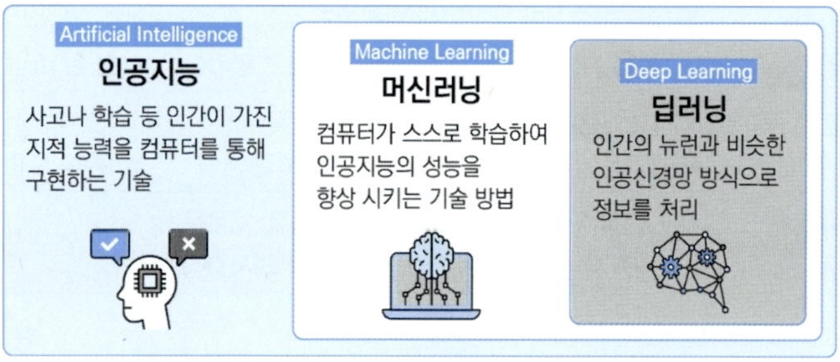


[그림 1-1] 인공지능, 머신러닝, 딥러닝의 차이

머신러닝은 컴퓨터가 데이터를 기반으로 학습하고, 그 결과를 바탕으로 스스로 판단하고 작업을 수행할 수 있게 하는 기술이다. 이는 컴퓨터가 경험을 통해 배우고 성장하는 능력을 갖추게 하며, 주어진 데이터로부터 패턴을 인식하고 예측을 수행한다. 딥러닝은 머신러닝의 한 분야로 인간의 뇌가 작동하는 방식을 모방하여 복잡한 데이터를 처리하는 데 사용된다. 이는 신경망의 여러 층을 통해 데이터를 처리하며, 각 층에서는 다양한 정보의 추상화와 복잡한 패턴을 학습한다. 딥러닝은 이미지와 음성 인식, 자연어 처리 등에 폭넓게 활용되며, 이를 통해 머신러닝의 한계를 넘어선 복잡한 문제 해결이 가능하다. 자연어 처리(NLP)는 인공지능이 인간의 언어를 이해하고 생성하는 데 사용되는 기술이다. NLP는 텍스트 데이터를 분석하여 인간의 언어를 컴퓨터가 이해할 수 있는 형태로 변환하고, 이를 기반으로 대화, 번역, 요약 등의 작업을 수행한다. NLP는 딥러닝과 결합하여 더욱 정교하고 효율적인 언어 처리를 가능하게 한다. 이러한 기술들의 발전은 인공지능이 인간과 유사한 수준으로 복잡한 작업을 수행하고, 새로운 분야에서 활용될 수 있는 가능성을 제시한다. 머신러닝과 딥러닝의 발전은 인공지능이 자율적으로 학습하고 문제를 해결하는 능력을 향상시키며, NLP의 발전은 인공지능이 인간 언어를 더욱 효과적으로 이해하고 사용할 수 있게 한다.

새로운 인공지능 모델의 발전 방향은 현재의 기술 동향과 사회적 수요에 기반하여 여러 방향으로 예측해 볼 수 있다. 첫째, 더욱 강화된 개인정보 보호와 데이터 보안 기능을 갖춘 '온디바이스' 모델이 확산될 것으로 예상된다. 둘째, 머신러닝과 딥러닝 기술의 발전으로 더욱 정교하고 다양한 작업을 수행할 수 있는 '멀티태스킹' 능력을 갖춘 모델이 개발될 것이다. 셋째, 인간의 창의성과 감성을 모방하거나 이해할 수 있는 모델에 대한 연구와 개발이 활발해질 수 있다. 이러한 새로운 인공지능 모델은 고도의 맞춤형 서비스 제공, 복잡한 문제 해결, 창의적인 작업 수행 등에 활용될 것으로 예상된다.

## ③ 인공지능과 교육

인공지능 기술의 교육 분야 적용은 개인화된 학습 경험을 제공함으로써 교육의 패러다임을 혁신적으로 변화시키고 있다. 인공지능을 활용한 영어 학습 애플리케이션은 이러한 변화의 대표적인 예이다. 이러한 애플리케이션은 학습자의 언어 수준, 관심사, 학습 스타일을 분석하여 맞춤형 학습 코스를 제공한다. 예를 들어, 사용자가 문법 학습에 어려움을 겪고 있다면, 해당 애플리케이션은 문법 연습에 중점을 둔 자료를 제공하여 효율적인 학습을 지원한다. 이는 학습자의 동기 부여와 학습 효과를 증진시키는 데 크게 기여한다. 인공지능은 평가와 피드백 과정에서도 중요한 역할을 한다. 학생들의 작업이나 시험 답안을 인공지능이 분석하여 즉각적인 피드백을 제공함으로써 학생들은 자신의 학습 성과를 실시간으로 파악하고 부족한 부분을 개선할 수 있다. 이는 교사의 부담을 줄이는 동시에 학생들에게 더욱 개인화되고 효과적인 학습 경험을 제공한다. 또한, 인공지능은 가상 현실 및 증강 현실 기술과 결합하여 더욱 몰입감 있고 상호작용적인 학습 환경을 제공할 수 있다. 예를 들어, 인공지능이 통합된 VR 환경에서 학생들은 고대 로마의 거리를 걸으며 역사적 장소와 사건을 직접 경험할 수 있다. 이러한 가상 체험은 학생들이 역사를 더욱 실감 나고 깊이 이해하는 데 도움이 된다. 이처럼 인공지능의 교육 분야 적용은 학습의 효율성을 높이고, 학습 경험을 풍부하게 하며, 교육의 품질을 전반적으로 향상시키는 데 중요한 역할을 하고 있다.

[그림 1-2] 인공지능의 교육적 활용

미래교육은 인공지능의 도움으로 전례 없는 개인화와 효율성을 달성할 것으로 예상된다. 인공지능 기술은 각 학생의 학습 스타일, 속도, 강점 및 약점을 이해하고, 이에 따라 맞춤형 교육을 제공할 수 있다. 인공지능 교사는 학습 진도와 이해도를 실시간으로 파악하고, 개별화된 학습 자료와 피드백을 제공할 수 있다. 이러한 인공지능의 활용은 교사에게도 이점을 제공하며, 학생들에게 다양한 학습 경로를 제공함으로써 각자의 흥미와 목표에 맞는 교육을 가능하게 한다. 인공지능의 발전은 미래에 더욱 복잡한 문제 해결과 창의적인 작업에 기여할 것으로 예상된다. 예를 들어, 예술 작품 생성, 과학 연구의 데이터 분석, 실험 설계 지원 등 다양한 분야에서 인공지능의 역할은 계속 확장될 것이다.

인공지능 기반 교육 시스템은 학습 경험을 혁신하고 있지만, 이러한 시스템을 구현하는 데는 몇 가지 중요한 고려 사항이 있다. 먼저, 인공지능 학습 시스템은 대량의 데이터와 정교한 알고리즘에 의존하며, 이 과정에서 학습자의 개인정보 처리와 관련된 프라이버시 문제가 발생할 수 있다. 또한, 인공지능 기반 교육은 학습자 간의 직접적인 상호작용을 감소시킬 위험이 있어, 사람과의 교류와 균형을 맞추는 것이 필요하다. 인공지능 기술의 발전은 사람의 일자리 대체, 의사 결정 과정의 투명성 및 공정성, 개인정보 보호 등 다양한 윤리적 문제도 제기한다. 이러한 문제들을 해결하기 위해 인공지능 기술의 발전과 함께 윤리적인 측면을 고려한 규제와 정책 개발이 필수적이다. 이는 인공지능의 긍정적인 효과를 극대화하고 부정적인 영향을 최소화하는 데 매우 중요한 요소이다. 인공지능 교육의 미래는 도전과제도 함께 제시한다. 인공지능 기반 학습 시스템의 설계와 구현에 있어서 교육적 가치와 학습자의 욕구를 중심에 두는 것이 중요하며, 모든 학생이 이러한 기술에 접근할 수 있도록 하는 것도 중요한 과제다. 인공지능 교육의 미래는 이러한 기술적, 윤리적, 사회적 과제들을 해결하는 데에서 그 가치를 발견할 수 있다.

## ④ 인공지능 시대 미래교육 방향

인공지능 시대에서 미래교육은 인공지능 시스템의 자동화와 지능화 기술의 발전에 맞추어 진화하고 있다. 이러한 환경에서 AIED(Artificial Intelligence in Education)는 교육에 인공지능 기술을 적용하여 학습자의 학습 경험을 개선하고자 하는 중요한 연구 분야로 자리 잡고 있다. AIED는 컴퓨터 과학, 교육학, 심리학 등의 학문 분야와의 접점에서 발전하며, 상호작용적이고 적응적인 학습 환경을 제공하기 위해 노력한다. 이는 학습자의 수준과 목표에 맞는 맞춤형 학습 솔루션을 제공하고, 학습자의 진단, 평가, 피드백, 동기부여 등을 지원하며 교육의 비효율성과 불평등성을 해소하는 데 기여한다. 미래 사회에 적응하기 위해서는 인공지능에 대한 이해뿐만 아니라 적극적인 활용과 생산이 필요하다. 인공지능의 영향력이 커짐에 따라, 교육적 패러다임도 획기적으로 변화하고 있다. 현재 교육 상황에서는 인공지능 이해와 활용에 중점을 둔 교육이 중요해졌으며, 이러한 변화에 적응하여 학생들이 미래 사회에서 성공적으로 적응할 수 있도록 적극적인 인공지능 교육이 요구된다. 교육 패러다임의 변화에는 네 가지 주요 영역에 초점을 맞출 필요가 있다.

### 1) 교육 목적의 변화

교육 목적은 시대의 발전과 함께 변화하고 있다. 과거에는 학교 교육이 주로 지식과 문화의 전수에 초점을 맞추었으며, 이는 교사 중심의 지식 전달과 학습자의 수동적 수용이 주를 이루었다. 산업화 시대에 접어들면서, 교육은 기술과 능력 중심으로 변모하였다. 산업 현장의 요구에 따라 실무 지식과 기술의 중요성이 강조되었고, 이에 따라 산업교육이 중시되었다. 정보화 시대의 도래와 함께, 정보와 기술의 급속한 발전이 교육에 큰 영향을 미쳤다. 정보에 노출된 환경에서 학생들의 정보력과 문제 해결 능력 강화에 초점이 맞춰졌다. 현재 우리는 인공지능 시대에 살고 있으며, 이 시대에서는 인공지능의 발전과 빅데이터의 활용으로 맞춤형 학습, 지능형 지도, 개인화된 교육이 강조된다. 학생들의 학습 경험과 성과를 최적화하며 학습자 중심의 교육이 이루어진다.

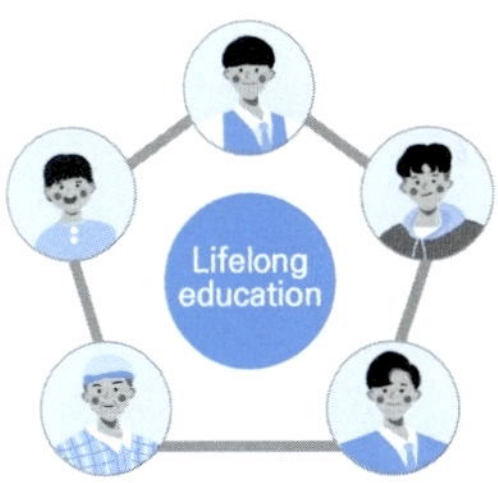


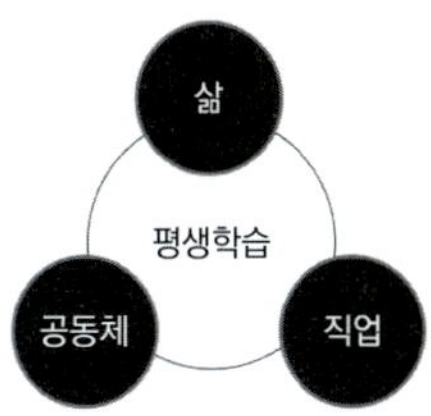


[그림 1-3] 인공지능 시대 교육의 목적

인공지능 기술 자체에 대한 교육을 넘어서, 인공지능 기술을 이해하고 활용하여 교수하고 학습할 수 있는 능력을 기르는 데에 교육적 중점을 두어야 한다. 이는 교사와 학생들이 인공지능 기술을 활용하여 최적의 교수와 학습 환경을 조성하고, 학습의 극대화와 미래 핵심 역량을 향상시키는 데 기여한다. 이러한 방식으로 인공지능 교육에 대한 부담감에서 벗어나 교육 생태계를 발전시키며, 학생들이 미래 사회에서 필요한 능력과 역량을 갖추도록 지원하는 것이 중요하다.

### 2) 교육 내용의 변화

인공지능 시대의 교육 내용 변화는 'Less is more' 원칙에 따라 학습 내용의 적정화와 맞춤형 학습이 중심이다. 학습자가 다양한 문제 상황에서 '왜(why)'라는 질문을 통해 자료를 수집하고 연결하며, 새로운 정보를 창출하는 능력을 길러야 한다. 이 과정에서 학생들은 융복합형 데이터를 처리하고 의사소통하는 역량을 개발해야 한다. 따라서, 교육 내용은 학생 개개인에 맞춰 줄여지고, '왜'와 '어떻게'라는 질문을 중심으로 하여 학생들이 문제를 찾고 해결 방법을 모색할 수 있도록 유도한다. 이러한 접근은 학생들이 자신의 삶과 관련된 실제 문제들을 이해하고 성찰하며 성장하는 데 기여한다.

4C(Communication, Collaboration, Critical thinking, Creativity)와 디지털 리터러시(digital literacy)는 인공지능 교육의 중요한 요소이다. 의사소통 능력은 다른 사람의 의도를 이해하고 소통하는 데 필수적이며, 협업 능력은 다양한 사람들과 효과적으로 일하는 데 중요하다. 비판적 사고 능력은 논리적 결론 도출에 필요하며, 창의력은 새로운 관점에서 생각하고 문제를 해결하는 데 기여한다.

디지털 리터러시는 장기적이고 체계적인 교육을 통해 문제 해결 과정에서 중요한 역할을 한다. 이 능력을 갖춘 학생들은 문제 상황을 통찰하고 제시된 정보를 빠르게 통합할 수 있다. 글로벌 시민, 다문화, 환경 교육의 필요성도 인공지능 시대에 부각된다. 세계는 점점 더 연결되고 상호의존적이 되며, 이에 따라 다양한 문화와 가치관을 존중하고 이해하는 능력이 중요하다. 인공지능 기술은 다문화 사회에서 언어와 문화를 통합하는 데 도움이 되며, 환경 교육은 지속 가능한 발전과 환경 보호에 대한 책임감을 심어준다. 인공지능 시대의 급변하는 사회 변화에 대응하고 적응하기 위해서는 글로벌 시민, 다문화, 환경 교육이 필수적이다. 이러한 교육은 학생들이 글로벌 시민으로서의 책임과 역할을 이해하고 수행하는 데 도움이 된다.

### 3) 교육 방법의 변화

교육 방법의 변화에서 인공지능은 매우 중요한 역할을 수행하고 있다. 인공지능의 가장 큰 기대치는 개인화 학습 또는 맞춤형 학습의 실현에 있다. 이는 학습자 개인의 학습 수준, 환경, 학습 행태에 맞춘 개별적인 학습 콘텐츠와 방법을 제공함으로써 개인의 학습 욕구를 충족시키고 진로 로드맵을 제시하는 것을 의미한다. DKT(Deep Knowledge Tracing) 알고리즘과 같은 기술을 활용하여 학습 역량을 진단하고, 예측 알고리즘을 통해 시험 성적을 예측하는 방식이 현실에서 적용되고 있다. 교사들은 이제 인공지능의 추론 지능을 통해 데이터 기반으로 더 정밀하게 학생들을 평가하고 피드백을 제공할 수 있다. 이러한 인공지능의 활용은 학생들의 개별적인 학습 요구에 맞추어 학습 지원을 강화하며, 더욱 효과적이고 효율적인 교육 환경을 조성하는 데 도움이 된다.

인공지능 시대의 초연결성과 초지능성 속에서는 다양한 분야의 지식과 기술을 융합하여 복잡한 문제를 창의적으로 해결할 수 있는 능력이 필수적이다. 이러한 사회에서는 단순히 특정 분야에서만 역할을 수행하는 학생이 아닌, 다양한 분야를 연결하고 창의적인 문제 해결에 도전하는 창의 융합 인재가 요구된다. 이러한 인재들은 인공지능, 사물 인터넷, 빅데이터 등의 최신 기술과 개념에 적응하고 이를 선도할 수 있는 능력을 갖추어야 한다. 따라서 교육의 중요한 목표는 학생들이 이러한 초연결성과 초지능성을 발전시키고 창의 융합형 인재로 성장할 수 있는 환경을 제공하는 것이다.

공동체 학습의 중요성도 강조된다. 인공지능 기술의 발달과 더불어 교육의 핵심 가치인 공감과 소통 능력은 여전히 중요하다. 서로를 이해하고 문제를 해결하는 능력을 강화하기 위해 공동체 학습이 필요하며, 인간 교사와 인공지능 교사의 협업 관계도 중요하다. 교사는 감정적 상호작용, 가치 판단, 교육과정 설계, 상담 등을 담당하고, 인공지능과 교사는 기계적 학습, 개별화 학습, 정형화된 논의와 평가를 수행할 수 있도록 조화롭게 협업해야 한다.

새로운 교육적 패러다임은 인공지능 기술과 관련된 내용을 교육 내용으로 포함하여 설계해야 한다. 기존의 분리된 교과 교육 차원을 넘어서 융합교육과 통합교육의 방향을 제시하는 것이다. 미래 사회에서 요구되는 핵심 역량은 특정 교과에 대한 지식만으로는 해결되지 않으며, 융합적 역량의 함양이 필요하다. 교사는 단순히 지식을 전달하는 존재가 아니라, 학생들과 함께 인공지능 기술과 관련된 도구를 활용하여 새로운 교수-학습 시스템을 구축하고 새로운 교육적 효과를 창출해야 한다. 이러한 혁신적인 접근은 미래교육의 성공적인 발전을 위해 필수적이다.

### 4) 교육 평가의 변화

인공지능 시대의 교육 평가는 학생들의 잠재력 개발에 중점을 두어야 한다. 과거의 교육 평가 방식은 주로 지식 습득과 기억력에 초점을 맞추었으나, 이는 학생들의 다양한 능력과 잠재력을 충분히 측정하지 못하는 한계가 있었다. 인공지능을 활용한 평가에서는 학생들의 개별적인 능력과 성장을 감지하고 이해하는 데 더 많은 관심을 기울여야 한다. 이를 위해서는 개별화 평가, 창의성과 문제 해결 능력의 평가, 인성과 삶의 역량 평가, 자기주도적 학습 능력의 평가 등이 필요하다.

학습의 과정을 관찰하는 것도 중요하다. 이전에는 주로 학습의 결과에만 초점을 맞추었지만, 인공지능을 활용한 교육 평가에서는 학습의 결과와 과정 모두를 고려하는 것이 가능해졌다. 학생들의 자기주도적 학습 능력, 창의성, 문제 해결 능력 등을 평가하는 방법이 도입되어야 하며, 학생들의 노력과 성장 가능성도 평가 체계에 반영되어야 한다. 또한, 다양한 정답을 인정하는 평가 방식이 필요하다. 이전의 평가는 주로 하나의 정답에 초점을 맞추었지만, 인공지능을 활용한 평가에서는 학생들의 창의성과 문제 해결 능력을 존중하고, 다양한 방법과 관점으로 문제를 접근하는 능력을 평가해야 한다. 개별화 평가, 창의성 강조, 다양한 평가 도구의 사용이 필요하다.

마지막으로, 평가 방법의 개선을 통해 공정성과 신뢰성을 확보하는 것도 중요하다. 인공지능 기술을 활용한 평가에서는 학생들의 학습 경험과 학습 성과를 다양한 방면으로 분석하고 평가해야 하며, 이를 통해 학생들에게 공정한 평가를 제공해야 한다. 인공지능은 학생들의 학습 데이터를 수집하고 분석하여 개별적인 평가를 가능하게 하며, 다양한 데이터를 활용하여 학생들의 전반적인 학습 상태를 파악하는 데에도 사용될 수 있다. 학생들에게 실시간으로 피드백을 제공함으로써 학습 성과를 최적화할 수 있다.

인공지능 시대에 우리가 목격하고 있는 교육의 변화는 단순한 기술적 진보를 넘어서, 학습의 본질과 방향성을 근본적으로 재정립하고 있다. 인공지능의 정의와 역사를 통해 우리는 이 기술의 진화를 이해하고, 다양한 형태의 인공지능이 교육 분야에 어떤 영향을 미칠 수 있는지를 탐구해왔다. 인공지능과 교육의 결합은 교육의 목적을 확장하고, 내용을 더욱 다양화하며, 교육 방법을 혁신하고, 평가의 정확성을 향상시키는 새로운 기회를 제공한다. 이러한 변화는 특히 언어교육 분야에서 두드러지게 나타나고 있다. 2절에서는 이 인공지능 시대에 영어교육이 어떻게 발전해야 하는지, 기술과 인간 교사의 역할이 어떻게 변화하고 있는지, 그리고 이러한 변화가 학습자에게 어떤 새로운 기회와 도전을 제공하는지 알아본다.

SECTION

# 02 인공지능 시대, 영어교육

## ① 인공지능 시대 영어교육의 필요성

인공지능 시대, 외국어(영어) 공부는 꼭 필요할까? 인공지능 기술의 발달로 외국어 교육의 필요성에 대한 의문이 증가하고 있다. 이러한 주장에 대한 근거를 살펴보면, 첫째, 인공지능 기반의 번역 기술의 발전이다. 구글 번역기나 딥랜서(DeepL) 같은 고급 번역 알고리즘은 다양한 언어 간의 실시간 번역을 가능하게 하며, 이는 언어 장벽을 크게 낮추고 있다. 예를 들어, 비즈니스 회의나 국제 콘퍼런스에서 실시간 통역 기능을 사용하여 다양한 언어의 발표를 즉시 이해할 수 있다. 둘째, 인공지능을 활용한 음성 인식 및 음성 대응 시스템의 발달이다. 이러한 시스템은 사용자가 말하는 언어를 실시간으로 인식하고, 해당 언어로 응답을 생성할 수 있다. 예를 들어, 스마트폰의 인공지능 비서나 음성 인식 기능을 활용하면, 사용자는 자신이 모르는 언어로 된 질문에도 쉽게 대응할 수 있다. 마지막으로, 인공지능 기술의 지속적인 발전은 글로벌 커뮤니케이션에서 언어 학습의 필요성을 줄일 수 있다. 인공지능이 제공하는 맞춤형 번역과 커뮤니케이션 서비스는 다국어 환경에서도 원활한 의사소통을 가능하게 하며, 이는 사용자가 새로운 언어를 배울 필요성을 감소시킨다. 예를 들어, 국제적인 프로젝트에 참여하는 경우, AI 번역 도구를 활용해 다양한 언어의 동료들과 손쉽게 소통할 수 있다.

이러한 주장에도 불구하고, 언어가 주는 문화적 이해, 인간적 교감, 창의적 사고의 발전 등과 같은 이점들은 여전히 중요하다. 언어는 단순히 의사소통의 도구를 넘어, 그 문화와 가치관을 이해하고 공감하는 방법이기 때문이다. 따라서, 인공지능의 도움을 받으면서도 다른 나라 언어를 학습하는 것은 글로벌 사회에서 중요한 역량으로 남을 것이다. 인공지능 시대에도 여전히 영어를 배워야 하는 이유는 다음과 같다. 첫째, 글로벌 커뮤니케이션과 경쟁력을 갖추는 데 필수적이다. 이는 영어가 국제 비즈니스, 과학 연구, 교육, 문화 교류 등 다양한 분야에서 통용되는 세계 언어이기 때문이다. 예를 들어, 다국적 회사에서 일하거나 국제 학술대회에 참여하기 위해서는 영어능력이 필수적이다. 이러한 환경에서 영어능력은 전문성을 보여주는 중요한 요소가 된다. 둘째, 인공지능 시대에 영어는 여전히 기술적, 문화적 정보의 접근성을 높여준다. 대부분의 기술 문서, 연구 논문, 온라인 콘텐츠는 영어로 제공되고 있으며, 이를 통해 최신 지식과 동향에 접근할 수 있다. 예를 들어, 구글 스칼라(Google Scholar)와 같은 학술 데이터베이스에서 영어로 된 연구 자료를 검색하고 활용하는 것은 연구자들에게 필수적인 능력이다. 셋째, 인공지능 시대에 영어를 배우는 것은 창의력과 비판적 사고를 증진시키는 교육적 도구이기도 하다. 다양한 문화적 배경을 가진 저자들의 영문 학술자료와 문학작품을 읽고 이해함으로써, 학습자는 다양한 관점을 경험하고, 비판적으로 사고하는 능력을 개발할 수 있다. 예컨대, 영어로 된 고전문학을 읽고 분석하는 것은 학생들에게 다양한 문화와 사상에 대한 이해를 넓히는 데 기여한다.

넷째, 영어교육은 또한 인공지능 시대의 학습자들에게 국제적인 시민의식과 문화 간 소통 능력을 갖추게 하는 데 기여한다. 글로벌 시대에 적합한 교육은 학생들이 다양한 문화적 배경을 가진 사람들과 의사소통하고, 그들의 관점을 이해하는 데 필수적이다. 예를 들어, 영어로 진행되는 국제 학생 교류 프로그램은 학생들이 다른 문화를 경험하고, 세계적인 이슈에 대해 토론하며 글로벌한 시각을 넓힐 수 있는 기회를 제공한다.

"To have another language is to possess a second soul"는 8세기와 9세기에 프랑크 제국을 지배한 중세 유럽의 중요한 군주로, 카를로 대제(Charles the Great)로도 알려진 샤를마뉴(Charlemagne)가 언급했다고 알려진 문장이다. 또 다른 언어를 배운다는 것은 두 번째의 영혼을 소유한다는 즉, 새로운 문화, 생각의 방식, 관점을 이해하는 것임을 강조한다. 영어를 배운다는 것은 단순히 언어적 기술 능력을 넘어서서 문화, 역사, 사회적 맥락을 이해하는 창문 역할을 하며, 다양한 관점을 갖는 데 도움을 준다는 점에서 여전히 필요하다.

## ② 인공지능이 영어교육에 가져올 변화

인공지능의 등장은 영어교육의 패러다임을 근본적으로 변화시키고 있다. 이러한 변화는 어떻게 영어교육의 목적과 방법을 재정립하는가에 대한 질문을 던진다. 인공지능이 영어교육에 가져올 변화를 목적, 내용, 방법, 평가 측면에서 살펴보고자 한다. 이전의 영어(외국어)교육은 주로 언어의 기본적인 구조와 규칙을 이해하고, 이를 바탕으로 기본적인 의사소통 능력을 키우는 데 중점을 뒀다. 이러한 교육은 문법, 어휘, 발음과 같은 언어의 기초 요소에 초점을 맞추었으며, 주로 교실에서의 교사 중심 수업과 표준화된 시험을 통해 학생들의 언어능력을 평가했다. 예를 들어, 전통적인 영어교육에서는 정확한 문법 사용과 표준 발음을 강조하는 경향이 있었다.

반면, 인공지능 시대의 영어(외국어)교육은 이러한 전통적인 방식을 넘어서 학습자 중심의 교육으로 진화하고 있다. 즉, 학습자가 실생활에서 언어를 맞춤형으로 전환하여 사용하고, 다양한 문화적 배경을 가진 사람들과 개인화 형태로 의사소통할 수 있도록 변화되어야 한다. 예를 들어, 인공지능 기반의 언어 학습 플랫폼은 개인의 학습 스타일과 수준에 맞춘 맞춤형 콘텐츠를 제공하며, 이는 학습자가 보다 효과적으로 언어를 습득하고 실용적으로 사용할 수 있도록 돕는다. 또한, 이러한 교육은 창의성과 비판적 사고를 증진시키며, 글로벌 커뮤니티의 일원으로서 학생들의 의사소통 능력을 강화한다. 이처럼 인공지능 시대에는 영어(외국어)교육이 단순한 언어 스킬의 습득을 넘어서, 학습자의 다양한 요구와 성향을 반영하는 개인화된 학습 경험을 제공하고, 학습자가 글로벌 환경에서 보다 효과적으로 소통하고 상호작용할 수 있는 능력을 키우는 데 초점을 맞춰야 한다. 이는 교육의 목적이 단순한 언어 지식의 전달에서 보다 광범위한 문화적 이해와 의사소통 능력의 개발로 변화되어야 함을 의미한다.

둘째, 이전의 영어(외국어)교육 내용은 주로 언어의 기본적인 구조와 규칙 즉, 문법, 어휘, 발음과 같은 기초적인 언어 요소의 이해에 초점을 맞춘 교육이었다. 예를 들어, 전통적인 교육 방식에서는 문장 구성, 시제 사용, 단어의 정확한 발음 등을 강조했으며, 대부분의 학습 자료는 교과서와 워크시트로 제한되었다. 의사소통 중심 접근법을 통해 의사소통 능력과 실제적 활용 능력에 초점을 두긴 했지만, 여전히 실제 의사소통 상황에서의 언어 사용 능력을 개발하는 데는 한계가 있었다. 반면, 인공지능 시대의 영어(외국어)교육 내용은 이러한 전통적인 접근 방식을 넘어선다. 현대의 영어교육은 학습자의 의사소통 능력을 실제 상황에 적용할 수 있도록 실용적인 언어 사용에 중점을 둔다. 예를 들어, 인공지능 기반 학습 플랫폼은 대화형 학습, 역할극, 시뮬레이션과 같은 실생활에 기반한 상황을 제공함으로써 학습자가 실제적인 언어 사용 상황을 경험할 수 있도록 도와 줄 수 있다. 또한, 문화적 맥락, 의사소통 전략, 다양한 언어적 표현 등을 포함하여 언어의 실질적인 사용과 이해를 도와준다.

이와 더불어, 인공지능을 활용한 영어(외국어)교육은 다양한 디지털 미디어와 콘텐츠를 활용하여 학습자의 관심과 필요에 맞는 맞춤형 학습 자료를 제공한다. 이는 전통적인 텍스트 중심 교육에서 벗어나 멀티미디어, 상호작용 게임, 가상 현실 등을 통해 학습자가 언어를 더욱 효과적으로 습득하고 실제 생활에 적용할 수 있도록 돕는다. 인공지능 시대의 영어(외국어)교육 내용은 학습자의 실제 언어 사용 능력을 향상시키는 방향으로 변화하고 있다. 이는 언어의 기초적인 지식 전달을 넘어서 실용적인 의사소통 능력과 문화적 이해력을 강화하는 데 중점을 둔다. 이러한 변화는 언어교육이 현대 사회의 요구에 부응하며 학습자의 실생활과 밀접하게 연결되어 있음을 보여준다.

셋째, 이전의 영어(외국어)교육 방법은 주로 전통적인 교실 수업에 의존했다. 이 방식은 교사가 중심이 되어 교과서와 워크시트를 사용하여 언어 규칙과 문법을 가르치는 형태였다. 수업은 대체로 교사의 강의와 학생들의 수동적인 학습으로 구성되었으며, 학생들은 문법 규칙과 어휘를 암기하는 데 중점을 뒀다. 이러한 교육 방법은 일관성과 구조화된 학습을 제공했지만, 학생들의 참여와 상호작용이 제한적이었으며, 실제 의사소통 능력의 발달에는 한계가 있었다. 반면, 인공지능 시대의 영어(외국어)교육 방법은 학습자 중심의 접근 방식을 채택할 수 있다. 인공지능을 활용한 교육은 개인화된 학습 경로를 제공하며, 학습자의 관심사, 능력, 학습 스타일에 따라 다양한 학습 자료를 제공해 준다. 예를 들어, 인공지능 기반 학습 애플리케이션은 학습자의 진도와 선호에 맞춰 적절한 연습 문제와 학습 자료를 제공한다. 또한, 인공지능 상호작용적인 학습 활동을 통해 학습자의 참여를 증진시키며, 게임화된 학습, 역할극, 시뮬레이션 등을 통해 학습자가 실제 상황에서 언어를 사용하도록 도와줄 수 있다.

이외에도, 인공지능 기술은 학습자의 발음과 문장 구성을 실시간으로 분석하고, 개선점에 대한 피드백을 제공한다. 이는 학습자가 자신의 언어능력을 보다 효과적으로 개발하고 강화할 수 있도록 한다. 또한, 인공지능 기술은 다양한 언어 학습 환경을 제공하여 학습자가 다양한 문화적 맥락에서 언어를 경험하고 이해할 수 있도록 한다. 이처럼 인공지능 시대의 영어(외국어)교육 방법은 학습자의 능동적인 참여와 개인화된 학습을 지원하는 방향으로 변해야 한다. 이러한 변화는 학습자가 자신의 속도와 스타일에 맞게 언어를 학습하고, 실제 생활에서 언어를 효과적으로 사용할 수 있도록 도와줄 수 있다. 이는 언어교육이 학습자의 개별적인 요구와 목표에 더욱 부응하는 방향으로 진화하고 있음을 보여준다.

넷째, 이전의 영어(외국어)교육에서 평가 방법은 주로 표준화된 시험과 교사에 의한 주관적 평가에 의존했다. 이러한 평가 방식의 목적은 학생들의 언어 지식, 문법 규칙의 이해, 어휘력 등을 측정하는 데 중점을 두었다. 시험과 숙제, 구술 시험 등을 통해 학생들의 언어 습득 수준을 평가했으며, 이는 주로 기억과 암기에 기반한 평가였다. 그러나 이러한 전통적인 평가 방법은 학생들의 실제 의사소통 능력이나 언어 사용 능력을 정확하게 측정하기 어려운 한계가 있었다. 인공지능 시대의 영어(외국어)교육에서 평가 방법은 이러한 한계를 극복하고 더욱 정교화되고 개인화된 방향으로 변화되어야 한다. 인공지능 기반 평가 시스템의 목적은 학생들의 언어 사용 능력을 보다 정확하고 포괄적으로 측정해야 한다. 이를 위해 학생들의 말하기, 쓰기, 듣기, 읽기 능력을 실시간으로 분석하고, 개별 학생의 성취도와 진행 상황에 맞춘 맞춤형 피드백을 제공하는 방향으로 변해야 한다.

예를 들어, 인공지능 기반 학습 플랫폼은 학생들의 발음, 문장 구조, 어휘 사용을 분석하여 그들의 언어능력을 평가하고, 이를 바탕으로 적절한 학습 자료와 개선 방안을 제시하도록 구성할 수 있다. 또한, 인공지능은 학생들의 학습 데이터를 활용하여 학습 패턴과 성취도를 지속적으로 모니터링하고, 이에 따라 학습 경로를 조정해 준다. 이와 같이, 인공지능 시대의 영어(외국어)교육 평가는 개인 맞춤형이며, 학습자의 실질적인 언어 사용 능력과 의사소통 능력을 측정하는 데 초점을 맞춰야 한다. 이는 학습자들에게 더욱 유용하고 효과적인 학습 경험을 제공하며, 교사들에게는 학생들의 학습 진도와 성과를 더욱 객관적으로 파악할 수 있는 기회를 제공해 줄 수 있다.

인공지능이 영어교육의 목적, 내용, 방법, 평가를 혁신적으로 변화시키고 있는 것은 분명하다. 이러한 변화는 영어교육의 전통적인 패러다임을 근본적으로 뒤흔들고 있으며, 교육의 질과 범위를 확장하는 새로운 기회를 제공할 것이다. 이런 광범위한 변화가 어떻게 구체적인 교육 기술과 방법론에 적용될 수 있는지를 살펴볼 필요가 있다. 인공지능 기술이 실제로 영어교육에 어떻게 통합되어 학습자의 경험을 풍부하게 만들고, 교육 효과를 극대화할 수 있는지에 대한 구체적인 사례와 전략을 살펴보는 것은 영어교육의 미래 모습을 예측하는 데 도움이 될 것이다.

## ③ 영어교육 분야에서 인공지능 기술의 활용

인공지능 기술이 영어교육에 미치는 영향은 광범위하고 심오하다. 이 기술은 전통적인 교육 방식을 변혁하고, 학습자 개개인에게 맞춤화된 학습 경험을 제공하는 새로운 가능성을 열어준다. 이러한 변화는 특히 영어교육 분야에서 두드러지게 나타나며, 학습자의 개별적인 요구와 능력에 따라 교육 콘텐츠와 방법을 조정하는 데 중요한 역할을 한다. 인공지능 기술은 영어교육의 방법과 접근을 혁신적으로 바꾸고 있다. 이 기술은 학습자의 개별적인 요구와 학습 스타일에 맞춰 교육 콘텐츠를 제공하고, 학습 과정을 개선하는 데 큰 도움이 되고 있다. 여기에는 분석형 인공지능과 생성형 인공지능이라는 두 가지 주요 유형이 포함된다.

### 1) 분석형 인공지능 (Analytical AI 또는 Narrow AI)

분석형 인공지능은 특정한 작업 또는 도메인에서 특화된 목표를 수행하는 데 중점을 둔다. 이는 제한된 범위 내에서 특정한 문제를 해결하는 데 효과적이며, 해당 작업에 최적화되어 있다. 분석형 인공지능은 영어교육 분야에서 학습자의 개인적인 요구와 능력을 정밀하게 분석하고 맞춤형 학습 경로를 제공하는 데 사용되고 있다. 이 기술은 학습자의 언어 스킬, 진도, 선호도를 분석하여, 각각의 학습자에게 가장 적합한 학습 자료와 활동을 제안한다. 예를 들어, 언어 학습 앱은 사용자의 발음과 어휘 사용을 분석하여 개인화된 연습과 피드백을 제공한다. 이는 학습자가 자신의 약점을 정확히 파악하고, 이를 개선하기 위한 맞춤형 연습에 집중할 수 있게 한다.

분석형 인공지능은 또한 학습자의 진행 상황을 지속적으로 추적하고 분석하여, 학습자가 자신의 학습 목표를 달성하고 있음을 확인하고 필요한 조정을 할 수 있도록 한다. 이는 학습자의 자기 주도적 학습을 촉진하고, 학습의 지속 가능성을 높인다. 예를 들어, 어떤 학습자가 특정 어휘 분야에서 어려움을 겪고 있다면, 시스템은 해당 분야에 대한 추가 자료와 연습을 제공하여 학습자가 더 집중할 수 있도록 돕는다. 언어 평가와 시험에서 분석형 인공지능의 역할은 학습자의 언어능력을 객관적이고 정밀하게 평가하는 데 있다. 인공지능 기반의 평가 시스템은 학생들의 발음, 문법, 어휘 사용을 실시간으로 분석하고, 이를 기반으로 개인별 피드백과 점수를 제공한다. 이는 학생들이 자신의 언어능력을 정확하게 파악하고, 특정 분야에서 필요한 개선을 이룰 수 있도록 한다.

또한, 분석형 인공지능은 교사들이 학생들의 학습 진도와 이해도를 더 잘 파악하고, 수업 계획과 교육 자료를 학생들의 필요와 성취도에 맞추어 조정할 수 있도록 돕는다. 예를 들어, 교사는 인공지능 분석 결과를 바탕으로 특정 주제에 대해 추가 설명이 필요한 학생들을 확인하고, 그들을 위한 맞춤형 수업 자료를 준비할 수 있다. 이러한 분석형 인공지능의 활용은 영어교육을 개인 중심적이고 효과적인 방향으로 이끌며, 학습자와 교사 모두에게 더욱 풍부하고 맞춤화된 학습 경험을 제공한다. 이는 궁극적으로 학습자가 자신의 언어능력을 최대한 발휘할 수 있게 하고, 글로벌 커뮤니케이션 능력을 강화하는 데 기여한다.

### 2) 생성형 인공지능 (Generative AI 또는 General AI)

생성형 인공지능은 인간과 유사한 능력을 갖춘 "일반적인" 인공지능을 추구한다. 즉, 다양한 작업과 도메인에서 유연하고 창의적으로 학습하고 문제를 해결하는 데 초점을 둔다. 생성형 인공지능은 영어교육에서 창의적이고 다양한 방식으로 활용되고 있다. 이러한 인공지능은 다양한 작업과 환경에서 유연하게 작동하며, 인간과 유사한 능력으로 새로운 아이디어와 해결책을 제시한다. 예를 들어, 자연어 생성 기술을 활용하여 영어 작문의 자동 생성이 가능하다. 이는 교육자들이 학생들에게 다양한 주제와 스타일의 글쓰기 연습을 제공할 수 있게 함으로써, 학생들의 언어능력과 창의적 사고를 동시에 향상시키는 데 도움이 된다.

생성형 인공지능은 대화형 학습 파트너로도 활용될 수 있다. 이러한 시스템은 학생들과 자연스러운 대화를 하며, 학습자의 언어 사용을 분석하고 적절한 피드백을 제공한다. 이를 통해 학생들은 대화 능력을 실전처럼 연습할 수 있으며, 자신의 언어 실력을 실시간으로 개선할 수 있다. 또한, 생성형 인공지능은 다양한 상황과 맥락에서의 대화를 시뮬레이션할 수 있어, 실생활에서의 언어 사용 능력을 향상시키는 데 중요한 역할을 한다. 생성형 인공지능은 또한 언어 학습의 다양성과 창의성을 촉진한다. 이 기술을 활용하여 학습자들은 전통적인 학습 방식을 벗어나, 보다 창의적이고 맞춤화된 학습 경험을 할 수 있다. 예를 들어, 인공지능이 생성한 독특한 대화 시나리오나 스토리텔링을 통해 학생들은 다양한 언어 스타일과 표현을 학습하고, 이를 자신의 언어능력에 통합할 수 있다. 생성형 인공지능의 발전은 학습자들에게 더욱 풍부하고 창의적인 학습 자료를 제공할 뿐만 아니라, 교육자들에게도 학생들의 학습 경험을 개선하는 데 필요한 새로운 도구와 방법을 제공한다. 이러한 기술의 발전은 영어교육의 미래를 혁신적으로 바꾸고, 학습자들이 글로벌 시대에 필요한 언어능력과 창의적 사고를 개발하는 데 중요한 기여를 할 것이다.

분석형 인공지능과 생성형 인공지능은 영어교육 분야에서 서로 다른 방식으로 큰 영향을 끼치고 있다. 이러한 분석형 및 생성형 인공지능의 활용은 영어교육을 개인화하고, 학습자의 관심과 수준에 맞춰 교육을 진행함으로써 학습 효과를 극대화한다. 이는 학습자들이 영어를 더욱 효과적으로 배우고, 글로벌 커뮤니케이션에서 중요한 역량을 개발하는 데 큰 도움이 된다. 이와 함께, 다양한 첨단 기술의 활용은 학습 경험을 더욱 몰입감 있고 흥미롭게 만들어, 영어교육의 효과를 높인다. 이러한 기술의 발전은 영어교육 분야에서 혁신적인 변화를 가져오고 있으며, 학습자들에게 더욱 효과적이고 맞춤형으로 제공되는 교육을 가능하게 한다.

각 유형의 특징을 간략하게 정리하면 〈표 1-2〉와 같다.

〈표 1-2〉 분석형, 생성형 인공지능의 특성

| 분석형 인공지능 | 구분 | 생성형 인공지능 |
|---|---|---|
| 사전에 정해진 규칙을 따름 | 작동 방식 | 데이터 학습 후 생성 |
| 단순한 문제 해결에 적합 | 사용 용도 | 복잡한 문제 해결에 적합 |
| 체스 게임 인공지능 | 예시 | 이미지 생성, 음성 생성, 자연어 처리 |
| 입력한 데이터에 따라 결과 변환 | 출력 결과 | 새로운 데이터 생성 및 출력 |
| 명확한 규칙으로 신뢰성 높음 | 장점 | 다양하고 예측 불가능한 결과 가능 |
| 데이터가 부족하거나 편향 가능성 있음 | 단점 | 모델 설명이 어렵고 생성된 데이터의 정확성 보장 필요 |

위에서 볼 수 있듯이 분석형 인공지능은 영어교육에서 맞춤형 학습 경로를 제공하고, 학생들의 학습 효과를 극대화하는 데 중요한 역할을 한다. 이 기술은 학습자의 언어능력과 학습 스타일을 분석하고, 이를 바탕으로 개인화된 학습 콘텐츠와 피드백을 제공한다. 생성형 인공지능은 영어교육의 콘텐츠와 방법론에 혁신을 가져다 주고 있는데, 이 기술은 다양한 언어 학습 자료를 생성하고, 학습자가 실제적인 상황에서 언어를 사용하고 연습할 수 있는 환경을 제공해 줄 것으로 기대된다.

## ④ 인공지능 시대 영어교육 방향

인공지능 시대의 영어교육은 기존의 방식을 넘어선 혁신적 접근을 필요로 하며, 이 과정에서 인공지능은 중요한 도구로 활용되어야 한다. 인공지능 기술의 발전은 학습 방법과 교육 내용에 혁신을 가져오지만, 그 본질적인 목적은 학습자의 영어 능력 개발과 글로벌 커뮤니케이션 능력 향상에 있다. 인공지능은 언어교육의 목표 자체가 아니라, 인간 교사와 협력하여 학습자에게 다양하고 풍부한 경험을 제공하는 보조 도구의 역할을 수행해야 한다.

디지털 환경의 발달은 영어교육 방식을 혁신적으로 변화시키고 있다. 디지털 텍스트와 온라인 매체를 통한 언어 학습은 비판적 사고와 문화적 이해를 증진시키는 데 중요하다. 인공지능 알고리즘의 이해는 학습자들이 디지털 환경에서 정보를 접근하고 소통하는 방식을 개선하는 데 필수적이다. 컴퓨팅 사고와 언어교육의 융합은 학습자가 인공지능 시대에 필요한 복잡한 정보 환경 속에서 효과적으로 소통하고 문제를 해결하는 데 기여한다. 이는 추상화와 자동화 같은 컴퓨팅 사고의 원리를 언어 학습, 특히 영어 문법과 어휘 학습에 적용함으로써 실현된다.

인공지능 시대에서의 영어는 인간과 인공지능 간의 상호작용이 증가함에 따라 의사소통의 대상으로서 중요해지고 있다. 학습자들은 인공지능과 효과적으로 소통하기 위한 언어능력을 개발하고, 인공지능이 제공하는 정보를 비판적으로 분석하고 활용하는 능력을 갖춰야 한다. 융합교육과 글로벌 커뮤니케이션은 영어교육의 중요한 방향성을 제시한다. 다양한 학문과 활동과의 융합을 통해 진행되는 영어교육은 언어능력 발달뿐만 아니라, 글로벌 문화와 다문화 이해 능력을 향상시킨다. 인공지능 시대에서의 영어교육은 언어 습득을 넘어 글로벌 시민으로서의 역량 개발을 목표로 해야 한다.

인공지능 기술이 영어교육에 미치는 영향은 인공지능을 효과적인 도구로 사용하여 교사와 학습자의 상호작용을 강화하고, 학습 과정을 혁신하는 방향으로 나아가야 한다. 인공지능은 교육과정에서 학습자에게 개인화된 경험을 제공하고, 교사는 이러한 기술을 통해 학습자의 이해도와 진행 상황을 파악하여 보다 효과적인 지도를 할 수 있다. 이러한 상호작용은 학습자들이 글로벌 커뮤니케이션 능력을 개발하고, 다양한 문화를 이해하며, 인공지능과 효과적으로 상호작용하는 능력을 갖추는데 중요하다. 인공지능 시대의 영어교육은 학습자들이 미래 사회의 복잡한 도전과제에 대비할 수 있도록 준비시키는 것을 목표로 하여, 인공지능 도구로 활용하고 교사의 역할을 강조하는 방향으로 나아가야 한다.

SECTION

# 03 의사소통의 진화, 인간 언어의 본질과 인공지능

인공지능 시대에 외국어 교육의 무용론을 주장하는 것은 언어의 본질보다 기능에 초점을 두고 있는 사회적 영향도 크다. 언어의 본질을 이해하는 것은 인공지능 시대에 외국어 특히 영어교육을 준비하는 데 필수적이다. 언어는 아이디어, 감정, 정보를 전달하고 이해하기 위한 체계적이고 규칙적인 기호 체계로, 사회적으로 합의된 기호들의 집합으로 구성된다. 이러한 언어 체계는 인간과 인공지능 모두에게 중요한 도구이지만, 그 사용과 이해 방식에서 차이가 있다. 인간의 언어는 감정, 경험, 사회적 맥락에 동기 유발되며, 인간 간의 상호작용과 문화를 형성한다. 반면 인공지능의 언어는 데이터와 알고리즘을 기반으로 하여 효율적인 문제 해결과 작업 수행에 중점을 둔다.

미래의 영어교육 목적은 학습자가 글로벌 의사소통 능력을 개발하고, 다양한 문화적 맥락을 이해하며, 인공지능과 효과적으로 상호작용하는 능력을 갖추는 것이다. 인공지능은 이러한 교육 목표를 달성하는 데 도구로 사용될 수 있으며, 학습자 중심의 맞춤형 학습 경험을 제공하여 언어 습득 과정을 혁신할 수 있다. 하지만, 교사는 인공지능이 영어교육의 목표 자체가 될 수 없음을 분명히 인지하고, 인공지능을 풍부하고 다양한 학습 경험을 제공하는 보조적인 역할로 활용할 수 있어야 한다. 인공지능 기술이 발달할수록 언어의 특성, 복잡성 및 다양성 등 언어의 본질을 이해하는 것이 중요한 이유이다.

## ① 인간과 동물의 의사소통

언어는 인간의 사회 생활을 가능하도록 해주는 기본적인 수단이다. 언어는 사회적, 문화적인 실체를 표현하는데, 즉 동일한 언어공동체나 사회집단에 속한 구성원들이 경험을 표현할 뿐만 아니라, 언어를 통하여 공동의 경험을 창출해낸다. 언어가 사회적, 문화적 실체를 구현하는 셈인 것이다. 언어에 대한 사전적 정의를 살펴보면 다음과 같다.

(1) 사람들이 자신의 생각을 다른 사람들에게 나타내고 전달하기 위해 사용하는 체계(위키백과)
(2) 생각, 느낌 따위를 나타내거나 전달하는 데에 쓰는 음성, 문자 따위의 수단. 또는 그 음성이나 문자 따위의 사회 관습적인 체계(네이버)
(3) A system of communication consisting of sounds, words, and grammar; a system of communication used by people living in a particular country(Cambridge)

사전적 정의에서 보듯이 언어는 인간의 복잡한 사고, 감정, 정보를 전달하고 이해하는 데 사용되는 체계적이고 규칙적인 기호 체계이다. 이는 사회적으로 합의된 기호들의 집합으로 구성되며, 각 기호는 특정한 의미를 지니고 있다. 인간은 규칙적인 기초 체계인 언어를 통하여 다른 사람과 상호작용을 하고 문화를 형성한다. 그럼 동물도 인간의 언어와 비슷한 방법을 활용하여 의사소통을 하기 때문에 언어를 갖고 있다고 해야 할까? 여기서 잠깐 인간과 동물의 의사소통의 차이를 들어 살펴볼 필요가 있다.

[그림 1-4] 동물들의 의사소통

언어의 본질에 대한 탐구에서 중요한 질문 하나는 동물들이 언어를 가지고 있는지 여부이다. 동물들 사이의 의사소통, 예를 들어 침팬지나 꿀벌의 행동을 살펴보면, 이들도 분명 의사소통 능력을 갖추고 있다는 사실을 발견할 수 있다. 침팬지는 손짓, 몸짓, 표정 등을 통해 서로 소통하며, 특히 유인원 중에서는 상당한 이해 능력을 보여준다. 예를 들어, 과거에 자신을 위협했던 침팬지를 만나게 되면, 그 침팬지는 사건에 대한 기억을 바탕으로 적대적인 반응을 보이며, 이를 통해 과거의 경험을 현재 상황에 연결시킬 수 있다. 다른 침팬지는 적대적인 분위기를 이해할 수 없지만, 사건에 관련된 침팬지는 그 상황을 이해할 수 있는 것이다. 하지만 이러한 의사소통도 주로 현재의 상황과 직접적으로 관련된 사안에만 국한되며, 시간과 장소를 넘나드는 복잡한 정보 전달은 어렵다. 인간 언어의 가장 큰 특징 중 하나는 시공간적 제약을 뛰어넘는 능력이다. 인간은 언어를 통해 과거의 사건을 서술하거나 미래를 예측하며, 물리적으로 현재 자신이 존재하지 않는 장소에 대해서도 언급할 수 있다. 이에 반해, 동물들의 의사소통은 대체로 현재의 상황과 직접적으로 관련된 정보에 집중되며, 인간의 언어처럼 복잡하고 추상적인 개념을 다루는 능력은 부족하다. 이러한 차이는 동물과 인간의 의사소통 방식에 근본적인 차이를 만들며, 언어의 복잡성과 다양성이 인간만의 특징임을 강조한다.

꿀벌의 의사소통 역시 많이 알려진 이야기이다. 꿀벌은 화학적인 페로몬과 몸짓을 통해 서로 소통한다. 특히, 꿀벌의 먹이 탐색 행동은 그들의 의사소통 능력을 분명히 드러낸다. 꿀벌은 먹이의 위치에 따라 다른 유형의 춤을 추는데, 가까운 곳에 먹이가 있을 때는 원형 춤을, 먼 곳에 있을 때는 8자 형태의 춤을 춘다. 이러한 행동은 꿀벌이 위치 정보를 동료들에게 전달하는 방식이다. 그러나 이러한 의사소통 방식은 고정적이며 유전적으로 정해져 있다. 꿀벌들은 수평 거리와 방향은 효과적으로 전달하지만, 수직적인 개념은 전달하지 못한다. 따라서 새로운 환경에 대한 적응력이 제한적이다. 예를 들어, 벌집이 이동된 경우, 꿀벌들은 새로운 위치를 찾는 데 어려움을 겪는다. 이를 통해 우리는 인간 언어가 복잡한 문법 구조와 무한한 표현 가능성을 가지며, 과거와 미래, 심지어 상상의 개념까지 서술할 수 있는 능력을 지니고 있음을 알 수 있다. 또한, 시간과 장소에 구애받지 않고 정보를 전달하고 창조적으로 사고할 수 있는 인간만의 독특한 능력임을 알 수 있다. 반면, 꿀벌이나 침팬지와 같은 동물들은 상황이나 조건에 따라 제한된 방식으로만 의사소통할 수 있어, 인간처럼 추상적이고 복잡한 언어를 사용해 시공간을 초월하는 의사소통을 하지는 못한다.

케냐 평원에서 발견되는 버빗 원숭이의 의사소통 방식도 눈여겨볼 만하다. 이들은 다양한 천적에 대응하여 특정한 경고 소리를 발생시키는 능력을 지녔다. 예를 들어, 표범이 접근할 경우 '키리키리'라는 고유한 소리를 내어 동료 원숭이들에게 경고하며, 이 소리를 들은 다른 원숭이들은 나무 꼭대기로 대피한다. 반면 독수리의 출현에는 '캑캑'하는 기침 소리로 반응하여, 위험을 인지하고 보호를 찾는 행동을 취한다. 뱀의 출현에는 '르르르르'라는 독특한 소리를 내어 도망치기보다는 주변을 살피며 적을 탐색한다. 이러한 원숭이의 의사소통 방식은 특정한 환경적 요소나 위협에 대해 학습된 반응을 나타내며, 이는 동물 행동학에서 복잡한 사회적 의사소통의 예로 간주된다. 버빗 원숭이의 이러한 의사소통 방식은 인간의 언어와 비교할 때 몇 가지 중요한 차이점을 보인다. 버빗 원숭이는 구체적인 상황에 맞춘 고정된 소리 신호를 사용하여 의사소통한다. 이들의 소리는 특정한 상황과 직접 연결되어 있으며, 그 의미는 변경되지 않는다. 이는 인간 언어의 유연성과 창조성과 대조적인데, 인간 언어가 복잡한 문법 구조와 무한한 조합 가능성을 가지고 있으며, 다양한 상황과 맥락에서 다양하게 사용될 수 있기 때문이다. 버빗 원숭이의 의사소통은 주어진 환경 내에서만 의미를 갖는 반면, 인간은 언어를 통해 추상적인 개념, 창의적인 생각, 복잡한 감정을 표현할 수 있다. 이러한 차이는 동물과 인간 사이의 의사소통 능력과 언어 사용의 본질적인 차이를 나타낸다.

마지막으로 살펴볼 돌고래는 지능이 높은 해양 포유류로, 복잡한 의사소통 체계를 가지고 있다고 널리 인식되고 있다. 특히, 돌고래들은 서로를 부르거나 다양한 상황에서 소리를 내어 의사소통하는 능력을 보여준다. 이러한 의사소통 방식은 인간 언어의 복잡성에 비견될 만큼 다양하고 구조화된 형태를 지니고 있다. 예를 들어, 돌고래들은 특정한 상황에 따라 다른 소리 신호를 사용하여 서로 정보를 전달하고 사회적 상호작용을 한다. 돌고래 의사소통 능력의 한 예로, 과학자들이 수조에서 돌고래들이 물고기와 돌멩이를 구분하는 실험을 진행했다. 이 실험에서 한 쪽 수조의 돌고래에게만 물고기와 돌멩이의 그림을 보여주고, 다른 쪽 수조의 돌고래가 그 정보를 바탕으로 해당 단추를 누르도록 했다. 이 과정에서 돌고래들은 서로 정보를 전달하여 올바른 단추를 누르는 능력을 보여주었다. 이러한 실험은 돌고래들이 복잡한 사회적 상호작용과 정보 전달을 수행할 수 있는 능력을 가지고 있음을 시사한다. 그러나 돌고래의 의사소통 체계를 인간 언어와 동일시하는 것에는 주의가 필요하다. 돌고래들의 소리 체계는 인간 언어만큼의 복잡성과 창의성을 지니지는 않는다. 인간 언어는 추상적 사고, 복잡한 문법 구조, 무한한 표현 가능성을 가지고 있으며, 다양한 문화적 상황에서 사용된다. 반면, 돌고래의 의사소통은 주로 구체적이고 직접적인 상황에 국한되어 있으며, 인간 언어처럼 추상적 개념을 표현하거나 복잡한 사회적 상호작용을 구현하는 데는 한계가 있다.

인간과 동물 모두 나름대로의 방법으로 상대방과 의사소통을 하지만, 그 사용 체계와 이해 방식에서는 차이가 있다. 앞에서 설명했듯이, 침팬지는 과거의 사건에 대한 기억과 반응을 통해 감정을 표현할 수 있으나, 인간 언어처럼 복잡한 시제와 조건을 사용하여 의사소통하는 능력은 부족하다. 마찬가지로, 돌고래는 서로를 부르고 의사소통하는 복잡한 소리 체계를 가지고 있으나, 인간의 언어만큼의 분절성과 체계성을 갖추지 못했다. 꿀벌의 의사소통 방식은 먹이의 위치를 알리는 특정한 춤으로 제한되어 있으며, 이는 인간 언어의 창의성과 유연성에 미치지 못한다. 버빗 원숭이는 천적의 종류에 따라 다른 경고음을 낼 수 있지만, 이 또한 인간 언어의 복잡성과는 거리가 있다. 이러한 사례들을 통해 보면, 인간의 언어는 시공간을 초월하여 다양한 사항들을 서술하고 전달하는 능력을 지닌 반면,

동물의 의사소통은 보다 구체적이고 상황에 제한된 범위 내에서 이루어진다. 언어는 인간을 정의하는 필수적인 요소로, 인간의 삶과 문화, 역사를 담고 있어, 언어학과 인공지능 연구에서 이러한 차이점을 이해하는 것은 중요하다.

## ② 인간 언어의 일반적 특성

인간과 동물의 의사소통 차이를 살펴보며 우리는 언어가 단순한 소통 수단을 넘어 복잡한 사고와 문화적 표현의 핵심적인 도구임을 이해했다. 의사소통 수단을 사용되는 인간의 언어는 동물의 의사소통 수단과는 분명한 차이가 있다. 인간 언어의 일반적 특성을 살펴보면 그 차이는 더 두드러진다. 인간 언어의 첫 번째 특징은 그것이 본질적으로 임의적이라는 점이다. 즉, 언어의 소리 체계와 의미 체계는 서로 독립적으로 존재하며, 이로 인해 동일한 개념이 서로 다른 언어에서 전혀 다른 소리로 표현될 수 있다. 예를 들어, '사람'이라는 단어는 영어로는 'man', 중국어로는 '렌'으로 표현되지만, 이러한 차이는 언어마다 서로 다른 임의적인 관계를 반영하는 것이다. 이러한 임의성은 언어가 실제 사물이나 개념과 직접적인 연관이 없음을 의미하며, 언어를 구성하는 기호와 의미 사이의 관계가 문화와 역사에 따라 형성된다는 것을 나타낸다. 두 번째로, 언어는 기호로서 실제 말소리를 그대로 반영하지 않는다. 말소리는 연속적인 음파로 나타나지만, 인간의 인식 과정에서는 자음과 모음과 같은 음소로 분류되며, 이 음소들이 묶여 형태소, 단어, 문장으로 구성된다. 이러한 분절성은 언어가 실제 사물이나 현상을 단순화하여 인식하고 이해하는 방식을 반영한다. 예를 들어, 무지개의 색깔은 연속적인 스펙트럼으로 나타나지만, 언어적으로는 일곱 가지 색깔로 나누어진다. 이는 언어가 복잡한 현실을 단순화하여 표현하는 과정에서 발생하는 분절성의 예이다. 이러한 언어의 특성은 영화 필름이 연속적인 장면을 프레임별로 분할하여 착시 현상을 통해 동적인 영상으로 재생하는 과정과 유사하다고 볼 수 있다.

셋째, 언어의 창의성은 인간이 음운을 활용하여 끊임없이 새로운 단어를 만들고, 기존의 어휘와 문법 규칙을 조합하여 다양한 문장을 창조하는 능력에서 나타난다. 이 창의성은 제한된 언어적 자원을 사용하여 무한한 의미를 생성할 수 있는 인간의 독특한 능력을 보여준다. 예를 들어, 같은 알파벳 문자들을 사용하여 수없이 많은 단어와 문장을 만들어낼 수 있는 것이다. 이것은 음악에서 제한된 음계를 사용해 다양한 곡을 작곡하는 것과 유사하며, 인간의 창의적 정신을 반영한다. 넷째, 언어는 사회적인 약속에 의해 규제되며, 이는 언어 기호가 자의적임에도 불구하고, 개인이 마음대로 변경하거나 새로 만들 수 없다는 것을 의미한다. 언어의 규칙과 기호는 수세기에 걸쳐 형성되고 합의된 사회적 약속의 결과이다. 예를 들어, 'dog'라는 단어는 영어권 사회에서 특정한 동물을 가리키는 데 사용되지만, 이 단어가 가진 의미는 시간이 지나면서 사회적 합의에 의해 확립된 것이다.

다섯째, 언어는 시간이 흐름에 따라 변한다. 언어의 역사성은 시간이 흐름에 따라 언어가 변화한다는 사실에서 나타난다. 새로운 단어나 문법이 생겨나고, 변화하며, 사라지는 과정은 언어의 생동감을 보여준다. 이러한 변화는 개인적인 노력이 아닌, 수백 년에 걸친 집단적인 사회적 과정의 결과로 발생한다.

예를 들어, 중세 영어와 현대 영어 사이의 차이는 시간의 흐름에 따른 언어의 자연스러운 진화를 보여준다. 이것은 언어가 단순한 의사소통의 수단을 넘어서, 문화와 역사의 살아 있는 기록이라는 사실을 입증한다. 여섯째, 인간 언어의 시간과 공간을 초월하는 능력은 우리가 물리적, 시간적 한계를 넘어서 과거, 현재, 미래와 멀리 떨어진 곳에서 일어난 사건들에 대해 서술할 수 있게 한다. 이는 언어가 단순한 현재의 상황을 묘사하는 것을 넘어서, 추상적인 개념과 복잡한 이야기를 전달할 수 있는 강력한 도구임을 나타낸다. 예를 들어, 소설이나 역사책을 통해 과거의 사건을 상상하고, 미래에 대한 예측을 할 수 있는 것은 언어가 시공간을 넘나드는 서술을 가능하게 하는 능력 덕분이다. 이러한 특성은 언어가 인간의 사고와 문화를 형성하는 데 있어 결정적인 역할을 한다는 것을 강조한다.

일곱째, 언어 습득은 문화적 환경에 의해 결정된다는 사실은 언어의 사회적 측면을 강조한다. 한 아이가 한국어를 구사하는 것은 유전적 요인이 아니라, 그가 성장하는 문화권 내에서 언어를 배웠기 때문이다. 이는 어떤 언어를 사용하는가는 그 사람이 태어나고 자란 문화적, 지리적 환경에 의해 결정됨을 의미한다. 예를 들어, 미국에서 태어난 한국계 아이가 영어를 모국어로 사용하는 것은 그가 미국 문화권 내에서 언어를 습득했기 때문이다. 여덟째, 언어의 기호는 표현하고자 하는 내용과 그것을 나타내는 형식의 결합으로 이루어진다. 이 기호는 의미와 형태의 결합으로 생겨나며, 언어적 의사소통에서 중요한 역할을 한다. 예를 들어, 신호등의 빨간불과 파란불은 각각 "멈추라"와 "지나가라"는 의미를 가진 기호로, 이 기호들은 특정한 색과 형태를 통해 그 의미를 전달한다. 이러한 기호화 과정은 언어가 의미를 전달하는 방식을 설명해 준다. 아홉째, 언어의 분절성은 언어를 구성하는 기본 단위를 나누고 구분하는 능력을 강조한다. 이러한 분절성은 언어가 단순한 연속적인 음파의 나열이 아니라, 의미를 전달하기 위해 조직된 구조를 갖고 있음을 의미한다. 예를 들어, "나는 사과를 먹는다"라는 문장은 여러 개의 단어로 나뉘며, 이러한 나눔은 문법적, 의미적으로 의사소통을 가능하게 한다. 이러한 구조적 조직은 언어가 정보를 전달하고 처리하는 데 있어서의 효율성과 정확성을 보장한다.

인간 언어의 일반적 특성 이외에 우리가 살펴볼 언어의 또 다른 중요한 형태는 몸짓언어이다. 언어의 자의성, 창의성, 분절성과 같은 특성은 말소리에 국한되지 않고, 비언어적인 의사소통 방식에도 적용될 수 있다. 몸짓언어는 단순한 동작이 아니라 복잡한 의사소통의 수단으로, 비언어적 요소를 통해 다양한 의미를 전달하는 역할을 한다. 이러한 몸짓언어는 언어적 의사소통과 함께 인간의 상호작용에서 중요한 기능을 수행한다. 몸짓언어는 손짓, 표정, 몸의 움직임과 같은 비언어적 요소를 사용해 의사를 전달하는 풍부한 의사소통 방식이다. 이는 전체적인 신체 움직임 또는 특정 신체 부위의 동작으로 구성되며, 각각의 움직임이 특정한 의미를 내포한다. 예를 들어, 눈의 움직임이나 얼굴 표정은 개인의 감정 상태나 의도를 반영한다. Allan & Barbara(2006)의 연구는 언어보다 비언어적 요소가 인간 의사소통에서 차지하는 비중이 더 크다고 주장한다. 이는 몸짓언어가 단순히 보조적인 수단이 아니라, 자체적으로 중요한 의사소통 채널임을 시사한다.

비언어적 요소의 해석은 상황과 문화적 맥락에 따라 달라진다. 손짓이나 몸짓의 의미는 상황에 따라 다양하게 해석될 수 있으며, 이를 이해하기 위해서는 해당 문화의 맥락과 관습에 대한 지식이 필요하다. 영어 학습에서도 이러한 몸짓언어의 중요성을 인식하고, 최근에는 언어교육과 함께 문화적 맥락에 맞는 비언어적 의사소통 방식을 가르치고 있다. 이는 학습자가 해당 언어와 문화를 보다 깊이 이해하고, 그 언어권 내에서 더욱 효과적으로 소통할 수 있도록 도움을 준다. 따라서 언어의 일반적 특성과 몸짓언어의 이해는 서로 보완적인 관계에 있으며, 영어교육에서 둘 다 중요한 역할을 한다.

### ③ 인간 언어의 기능

인간 언어의 일반성은 언어가 어떻게 형성되고 발전하는지에 대한 근본적인 이해를 제공해 준다. 우리가 살펴본 자의성, 창의성, 역사성, 사회성, 분절성 등과 같은 특성들은 언어가 단순한 의사소통 수단을 넘어서 인간 경험의 깊이와 다양성을 보여주고 있음을 알 수 있다. 언어가 인간의 생각, 감정, 상호작용을 어떻게 형성하고 표현하는지 이해하는 것은 인간 언어의 기능적 측면을 탐구하는 데 도움이 된다. 언어의 기능은 언어가 인간의 삶에서 수행하는 다양한 역할을 의미하는데, 단순한 의사소통 도구를 넘어서, 인간의 감정, 생각, 지식을 표현하고 전달하는 데 필수적인 요소다. 언어의 다양한 기능들은 인간의 의사소통에서 중요한 역할을 수행하며, 이는 다음과 같이 세분화될 수 있다.

첫째, 언어의 도구적 기능은 기본적인 욕구나 필요를 표현하는 데 사용된다. 이 기능을 통해 개인은 자신의 필요나 요구를 명확하게 전달할 수 있다. 예를 들어, “나는 배가 고파” 또는 “저는 물을 마시고 싶어요”와 같은 문장은 개인의 기본적인 욕구를 표현하며, 이를 통해 생존과 직접적으로 연관된 목적을 달성하는 데 중요한 역할을 한다. 둘째, 언어의 통제적 기능은 타인의 행동을 조절하거나 영향을 미치는 데 사용된다. 이 기능을 활용하여 개인은 다른 사람에게 요청, 지시, 명령을 내릴 수 있다. “문을 닫아 주세요” 또는 “그 보고서를 내일까지 제출해 주세요”와 같은 표현은 상대방에게 특정 행동을 수행하도록 유도한다. 이는 언어가 사회적 상호작용에서 지위나 권위를 행사하는 수단으로 기능한다는 것을 드러낸다. 셋째, 언어의 상호작용적 기능은 인간 관계의 형성과 유지에 중요한 역할을 한다. “잘 지냈어?” 또는 “오랜만에 만나서 반가워”와 같은 문장은 친밀감과 우호적인 관계를 나타내며, 대화 상대와의 긍정적인 관계를 구축하고 강화하는 데 사용된다. 이는 언어가 개인 간의 감정적 유대와 소통을 촉진하는 데 필수적임을 보여준다.

넷째, 개인적 기능으로, 언어는 개인의 의견, 생각, 감정을 표현하는 중요한 도구이다. 예를 들어, “나는 그 영화가 좋아” 또는 “저는 여행을 즐겨합니다”와 같은 표현들은 각 개인의 취향과 선호를 나타내며, 이를 통해 개인의 독특한 정체성과 개성이 드러난다. 이는 언어가 개인의 내면적 경험과 감정을 외부로 전달하는 데 필수적인 수단임을 보여준다. 다섯째, 발견적 기능으로, 언어는 새로운 정보와 지식을 탐색하고, 이해를 확장하는 데 사용된다. “우주는 어떻게 형성되었나요?” 또는 “이 기술은 어떻게 작동하나요?”와 같은 질문은 지식에 대한 호기심을 표현하고, 새로운 이해를 촉진한다. 이는 언어가 학습과 지식의 발견 과정에서 중요한 역할을 한다는 것을 강조한다. 여섯째, 상상적 기능으로, 언어는 창의력을 발휘하여 상상 속의 세계나 새로운 개념을 창조하는 데 사용된다. “하늘에서 사탕이 떨어진다면 어떨까?” 또는 “시간 여행이 가능하다면 어디로 갈까?”와 같은 문장은 상상력을 자극하며, 이는 언어가 창의적인 사고와 이야기 창조에 얼마나 중요한 역할을 하는지를 보여준다.

일곱째, 정보적 기능에서 언어는 구체적인 사실이나 데이터를 전달하는 중요한 수단이다. “지구는 태양 주위를 공전한다” 또는 “물은 0°C에서 언다” 같은 문장은 과학적 사실이나 정보를 명확하게 전달한다. 이러한 정보적 기능은 언어가 지식 전달과 정보 교환에 핵심적인 역할을 수행함을 강조한다. 언어를 통한 정확한 정보 전달은 학습, 연구, 그리고 일상 생활에서의 의사결정 과정에 필수적이다. 여덟째, 표출적 기능에서는 언어가 개인의 내면적 감정, 태도, 믿음을 표현하는 데 중요한 역할을 한다. “나는 이 일에 매우 만족해” 또는 “그 사건에 대해 나는 우려하고 있다”와 같은 문장은 개인의 감정적 상태나 태도를 표현하며, 이를 통해 언어가 개인의 감정과 태도를 외부에 드러내는 효과적인 수단임을 보여준다. 이러한 표현은 개인 간의 깊은 감정적 소통과 상호 이해를 가능하게 한다.

이러한 언어의 다양한 기능들은 인간의 복잡한 생각과 감정을 표현하는 데 필수적이며, 이는 인공지능 시대에도 여전히 중요하다. 인공지능 언어 처리 기술의 발전에도 불구하고, 인간의 언어능력과 그 복잡한 기능들은 인공지능이 모방하거나 대체하기 어려운 독특한 특성들을 가지고 있다. 따라서 인공지능 시대에는 이러한 언어의 다양한 기능들을 이해하고, 그것을 인공지능과의 상호작용에 적절히 활용하는 것이 중요하다.

## ④ 인간 언어의 특수성

언어의 일반적 특성과 언어의 다양한 기능을 통해 우리는 언어가 단순한 의사소통 수단을 넘어 인간의 정체성과 문화에 깊이 관여하고 있다는 사실을 알 수 있다. 이는 언어가 감정, 생각, 상징적 의미를 전달하고, 창의적이고 심미적인 표현의 수단으로 작용할 뿐만 아니라 인간의 일상, 문화, 사회적 상호작용에 중요한 역할을 하고 있다는 것이다. 언어의 일반적 특성과 기능에 대한 이해는 언어가 단순히 의사소통의 도구를 넘어 인간의 사고와 문화, 즉 언어의 특수성에 근본적으로 어떻게 관여하는지를 이해하는 데 도움을 준다. 언어의 특수성은 사피어-워프 가설과 같은 이론들을 통해 인간의 인지와 문화적 경험을 어떻게 형성하는지를 탐구하며, 이를 통해 언어의 본질적인 필요성과 중요성을 깊이 있게 이해할 수 있게 해준다. 사피어-워프 가설에서 논의되는 언어의 특수성은 언어가 개인의 사고 방식과 문화적 세계관에 영향을 준다.

사피어-워프 가설, 또는 언어 결정론은 언어와 사고, 문화 간의 상호 영향을 다루는 중요한 언어학 이론이다. 이 이론은 20세기 초 에드워드 사피어와 벤자민 리 워프에 의해 제시되었으며, 언어가 개인의 사고 방식과 문화적 세계관에 어떻게 영향을 미치는지 보여준다. 사피어-워프 가설은 크게 두 가지 형태로 나뉜다. 첫 번째는 '약한 사피어-워프 가설'로, 언어가 개인의 사고에 영향을 미치기는 하지만, 사고가 언어에 의해 완전히 결정되지는 않는다는 것이다. 이는 언어가 개인의 인식과 문화적 배경에 영향을 줄 수 있지만, 개인은 언어의 제한을 넘어서 자유롭게 사고할 수 있음을 의미한다. 반면 '강한 사피어-워프 가설'은 언어가 개인의 사고, 인식, 심지어 문화적 관념에

까지 결정적인 영향을 미친다는 주장이다. 이에 따르면, 다른 언어를 사용하는 사람들은 서로 다른 사고 방식과 현실 이해를 갖게 된다는 것이다. 이는 언어가 단순한 의사소통 도구를 넘어서 사고와 문화에 깊은 영향을 미치는 중요한 요소임을 보여준다.

언어가 우리의 인식과 판단에 영향을 미칠 수 있음을 보여주는 흥미로운 연구가 있다. 2011년 스탠포드 대학교의 연구에서는 도시 범죄를 설명하면서 두 집단에게 서로 다른 언어를 사용하여 설명했다. 한 집단에겐 범죄자를 짐승에 비유하여 설명했고, 다른 집단에겐 바이러스라는 은유를 사용했다. 비유적 언어의 차이는 두 집단의 사고와 해결책 선택에 어떤 영향을 주었을까? 짐승에 빗대어 설명한 집단에서는 범죄자를 엄하게 처벌해야 한다고 주장하였으며, 바이러스에 빗대어 설명한 집단에서는 도시의 환경을 개선해야 한다고 주장했다. 연구자들은 언어적 비유에 따라 참여자들이 문제를 인식하고 해결책을 선택하는 방식이 달라질 수 있다고 언급하며, 언어가 사람들의 사고방식과 행동에 영향을 미칠 수 있다고 주장한다 (Thibodeau & Boroditsky, 2011). 이는 사피어-워프 가설의 약한 버전을 뒷받침하는 사례로, 언어가 우리가 세계를 해석하는 방식에 영향을 미칠 수 있다는 것을 입증한다.

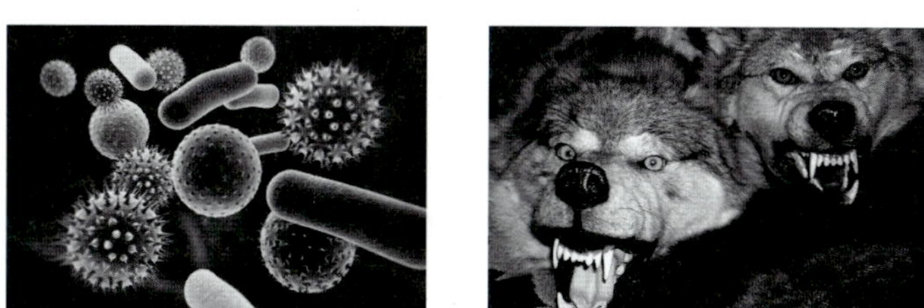

[그림 1-5] 도시 범죄에 대한 비유(바이러스와 짐승)

〈표 1-3〉 도시 범죄 해결 방안에 대한 설문 결과

| | 바이러스 | 짐승 |
|---|---|---|
| 범죄자를 징역형 등 엄격히 처벌해야 한다. | 35% | 74% |
| 도시의 환경을 개선해야 한다. | 65% | 26% |

언어가 사고에 어떻게 영향을 미치는지에 대한 흥미로운 연구는 스탠포드 대학교의 보로디츠스키(Boroditsky) 교수의 연구를 통해 잘 드러난다. 보로디츠스키 교수는 "우리가 사용하는 언어가 우리가 생각하는 방식을 형성한다(The language we speak shapes how we think)"라는 명제를 검증하였다(Boroditsky, 2012). 호주 원주민 쿠크 쎄이요르 부족은 방위를 사용해 사물의 위치를 나타내는 독특한 언어적 특성을 가진다. 이들은 '왼쪽'이나 '오른쪽'이라는 개념 대신 항상 동서남북을 기준으로 사물의 위치를 표현한다. 이러한 언어 습관은 그들이 언제든지 정확한 방위를 인지하고 파악할 수 있는 능력을 키웠다. 예를 들어, 쿠크 쎄이요르 부족 사람이 시계를 깜빡하고 파티장을 떠난 경우, 이들은 파티에서 칵테일 바 동남쪽에 있는 테이블에 시계를 놓고 왔다고 표현할 것이다. 이처럼 그들의 언어는 물리적 공간에 대한 이해를 극대화하는 방식으로 그들의 사고를 형성한다. 이는 우리가 언어를 통해 세계를 인식하고 해석하는 방식에 언어가 중대한 영향을 미칠 수 있음을 시사한다.

어떤 문화에서는 정확한 숫자를 표현하는 단어가 없어, 사람들이 구체적인 수량을 정확히 이해하거나 표현하는 데 어려움을 겪는다고 한다. 고양이 여덟 마리가 있는 그림을 볼 때, 숫자에 대한 구체적인 단어가 없는 언어 사용자는 "고양이 다섯 마리를 가져와라"라는 지시를 '많은 고양이' 정도로만 이해할 수 있다는 것이다. 이는 해당 언어 사용자가 수량적 개념을 다르게 인식하고 처리한다는 것을 의미한다. 색상에 대한 인식도 유사한 방식으로 영향을 받는 문화도 있다. 어떤 언어에서는 색상을 세밀하게 구분하여 표현하지만, 다른 언어에서는 '밝다' 또는 '어둡다' 정도로만 표현한다. 이러한 언어적 차이로 인해, 어떤 언어 사용자는 같은 색상을 더 세밀하게 구분하여 인식할 수 있는 반면, 다른 언어 사용자는 그러한 세밀한 구분을 하지 못하는 경우가 발생한다.

[그림 1-6] 언어와 사고의 관계

사건의 서술 방식에서의 차이 역시 사고와 언어의 관계를 드러낸다. 영어에서는 주로 '에이전시(agentivity)' 즉, 주체의 행동으로 사건을 서술하는 경향이 있다. "He broke the vase"라는 문장에서 'He'는 행동의 주체로 명확히 서술되어 있다. 반면에 스페인어와 같은 언어에서는 사건을 서술할 때 행동의 주체를 생략하는 경우가 많다. 이를 '무주어 구문(impersonal construction)'이라고 하는데, 예를 들어 스페인어로 "Se rompió el jarrón"은 '꽃병이 깨졌다'로 번역되며, 이 경우에는 꽃병을 깨뜨린 행위자에 대한 정보는 문장에 명시적으로 나타나지 않는다. 이러한 언어적 차이는 언어 사용자가 사건에 대한 책임과 원인을 인식하는 방식에 영향을 주어, 같은 사건을 목격했더라도 언어에 따라 다른 증언을

할 가능성이 있다. 이러한 연구와 예시들은 언어가 개인의 사고 방식, 인식, 문화적 세계관에 중요한 영향을 미칠 수 있다는 것을 보여준다. 이처럼 언어의 특수성을 이해하는 것은 인간의 인지 및 문화적 경험을 근본적으로 이해하는 데 중요한 역할을 한다. 사피어-워프 가설과 같은 이론들은 언어가 사고, 인식, 세계관에 미치는 영향을 탐구함으로써 인간의 언어 사용이 어떻게 우리의 인식과 문화를 형성하는지를 분명히 해주며 나아가 인공지능 언어에 대한 이해를 더욱 심화시키는 기반을 제공한다.

## ⑤ 인공지능 언어

인공지능 언어는 인간 언어의 기본적인 의사소통 기능을 모방하여 정보를 전달하고 상호작용을 수행하는 도구로 사용되어 왔다. 이러한 언어 시스템은 인간의 언어와 공통적으로 정보와 의미를 전달하는 목적을 가지고 있으나 그 작동 원리와 맥락 이해 능력에서 차이를 보인다. 인공지능 언어는 프로그래밍된 알고리즘과 데이터에 의존하여 정보를 처리하며, 이는 기계적이고 규칙에 기반한다. 반면, 인간의 언어는 감정, 문화, 사회적 맥락을 포함하는 풍부한 의미를 내포하고 있어, 인공지능 언어가 이에 대응하기 위해서는 깊은 이해와 복잡한 처리 능력이 필요하다. 이러한 차이에도 불구하고, 인공지능 언어의 핵심 목적은 인간의 언어와 마찬가지로 의사소통이다. 인간과 기계, 혹은 기계 간의 효과적인 상호작용을 통해 정보 교환과 문제 해결을 목표로 한다. 이를 위해서는 인간의 언어에 대한 깊은 이해가 필요한데, 이는 문맥, 의미, 감정 등을 포함한 인간 언어의 복잡성을 파악하는 것을 의미한다. 인간 언어에 대한 이해야말로 인공지능 언어를 보다 정교하고 자연스러운 방식으로 의사소통을 수행하는 도구로 사용하기 위해 필요하다.

인공지능 언어를 활용한 응용 분야를 설명하기 전에, 인공지능 언어에 대한 기본 개념을 살펴볼 것이다. 인공지능 언어 처리의 기초와 원리는 데이터 기반의 알고리즘과 기계 학습에 근거하고 있다. 이러한 처리는 자연어 처리(Natural Language Processing, NLP) 기술의 중심에 위치하며, 인간 언어의 복잡한 구조와 의미를 이해하고 생성하는 데 중점을 둔다. 기본적으로, 인공지능 언어 모델은 대량의 언어 데이터를 분석하여 언어 패턴을 학습하고, 이를 바탕으로 새로운 문장을 생성하거나, 주어진 텍스트에 대한 응답을 생성한다. 이 과정에서 사용되는 알고리즘은 통계적 방법과 딥러닝 기술을 결합하여, 언어의 구문적, 의미적 구조를 모델링한다. 예를 들어, 인공지능 번역 시스템은 주어진 언어의 문장을 분석하고, 대상 언어로의 적절한 번역을 생성한다. 이 과정은 단순한 단어 대 단어의 변환을 넘어서, 문맥, 문화적 뉘앙스, 언어의 유연성을 고려한다. 그러나 현재의 인공지능 언어 모델은 여전히 인간의 언어 사용 능력, 특히 창의성, 감정 표현, 문화적 맥락 이해 등의 면에서 제한적이다. 따라서 인공지능 언어 처리의 발전은 계속되는 데이터의 수집 및 분석과 함께 더욱 정교한 알고리즘의 개발을 필요로 한다. 이는 인간 언어의 복잡성을 더욱 효과적으로 모방하고, 의사소통의 다양한 측면을 포괄하는 인공지능 언어 모델로 발전해 나가는 과정이다.

인공지능 언어와 인간 언어 사이에는 몇 가지 중요한 차이점과 공통점이 존재한다. 둘 다 의사소통의 도구로써 기능한다는 점을 들 수 있다. 인공지능 언어 모델은 인간의 언어 패턴을 모방하여 의미 있는 응답을 생성하거나, 텍스트를 분석하는 데 사용된다. 이는 인간이 언어를 사용해 정보를 전달하고 상호작용하는 것과 유사하다. 그러나 차이점은 인공지능 언어가 주로 데이터와 알고리즘에 기반하여 작동하는데, 이는 인간의 언어에서 나타나는 감정, 창의성, 문화적 맥락과 같은 요소들을 완벽하게 모방하기 어렵게 만든다. 예를 들어, 인공지능은 데이터에 기반한 정보를 처리하고 응답을 생성하는 데 능숙하지만, 인간처럼 유머나 이중 의미, 비유, 상징과 같은 복잡한 언어적 특성을 자연스럽게 표현하는 데는 한계가 있다. 또한, 인공지능은 주어진 데이터와 알고리즘 내에서만 작동하기 때문에, 인간 언어의 동적이고 창의적인 측면을 완전히 이해하거나 반영하기 어렵다. 이러한 차이점들은 인공지능 언어 모델이 아직 인간 언어의 모든 측면을 포괄적으로 담아내지 못하고 있다는 것을 보여준다. 그럼에도 불구하고, 인공지능 언어 모델의 발전은 계속되고 있으며, 이는 인간 언어의 더 깊은 이해와 모방을 향한 중요한 단계이다.

인공지능 언어의 현재와 미래 전망은 흥미롭고 동시에 복잡한 주제이다. 현재, 인공지능 언어 기술은 자연어 처리와 기계 학습 알고리즘의 진화를 기반으로 빠르게 발전하고 있다. 이 기술들은 대량의 언어 데이터를 분석하고, 패턴을 학습하여 인간의 언어를 이해하고 생성하는 데 사용된다. 예를 들어, 챗봇, 번역기, 음성 인식 시스템 등은 이미 일상생활에서 널리 사용되고 있다. 그러나 이러한 시스템들은 아직도 인간의 언어능력, 특히 창의적이고 복잡한 언어 사용에 대한 완전한 이해와 재현에는 한계를 가지고 있다.

미래에는 인공지능 언어 기술이 이러한 한계를 넘어서, 보다 정교하고 진보된 형태로 발전할 것으로 예상된다. Bing, ChatGPT, 제미나이 등 새로운 언어 모델의 개발은 이전의 인공지능 언어가 갖고 있었던 한계를 곧 극복할 수 있을것이라는 기대와 두려움을 갖게 한다. 인공지능 언어 모델의 발전은 더욱 정교한 자연어 이해, 문맥적 맥락의 파악, 그리고 보다 자연스러운 언어 생성을 가능하게 할 것이다. 또한, 인공지능이 인간의 감정, 사회적 상호작용, 문화적 맥락을 더 잘 이해하고 반영할 수 있도록 발전할 것으로 보인다. 이러한 발전은 인공지능이 인간 언어의 미묘한 측면들을 더욱 잘 포착하고 반영할 수 있게 만들 것이다. 장기적으로, 인공지능 언어 기술의 발전은 인간과 인공지능 간의 소통을 더욱 원활하게 만들고, 새로운 응용 분야를 개척할 것으로 기대된다. 예를 들어, 고도로 발전된 인공지능 언어 시스템은 교육, 의료, 엔터테인먼트 등 다양한 분야에서 맞춤형 서비스를 제공하는 데 중요한 역할을 할 수 있다. 하지만, 이러한 발전과 함께 인공지능 언어의 윤리적, 사회적 영향에 대한 심도 있는 고민과 규제가 필요하다는 점도 명심해야 한다. 인공지능 언어 기술의 미래는 풍부한 가능성을 내포하고 있으나, 그것을 어떻게 사용하고 관리할 것인지에 대한 신중한 접근이 요구된다.

인공지능 시대의 도래는 교육 및 영어교육 분야에 획기적인 변화를 가져왔다. 이러한 변화의 핵심에는 인공지능 기술의 빠른 발전과 교육에의 통합이 자리 잡고 있다. 미래는 이미 우리 곁에 와 있으며, 인공지능의 정의와 기능을 이해하는 것은 이 시대의 교육자와 학습자에게 필수적이다. 인공지능과 교육의 결합은 학습 방식과 교육의 방향을 재정립하는 계기가 되었다.

특히, 영어교육 분야에서 인공지능의 도입은 교육의 필요성, 방법론, 그리고 기술적 적용에 대한 새로운 시각을 제공한다. 인공지능 기술은 영어교육을 더욱 개인화하고, 효율적으로 만들며, 학습자의 경험을 풍부하게 한다. 하지만 이러한 기술적 발전에도 불구하고 언어의 본질을 이해하는 것은 여전히 중요하다. 인간의 언어와 동물의 소통 방식을 비교하고, 인간 언어의 일반적 특성과 기능, 그리고 특수성을 탐구함으로써 우리는 언어가 단순한 의사소통 도구를 넘어 인간의 사고, 문화, 인식에 어떠한 깊은 영향을 미치는지 이해할 수 있다.

인공지능의 언어 처리 능력은 인간의 언어능력과는 다른 방식으로 발전하고 있으며, 이 둘 간의 차이점 및 공통점을 이해하는 것은 미래교육에서 인공지능을 효과적으로 활용하는 데 중요하다. 인공지능 언어의 현재와 미래 전망을 논의하면서 우리는 이 기술이 교육, 특히 영어교육에 어떤 기회와 도전을 제시하는지 고찰해야 한다. 따라서 언어의 본질을 깊이 이해하고, 이를 바탕으로 인공지능 기술을 교육에 통합하는 것이 더욱 중요해지고 있다. 이러한 이해와 통합은 다음 장에서 다룰 영어 의사소통 능력과 영어의 습득에 있어서도 핵심적인 역할을 할 것이다.

AI

CHAPTER

02

# 인간은 언어라는 도구를 사용하여 의사소통한다

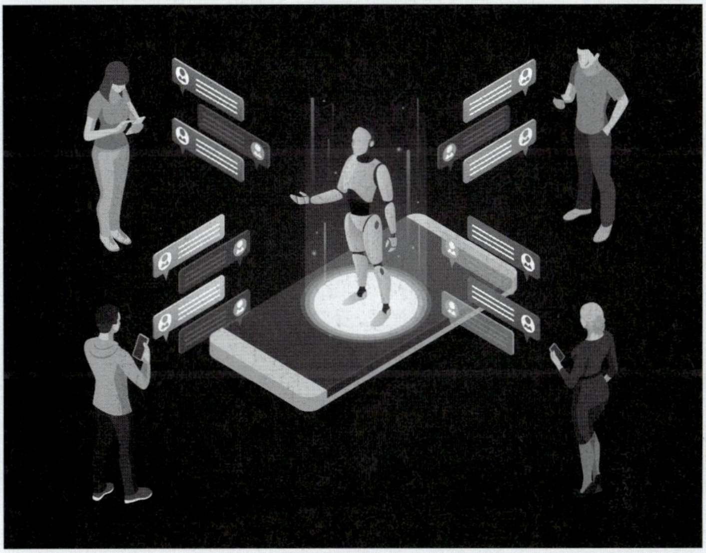

인간은 언어라는 도구를 사용하여 의사소통한다. 의사소통의 도구인 언어에 대해서는 아리스토텔레스 이전부터 탐구의 대상이 되었고 언어에 대해 규명하고자 하였으나, 본격적으로 언어에 대해 과학적으로 규명하기 시작한 것은 1900년대 초 구조주의 언어학이 시작되면서이다. 구조주의 언어학은 언어는 (언어)습관의 총합(a set of habits)이라는 견해로 언어를 바라보았고, 언어 습득이 언어 습관의 형성(habit formation)이라고 여겼다. 그러나 이러한 견해는 Chomsky에 의해 간단명료하게 부정되었고 이후 생성문법(generative grammar)이라는 새로운 언어학의 흐름으로 이어지게 되었다. 언어학적인 지식이 축적되면서 이를 언어교육, 특히 영어교육에 적용하고자 하는 노력이 이루어졌고 언어의 모습에 대해 보다 더 다양하고 상세한 그림이 그려지게 되었다.

SECTION

# 01 의사소통 능력

## ① Chomsky의 언어능력(Chomsky's Competence)

1900년대 초부터 시작된 구조주의 언어학은 언어를 인간이 사용하는 언어 습관의 총합(a set of habits)으로 여겼고, 언어의 가장 기본적인 형태는 문자언어가 아닌 음성언어이고, 여러 부분으로 나눌 수 있다고 주장하였다. 여기에서 여러 부분에 해당하는 것은 음성학(phonetics), 음운론(phonology), 형태론(morphology), 통사론(syntax), 의미론(semantics)에 해당한다.

음성학은 구강구조를 통해 폐에서 나오는 공기를 막거나 방해하면서 내는 소리들 전체를 다루는 영역이며(articulatory phonetics), 음파와 같은 소리의 물리적인 특징도 분석한다(acoustic phonetics). 인공지능의 발달과 음성 인식 기술의 발달은 음향음성학 분야의 지식 축적의 결과이기도 하다. 형태론은 어휘를 구성하는 형태소와 접사 등을 활용한 어휘형성 체계를 다루는 분야이고, 통사론은 이들 형태소를 활용하여 어휘를 넘어서는 구(phrase)나 문장(sentence)을 형성하는 규칙 체계를 다룬다. 의미론은 형태소부터 어휘, 구, 문장의 의미를 다루는 영역이다.

구조주의 언어학은 언어학의 여러 분야들이 위계가 있기 때문에 음성학부터 음운론, 형태론, 통사론, 의미론의 순서로 탐구하여야 한다고 주장하면서 음성학, 음운론, 형태론 분야에서 많은 지식을 축적하였다. 그러나 통사론부터는 그 연구가 큰 성과를 보이지 못했다. 구조주의 통사론은 slot grammar라고 하는 틀을 만들었으나(예를 들면 "Yoda likes Leia"라는 문장의 밑줄 친 요소들이 각각 slot에 해당한다) 보다 더 심도있는 연구가 진행되기 전에 Chomsky에 의해 논리적 기반이 붕괴되고 해체되었다. 때문에 구조주의 의미론 분야의 연구는 그 실적을 찾아보기 힘들다.

구조주의 언어학이 발전할 무렵 행동주의 심리학도 발달하게 되었다. 행동주의 심리학은 자극과 반응(stimulus-response)의 관계에 주목하면서 반응에 대해 강화(reinforcement)를 주면 자극-반응 관계가 지속적일 수 있다는 점에 주목하고 이를 학습이론으로 발달시켰고, 구조주의 언어학은 이를 받아들여 인간은 언어에 대한 지식이 전무한 상태로 태어나서 언어 습관 형성을 통해 언어를 습득한다고 여기게 된다(Skinner, 1938; 1950; 1957). 이러한 구조주의-행동주의 심리학의 결합은 언어교육에서 청화식 교수학습 방법(audiolingualism)으로 이어진다.

Chomsky(1959)는 Skinner의 이러한 주장이 인간 언어의 복잡성과 창의성(the complexity and creativity of human language)을 설명하지 못한다고 비판하였다. 만약 '언어가 습관'이라고 가정한다면 유아들이 체계적인 언어교육을 받는 것도 아닌데 모두 모국어를 성공적으로 습득한다는 자극의 빈곤(poverty of the stimulus) 문제, 듣도 보도 못했던 문장을 듣고 이해 혹은 사용한다는 점에서의 언어의 창의적 사용(creative language use) 문제, 하나의 문장이 여러 의미가 있을 수 있다는 것을 어떻게 파악하느냐는 언어의 구조적 의존성(structure dependence) 문제 등이 존재한다는 것이다. 보다 근본적으로 접근해 보았을 때, 언어가 습관의 총합이라면 인간이 가지고 있는 지식의 총량에 있어서 문제가 발생한다. 즉 우리가 가지고 있는 지식은 언어로 정리되며, 언어가 습관이라면 경험하지 못한 것은 지식으로 형성될 수 없고, 극단적으로는 인간

지식의 총량은 지속적으로 줄어들 수 밖에 없다. 그러나 이미 우리가 알고 있는 바와 같이 인간의 지식 총량은 급속하게 증가하고 있다.

Chomsky의 이러한 지적으로 구조주의 언어학과 행동주의 심리학에 근거한 언어에 대한 기본 전제, 즉 언어는 습관의 총합이고 언어 습득은 습관 형성이라는 가장 기본적인 가정이 논리적 설득력을 완전히 잃게 된다. 그럼으로써 구조주의는 붕괴하고, Chomsky는 구조주의에서 주장했던 언어와 언어 습득에 대한 대안을 제시하게 된다.

제1 언어 습득의 기본적인 특징은 'easy, rapid and uniform'이다. 유아들은 모국어 습득에 있어서 교육 등의 수단이 없이 쉽게 언어를 습득하고, 이 습득은 만 4세 이전에 완료된다. 또한 특정 시기에 한국인 유아들의 발화에서 '안 밥 먹었어, 나 집에 간다요'와 같은 오류가 나타나는데 이러한 오류는 모든 유아들의 발화에서 관찰된다. 이러한 특징, 특히 동일한 패턴의 오류가 모든 유아에게서 관찰된다는 것은 언어의 유래에 대해 고민하게 한다. 모국어를 습득할 때 보였던 오류가 부모님이 언어를 습득할 때도 나타났고, 조부모님이 언어를 습득할때도 나타났다는 것과, 서울에서 태어나도, 부산이나 광주에서 태어나도 통일한 패턴의 오류를 보인다는 것은 언어 습득의 기제가 시간과 공간에 관계없이 동일한 작용을 한다고 볼 수 있다. 삼신할미께서 태어날 유아들을 모아놓고 2살 때는 이러한 오류 패턴을, 3살 때는 저러한 오류 패턴을 사용해야 한다고 주입시킨 후 세상에 내보내는 것이 아니라면 언어에 대한 기제는 우리가 태어날 때 가지고 태어난다고 생각할 수밖에 없고, 가지고 태어난다면 이는 유전자에 있을 것이다.[2] 이러한 논리적

2) 언어 발달에 문제가 있는 사례와 유전자와의 관계를 연구한 결과들은 FOXP2 유전자, CNTNAP2 유전자, ASPM 유전자, GRIN2A 유전자 등이 언어 혹은 언어 발달과 관계가 있음을 보여준다.

추론을 통해 Chomsky는 언어 습득의 생득설(innativeness), 즉 우리는 언어에 대한 기제를 가지고 태어난다고 주장하였다.[3)]

Chomsky의 생성문법 틀 안에서의 언어에 대한 연구도 구조주의의 분류 방식을 그대로 원용하고 있으나 구조주의가 경험적인 자료에 근거한다면 생성문법은 보다 본질적인 원리를 추구하였고, 이를 위해 사용(performance)과 능력(competence)을 구분하게 되었다. 실제 언어 사용 상황에서는 환경이나 맥락, 문화 등의 여건에 의해 왜곡되는 경우가 많아 이를 배제하고 '이상적 언어사용자(ideal language speaker and hearer)'가 사용하는 언어를 연구의 대상으로 하였다. 또한 Chomsky는 소리와 형태소, 구와 문장 등 문장 수준까지를 연구 대상으로 하였다. Chomsky가 주장하는 언어능력(language competence)은 '모든 문법적인 문장만(all and only grammatical sentences)'을 생성하는 언어기제를 탐구한 결과에 해당한다.

## ② 의사소통 능력(Communicative competence)

Chomsky의 언어능력에 대한 정의는 음운 체계, 어휘 형성 체계, 문장 형성 체계, 의미해석체계에 한정되었고, 이 언어능력을 언어교육에 적용하려다 보니 맥락, 상황, 의도 등의 문제가 포착되었다. 비유적으로 표현하자면 Chomsky의 언어능력은 밥에 해당한다. 그러나 밥상을 차리려면 밥만 있으면 되는 것이 아니라 국이나

3) 1950-60년대까지는 언어에 대한 지식이나 유전자에 대한 인류의 지식이 충분하지 않다보니 Chomsky는 유전자라는 표현보다는 보다 직관적으로 인식할 수 있는 LAD(Language Acquisition Device)라는 용어를 사용하였고, 80년대 들어서 언어에 대한 지식이 깊어지면서 LAD를 보편문법(universal grammar)으로 바꾸어 사용하고 있다.

반찬 등도 있어야 한다. 맨밥만 먹고 살 수는 없지 않을까? 따라서 언어교육에서 Chomsky의 언어능력은 필수적이지만, 이것만 가지고는 부족하다는 인식하에 국과 반찬에 해당하는 요소가 추가된다. Hymes(1972)는 이를 의사소통 능력(communicative competence)이라고 하고, 의사소통 능력의 첫 번째 능력으로 Chomsky의 언어능력을 언급하였다. 이후 Canale과 Swain(1980)은 의사소통 능력을 보다 정교하게 정의하면서 발음, 어휘, 구와 문장을 포괄하는 grammatical competence(Chomsky의 competence)에 sociolinguistic competence, discourse competence, strategic competence를 추가하였다.

Communicative competence(Canale과 Swain, 1980)

- Grammatical competence(문법적 능력): 언어의 문법적 구조와 규칙을 이해하고 활용하는 능력
- Sociolinguistic competence(사회언어학적 능력): 언어 사용의 사회적 측면을 이해하고, 상황과 상대방에 따라 적절한 언어 선택과 사용이 가능한 능력
- Discourse competence(담화 능력): 긴 텍스트나 대화를 이해하고 구성하며, 정보를 효과적으로 전달하는 능력
- Strategic competence(전략적 능력): 언어 사용 시 어려운 상황에서 전략을 선택하고 사용하는 능력으로, 의사소통을 유지하고 이해를 돕는 전략의 개발과 사용과 관련된 능력

사회언어학적 능력은 방언이라 성별에 따른 언어(가령, 여성은 '어머, 어머나'와 같은 표현을 사용한다)를 구분할 뿐만

아니라 대화 상대자와 상황에 맞추어 적절한 표현을 사용할 수 있는 능력을 말한다. 예를 들어 경인교대를 찾아가고자 할 때 경찰관에게 다가가서 '야, 경인교대 어딨냐?'라는 표현보다는 중립적이거나 정중한 표현을 사용하는 것과 관련된 능력이다.

담화 능력은 서론-본론-결론과 같은 글의 전체적인 구조와 글의 응집성(cohesion)과 일관성(coherence) 등이 관련되어 있다. 글의 일관성은 하나의 이야기가 자연스럽게 진행되는 것으로 다음 글은 읽기에 부자연스럽지만 이야기의 흐름을 파악할 수 있다.

- Yoda liked Leia.
- Yoda called Leia last night.
- Yoda asked Leia to meet at the café at 2.
- Yoda met Leia at the café.
- Yoda and Leia talked a lot.
- Yoda and Leia went to a movie.

앞의 글은 일관성은 있으나 응집성에 문제가 있는 것으로 아래와 같이 접속사를 추가하면 보다 자연스러워진다.

- Yoda liked Leia.
- So,Yoda called Leia last night.
- And Yoda asked Leia to meet at the café at 2.
- Then, Yoda met Leia at the café.
- And Yoda and Leia talked a lot.
- Then, Yoda and Leia went to a movie.

그러나 여전히 자연스러운 글은 아니다. 여기에서 문제는 Yoda와 Leia 같은 이름이 반복되는 것이고, 이를 대명사로 바꾸거나 생략한다면 글이 훨씬 자연스럽게 읽힌다.

- Yoda liked Leia.
- So,he called her last night.
- And he asked her to meet at the café at 2.
- They met at the café and talked a lot.
- Then, they went to a movie.

Canale과 Swain의 의사소통 능력 중 문법적 능력, 사회언어학적 능력, 담화 능력은 언어학적 능력에 해당하지만 전략적 능력은 대화를 지속하는 능력으로 언어학적 능력이 아니라 언어 사용 과정에서 사용되는 능력이며, 이를 언어학적 능력과 동일한 수준으로 처리하는 것은 무리가 있다.

## ③ 의사소통적 언어능력(Communicative language competence)

의사소통적 언어능력(communicative language competence)은 유럽 언어 공통 참조 기준(Common European Framework of Reference for Languages, CEFR)과 같은 언어교육 프레임워크에서 발전하였다. 언어 사용자들이 의사소통하는 데 사용하는 일반적 능력(general competences)과 의사소통적 언어능력(communicative language competences)은 다음과 같이 구분된다. 일반적 능력은 언어 활동(language activities)을 포함한 모든 행동을 할 때 요구되는 일반 특질(capacities)이며, 선언적 지식(declarative knowledge), 기능과 전문적 지식(skills and knowhow), 실존적 능력(existential competence), 학습 능력(ability to learn)으로 구성되어 있다. 의사소통적 언어능력은 의사소통할 때 언어를 사용할 수 있도록 하는 능력으로, 언어적 능력(linguistic competences), 사회언어적 능력(sociolinguistic competences), 화용적 능력(pragmatic competences)으로 구성되어 있다.

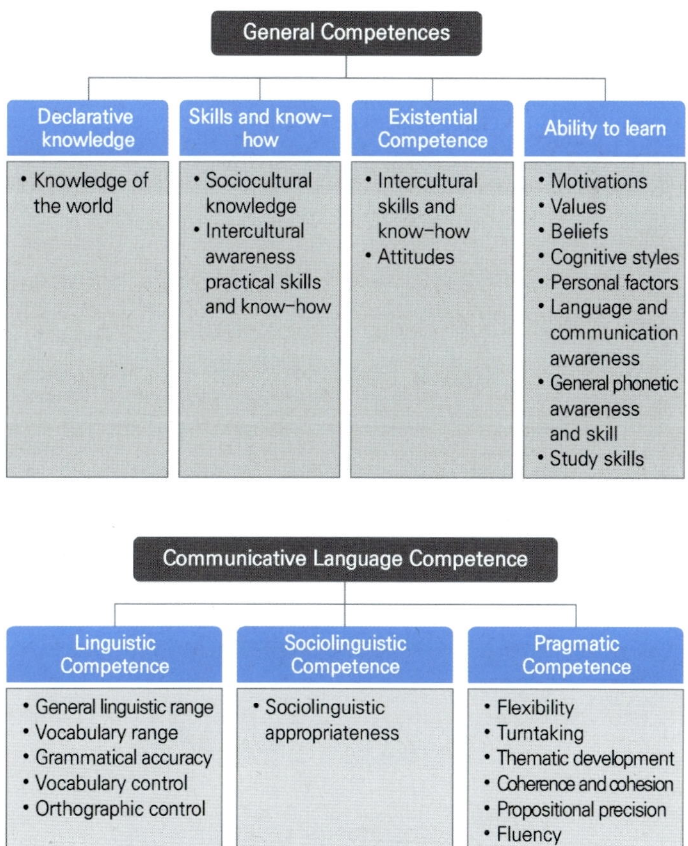


[그림 2-1] 언어사용능력(Council of Europe, 2001)

CEFR에서는 의사소통적 언어능력의 수준을 기초적 사용자(basic user), 독립적 사용자(independent user), 능숙한 사용자(proficient user)의 세 수준으로 구분하고, 각각의 수준을 상, 하로 세분하였다. 이 구분에 따른 구문 사용 수준에 대한 기준은 2022 개정 영어과 교육과정의 의사소통에 필요한 언어형식 [별표 4]의 학교급별 사용 권장 언어형식과 원리를 같이 한다.

## ④ Bachman(1990)의 언어능력(Language ability)

Bachman(1990)은 언어 평가의 측면에서 언어능력을 정의하면서 의사소통적 언어능력은 언어능력(language competence), 전략적 능력(strategic competence), 심리생리적 기제(psychophysiological mechanisms)로 구성된다고 주장하였다. 전략적 능력은 언어능력과 구분되어, 언어능력의 부족한 부분을 보완하는 능력이며, 세상살이에 대한 지식(knowledge of the world)과 심리생리적 기제를 조정하는 등 의사소통적 언어능력에서 핵심적인 역할을 한다. 심리생리적 기제는 상황 맥락(context of situation)과 연결되어 시각 정보와 청각 정보 등을 처리한다.

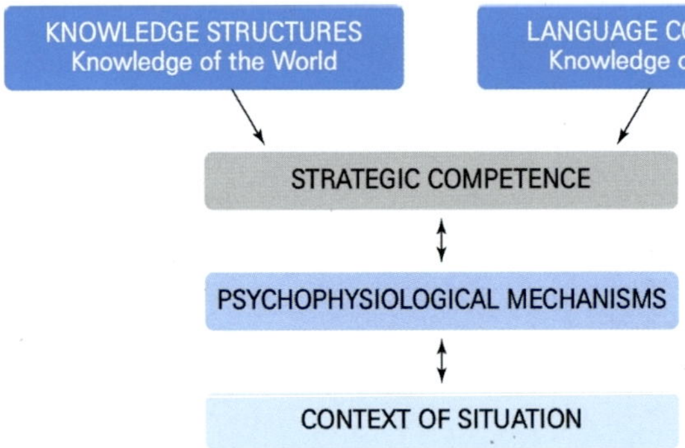


[그림 2-2] 언어능력(Language ability)

Bachman은 언어능력을 구성적 능력(organizational competence)과 화용적 능력(pragmatic competence)으로 정의하며, 구성적 능력은 은 문장과 담화 단위의 언어 형태에 관한 규칙과 체계를 다루는 능력을 말하며, 문법적 능력(grammatical competence)과 텍스트 능력(textual competence)을 포함하고 있다. 화용적 능력은 발화 수반 능력(illocutionary competence)과 사회언어적 능력(sociolinguistic competence)으로 세분된다.

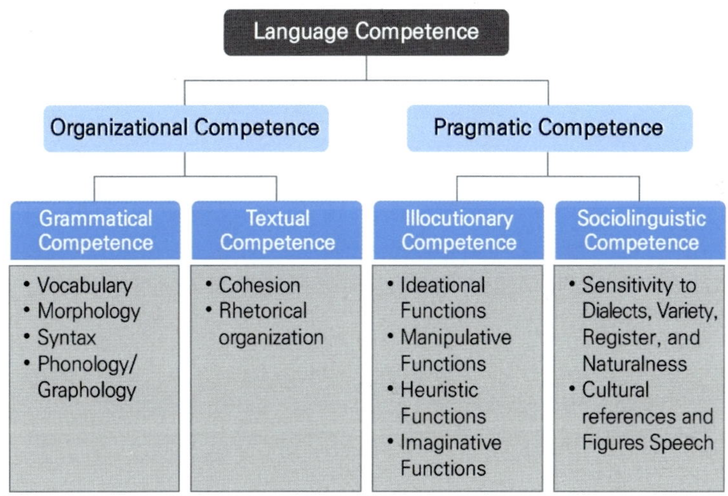


[그림 2-3] 언어능력(Language competence)

## 5 문화 간 의사소통 능력 (Intercultural communicative competence)

Bachman까지의 언어능력은 모국어 사용자의 입장에서 언어능력을 갖추고 있다는 것이 무엇을 가지고 있다는 것인지에 대해 정의하고자 하는 것이라면 문화 간 의사소통 능력은 동일한 언어를 사용한다고 했을 때 두 언어 사용자 간의 언어 사용 규범이 차이가 있을 경우 서로의 문화적 특성이 다르다는 것을 인정하고 서로를 이해하여 갈등을 조절해 나가는 자세와 능력을 의미한다. 언어능력보다는 언어를 사용할 때 발휘되는 개인적 특성과 기능을 중요시하며, 자기문화와 타문화의 차이를 인식하여 받아들이면서 공통적인 인간성을 발견하고, 여러 문화 속에서 다양한 특성을 수용하고 새로운 상황에서 접하는 사람과 관계를 형성할 수 있는 능력을 의미한다.

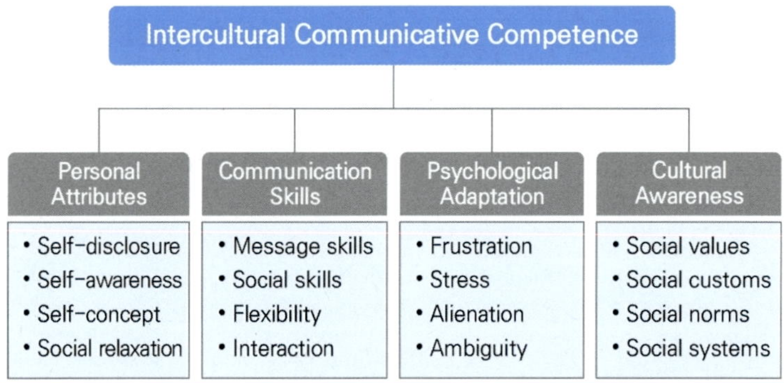


[그림 2-4] 문화 간 의사소통 능력(Intercultural communicative competence)

Chomsky의 언어능력부터 의사소통 능력, 의사소통석 언어능력, Bachman의 언어능력, 문화 간 의사소통 능력 등은 각각 모국어의 관점, 제2 언어 습득의 관점, 언어 평가의 관점, 국제적 언어사용의 관점에서 조망한 것으로 각각의 접근이 의도하는 바는 서로 다르다. 그러나 이들 접근이 지향하는 바는 우리나라 영어교육의 지향점과 크게 다르지 않다.

# 02 상호작용

## ① 교실에서의 상호작용

교사와 학생 간의 상호작용은 영어수업에서 매우 중요하다. Krashen(1982)이 이해가능한 입력(comprehensible input)의 필요성을 제기한 이후, 이해가능한 출력(comprehensible output)과 상호작용(interaction)의 필요성도 강조되었다(Allwright, 1984; Ellis, 1994; Long 1996; Swain, 1985). 교실 내에서 상호작용을 가능하도록 하는 것의 핵심은 교사의 발화이다. Flanders(1970), Moskowitz(1976), 박선호와 임희진(2009), 박효선과 박선호(2014) 등은 교사의 발화 유형을 수업 상황에 따라 다양하게 구분하였는데, 크게 교사의 수업 내용과 수업 진행 발화와 학생에 대한 응답으로 구분하여 볼 수 있다. 또한 Barnes(1969), Long & Sato(1983), Chaudron (1988), Bentley(2010), Hills(2012) 등은 교사의 질문 유형을 다양하게 구분하고 있다.

실제 수업에서는 교사-학생의 발화 유형뿐만 아니라 학생-교사 유형, 학생-학생 유형도 관찰된다. Flanders(1970), Moskowitz(1976), 박광노(2005), 박선호와 임희진(2009), 김장규(2011), 박효선과 박선호(2014) 등은 발화의 자발성과 성격 등에 따라 능동적 특성이 강한 발화와 의존적 특성이 강한 발화로 구분하고 있다.

교사-학생 전체, 교사-학생, 학생-학생 간의 인접한 발화로 구성되는 상호작용 유형에는 IRE(Initiation-Response-Evaluation) 패턴(Lemke, 1985; Mehan, 1979), IRF(Initiation-Response

-Feedback) 패턴(Sinclair & Coulthard, 1975; van Lier, 1984), IRF(Initiation - Response - Follow-up) 패턴(Jarvis & Robinson, 1997), IR 패턴(이승복, 2005) 등이 있다. 이들 유형의 기본 특징은 주로 교사의 주도로 발화가 시작되고, 교사의 발화에 대한 학생의 응답으로 인접쌍이 이루어진다. 여기에 학생의 발화에 대한 교사의 평가(evaluation)나 피드백(feedback), 혹은 후속 질문(follow - up question)이 연결될 수 있다. 이승복(2005)은 국내의 초등영어 교실에서는 교사의 발화-학생의 발화의 인접쌍으로만 구성된 IR 패턴의 교실 담화구조가 빈번하게 사용되는 것을 보고하고 있다(심창용, 2019).

상호작용 연구의 많은 부분은 언어적 상호작용에 국한되어 있다. 그러나 교실 수업이라는 특성상 비언어적 상호작용이 개입할 수 밖에 없다는 점은 이들 연구가 지니는 한계에 해당한다. 그럼에도 불구하고 인공지능을 활용한 영어수업은 비언어적 요인을 배제하고 언어적 요인만이 작용한다는 점에서 또 다른 특징을 지닌다.

## ② 인공지능 활용 영어수업의 상호작용

기존의 상호작용에 대한 연구가 교사-학생 간, 혹은 학생-학생 간 발화 유형에 중점이 있었다면, 인공지능 활용 영어교육에서의 교실 내 상호작용 패턴은 교사, 학생, 인공지능의 3요소가 개입되어 있다.

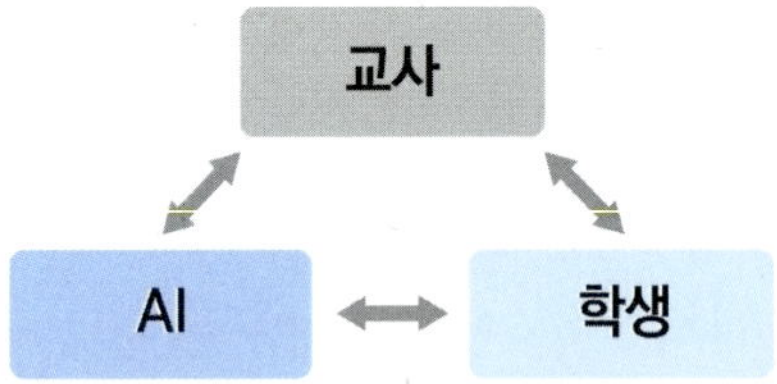

기본적으로 인간과 인공지능 간의 상호작용 패턴은 개인적 대화나 수다와 같은 개방형 상호작용(open-ended interaction)과 정보를 얻기 위한 목적 지향적 상호작용(goal-oriented interaction)으로 나눌 수 있다. 또한 이를 인간이 주도적으로 시작한 대화 패턴과 인공지능이 주도적으로 시작한 대화 패턴으로 세분할 수 있다.

여기에 교실에서의 상호작용 주체인 교사와 학생, 인공지능의 상호작용 패턴은 주 상호작용 참여자와 보조적인 상호작용 참여자를 포함하므로 다음의 6개 패턴으로 분류할 수 있다. 편의상 주 참여자는 영어로, 보조 참여자는 한글로 표시하였다. 각 패턴에서 첫 번째로 표기된 참여자는 주 참여자이자 상호작용을 주도적으로 시작하는 주체이다.

① Teacher-AI-학생 패턴
② AI-Teacher-학생 패턴
③ Teacher-Student-인공지능 패턴
④ Student-Teacher-인공지능 패턴
⑤ Student-AI-교사 패턴
⑥ AI-Student-교사 패턴

Teacher-AI 혹은 AI-Teacher가 주 상호작용 참여자이고, 학생이 보조 참여자인 경우는 교사 주도로 혹은 인공지능 주도로 학생에게 수업 내용을 소개하거나 활동 시범을 보이는 경우에 해당한다. Teacher-Student 혹은 Student-Teacher가 주 상호작용 참여자이고, 인공지능이 보조 참여자인 경우는 교사 주도로 혹은 학생 주도로 수업을 진행하고 필요에 따라 인공지능을 활용하는 패턴이다. Student-AI 혹은 AI-Student가 주 상호작용 참여자이고, 교사가 보조 참여자인 경우는 학생이 인공지능을 활용하여 학습하고 있는 패턴이다.

교실 수업의 특성상 AI-Teacher-학생 패턴은 발생빈도가 낮으나 Teacher-AI-학생 패턴과 Teacher-Student-인공지능 패턴은 발생빈도가 높다. 또한 Student-AI-교사 패턴과 AI-Student-교사 패턴은 챗봇 등 인공지능 활용 방법에 따라 발생빈도가 높게 나타난다.

Student-Teacher-인공지능 패턴은 일반적인 수업에서는 발생빈도가 낮으나, 인공지능을 활용한 수업에서는 Student-AI와 AI-Student 상호작용에서 인공지능과의 상호작용에서 문제가 발생한 경우 그 발생빈도가 매우 높게 형성된다. 예를 들어, 인공지능이 학생의 발화를 인식하지 못한다던가 의도와는 다른 응답을 내놓는 경우 학생이 주도적으로 교사에게 질문하는 등의 상호작용 유형이다.

## ③ AI 디지털교과서와 교실 내 상호작용

심창용 외(2023)는 2022 개정 교육과정에 근거한 AI 디지털교과서를 다음과 같이 정리하고 있다. 교육부는 수학, 영어, 정보, 국어(특수교육) 교과의 AI 디지털교과서를 2025년부터 도입하고, 2028년까지 국어, 사회, 과학, 기술·가정 등의 교과로 단계적 확대 적용할 예정이며, AI 디지털교과서는 '모두를 위한 교육'을 비전으로 학생의 특성(수준, 속도 등)을 고려한 맞춤 학습 경험 제공, 학생이 학습에 흥미를 가지고 몰입할 수 있는 학습경험 제공, 다양한 학생을 고려하며 데이터에 기반한 학습경험 제공, 생성형 AI, VR, MR, 메타버스 등 첨단 기술을 접목한 학습 경험 제공을 추진 방향으로 설정하고 있다.

AI 디지털교과서는 교육주체(학생, 교사, 학부모)에게 대시보드를 통해 학생의 학습데이터를 분석 제공한다. 학생에게는 AI 튜터로서 학습 진단 및 분석, 학생별 최적의 학습경로 및 콘텐츠 추천을 통해 맞춤형 학습을 지원한다. 이를 통해 학습자와 학습 콘텐츠 간 상호작용이 양적 및 질적으로 증가하고 다양화될 것이다. 또한 AI 디지털교과서로 개별 학습을 마친 후, 수업 시간에는 후속 모둠 활동을 통한 유의미한 상호작용을 경험할 수 있다.

교사에게는 AI 보조교사로서 수업 설계와 처방 지원, 콘텐츠 재구성 및 추가, 학생의 학습 이력 등 데이터 기반 학습 관리를 제시한다. 이에 따라 교사는 데이터에 기반한 학습 맞춤형 수업을 설계하고 개별화된 상호작용을 제공할 수 있다. 또한, 학습자가 AI 콘텐츠를 통해 개인화된 학습을 진행하는 동안, 교사는 학생의 정서를 지원하는 상호작용을 주도할 수 있다.

AI 디지털교과서는 클라우드(SaaS) 기반의 웹 서비스 형태를 전제로 교과서 개발사별로 서로 다른 교육과정 체계의 구성 요소(내용 요소, 개념, 주제, 성취기준 등)를 공통으로 표현하고 활용할 수 있도록 정보 모델로 표준화하고, 교과서 기반 학습 서비스에 적용 및 확장할 수 있는 정보체계인 교육과정 표준체계를 적용한다. 또한 AI 기반 맞춤형 학습 지원을 가능하도록 학생 정보, 생활·건강 기록 자료, 학습 시간, 콘텐츠 수행도, 콘텐츠 메타데이터, 학습계획 달성도, 접속 시간, 형성평가 성취도, 추가 학습 진행도, 질의응답 정도 등의 자료를 학습데이터 허브로 전송하도록 하고 있다. 이러한 데이터는 국가수준의 학습 활동 분석 진단 지표를 수립하여 국가 학습 경쟁력 제고, 데이터 기반 교육정책 수립, 교육 격차 해소 등 국가기관의 정책 기획과 집행 및 평가 등을 지원하기 위한 국가수준 학습 데이터세트로 활용될 예정이다. 또한 AI 디지털교과서에서 발생하는 학습데이터는 AI 디지털교과서 포털을 통합대시보드로 구성하는 데이터세트와 AI 튜터, AI 보조교사, 학습 진단 및 추천 등 AI 디지털교과서 서비스의 고도화를 위한 AI 트레이닝용 데이터세트로 구분되어 수집되고 분석될 예정이다. 결국 AI 디지털교과서는 생성형 AI와 학생의 학습 과정 및 결과에 대한 빅데이터의 결합을 의미한다.

## ④ 영어교육용 챗봇과의 상호작용

영어과의 AI 디지털교과서의 경우 인공지능 기반 챗봇과 생성형 AI 활용 챗봇 등이 포함된다. 심창용 외(2023)는 챗봇을 활용한 영어교육의 장점을 다음과 같이 정리하고 있다. 먼저, 학생에게 최적화되고 개별화된 학습 기회 및 즉각적이고 개별화된 피드백을 제공한다(심창용 외, 2022; 정고은 외, 2021). 이를 통해 다양한 형태의 유의미한 의사소통 연습 기회가 확대될 수 있으며, 교사에게는 학생 발화에 대한 직접 평가 기회 및 대화 내용 기록을 통한 수행 평가 자료를 제공할 수 있다. 정의적 측면에서는 학생의 자신감 상승과 정서적인 부담감 감소를 통한 자기주도적 학습 유도 등의 긍정적인 효과가 있다(성민창, 2021; 윤여범, 박미애, 2020; 정고은 외, 2021).

특히 심창용 외(2023)는 챗봇이 시제나 관사 오류, 주어나 목적어의 생략 등 문법상의 오류가 있으나 발화 내용과 의도를 파악할 수 있는 경우 챗봇이 오류를 무시하고 학생의 발화에 응답한다는 점을 중요한 장점으로 보고 있다.

〈표 2-1〉 한국인 영어 학습자의 영어 습득 발달 단계(Sim, 2013)

| | 긍정문 발화 | 의문문 발화 |
|---|---|---|
| a | I apple. | You apple? |
| b | I am apple. | You are apple? |
| c | I am like apple. | You are like apple? |
| d | I like apple. | |
| e | I am like apple. | Are you like apple? |
| f | I was like apple. | Were you like apple? |
| g | I like apple. | Do you like apple? |

학생의 지식 체계 속에는 습득된 구조(acquired structure)과 암기한 구조(memorized structure)이 동시에 존재하며 습득된 구문은 모니터링이 없는 상황에서 사용되고, 암기한 구문은 모니터링 상황에서 사용된다. 교실 수업에서는 정확한 구문을 사용하지만 갑작스러운 질문에는 위의 발달단계 구문과 같이 중간언어 구문이 사용되는 것은 이와 같은 이유 때문이다. Sim(2013)의 한국인 영어 학습자의 영어 습득 과정에서 나타나는 발달 단계에서 각 단계의 발화는 학생이 사용할 수 있는 인지적 자원이 총동원된 것이라서 학생들은 오류를 수정해 주어도 이를 받아들일 인지적 여유가 없다. 동일한 중간언어 구조를 반복적으로 사용함으로써 자동화(automatized)되고 그에 따라 인지적 자원의 잉여가 발생한다. 이 인지적 자원의 잉여가 암기한 구조를 들여다보고 자신이 사용한 구조와의 차이점을 찾아내고 수정하게 된다. 챗봇 활용 영어교육은 학생의 중간언어 구조를 용인하고 내용에 대한 피드백을 제공한다는 점에서 중간언어 구조의 반복적 사용을 용인하며, 이는 학생이 자동화 단계를 거쳐 발달 단계를 나아갈 수 있도록 한다.

그럼에도 불구하고 학생들은 챗봇 등을 사용할 때 예상하지 못한 상황에 직면하게 된다. 챗봇이 학생의 발화를 인식하지 못한다거나, 학생의 의도를 잘못 파악하는 경우 학생들은 당황하게 되며, 교사에게 질문 등 다양한 형태의 발화를 하게 된다. 특히 "이거 안되요"와 같은 발화는 반복적으로 발생하며, 교사는 이러한 상황 해결에 많은 시간과 노력을 소모하게 된다. 이러한 문제를 해결하기 위해서는 학습자 발화에 대한 인식률을 적정 수준으로 높이는 기술적인 노력과 더불어, 의사소통 과정에서 발생한 문제를 해결하는 의미 협상 과정을 챗봇의 기술적 설계에 반영하여 상호작용을 장려하는 챗봇을 개발할 필요가 있다.

## ⑤ 의사소통 전략과 프롬프트(Prompt) 활용 교육

의사소통 전략(communicative strategy)은 의사소통 과정에서 발생할 수 있는 장애를 극복하고, 원활한 의사소통을 도모하기 위해 사용자가 동원할 수 있는 다양한 기술이나 방법을 말한다. 널리 알려진 일반적 의사소통 전략은 7개 범주로 구성되어 있다(표 2-2).

〈표 2-2〉 의사소통 전략의 7가지 유형

| 범주 | 세부 내용 |
|---|---|
| 주제 제안 (Nomination) | 대화에서 새로운 주제를 제안하거나 도입하는 전략으로, 의사소통의 방향을 설정 |
| 주제 제한 (Restriction) | 특정 주제나 대화 범위를 제한하는 전략으로, 의사소통의 범위를 명확히 하고, 대화가 특정 주제나 관심사에 집중되도록 유도 |
| 차례 교환 (Turn-taking) | 대화에서 차례를 교환하는 전략으로, 발언권을 넘겨주거나 가져가는 방법을 조절함으로써 대화의 흐름을 유지하고 모든 참여자가 의견을 나눌 수 있는 기회를 보장 |
| 주제 통제 (Topic control) | 대화의 주제를 통제하고 관리하는 전략으로, 대화가 원하는 방향으로 진행되도록 주제를 유지하거나 변경하는 데 사용 |
| 주제 전환 (Topic shifting) | 대화의 주제를 의도적으로 바꾸는 전략으로, 대화의 방향을 새롭게 설정하거나 다양화함 |
| 보완 (Repair) | 의사소통 과정에서 발생한 오해나 문제를 해결하는 전략으로, 잘못된 정보를 바로잡거나 명확히 하는 데 사용 |
| 대화 종료 (Termination) | 대화를 마무리하고 종료하는 전략으로, 대화를 적절하게 마무리하고 상대방과의 의사소통을 잘 끝내는 방법을 포함함 |

이러한 의사소통 전략은 의사소통의 효율성을 높이고, 의미 있는 상호작용을 생성하는 데 중요한 역할을 하며, 사용자는 상황에 따라 적절한 전략을 선택하고 적용함으로써, 의사소통의 목적을 효과적으로 달성할 수 있다.

제2 언어 습득과 관련한 의사소통 전략은 여러 학자들이 다양하게 제안하고 있으나, 여기에서는 Dörnyei와 Scott(1997)의 의사소통 전략을 다루도록 하겠다. Dörnyei와 Scott의 의사소통 전략은 직접 전략(direct strategies)과 상호작용적 전략(interactional strategies), 간접적 전략(indirect strategies)의 범주로 각각 3개의 하위 전략으로 구성되어 있다(표 2-3).

〈표 2-3〉

| 범주 | 하위범주 | 전략 사례 |
|---|---|---|
| Direct strategies | Resource deficit-related strategies | • Message abandonment<br>• Message reduction<br>• Message replacement<br>• Circumlocution<br>• Approximation<br>• Use of all-purpose words<br>• Word coinage<br>• Restructuring<br>• Literal translation<br>• Foreignizing<br>• Code switching<br>• Use of similar-sounding words<br>• Mumbling<br>• Omission<br>• Retrieval<br>• Mime |
| | Own performance problem-related strategies | • Self-rephrasing<br>• Self-repair |
| | Other performance problem related strategies | • Other repair |
| Interactional strategies | Resource deficit related strategies | • Appeal for help |
| | Own performance problem related strategies | • Comprehension check<br>• Own-accuracy check |
| | Other performance problem-related strategies | • Asking for repetition<br>• Asking for clarification<br>• Asking for confirmation<br>• Guessing<br>• Expressing non-understanding<br>• Interpretive summary<br>• Responses |

| 범주 | 하위범주 | 전략 사례 |
|---|---|---|
| Indirect strategies | Processing time pressure–related strategies | • Use of fillers<br>• Repetition |
| | Own performance problem–related strategies | • Verbal strategy markers |
| | Other performance problem–related strategies | • Feigning understanding |

일반적인 의사소통 전략이나 언어 습득 상황에서의 전략들은 교사-학생 간, 혹은 학생-학생 간의 상호작용에서 사용될 수 있는 것들이다. 이들 중 일부는 인공지능 기반 챗봇과의 상호작용 상황에서 사용될 수도 있다. 여기에 비언어적 정보가 결여되어 있다는 특성을 고려한다면 위의 전략들과 유사하면서도 구별되는 전략의 사용이 필요하다. 챗봇과 효율적으로 소통하기 위해 여러 시도와 접근 방식을 사용하는 것이 챗봇의 응답의 질을 높하고 원하는 정보를 더 정확하게 얻는 데 도움이 된다. 다음은 ChatGPT가 제안한 구체적인 방법이다.

### 1) 질문의 명확성과 간결성 향상

- **직접적으로 질문하기:** 가능한 한 명확하고 직접적인 언어를 사용하여 질문해 보자. 복잡하거나 모호한 표현은 챗봇이 응답을 잘못 해석할 가능성을 높인다.
- **핵심 키워드 강조:** 질문에서 중요한 키워드를 강조하여 챗봇이 주제를 빠르게 인식할 수 있도록 한다.

### 2) 다양한 표현 시도

- **재구성과 재표현:** 챗봇이 처음에 질문을 잘못 이해했다면,

다른 단어나 구조로 질문을 재구성해 보자. 다양한 표현을 시도하면 챗봇이 더 정확하게 이해할 수 있다.

3) 분할하여 질문하기

- **단계별 질문**: 복잡한 요청이나 정보는 여러 개의 간단한 질문으로 나누어 제시해 보자. 이는 챗봇이 각 요소를 더 잘 처리하고 관련 정보를 제공하는 데 도움이 된다.

4) 피드백 메커니즘 활용

- **피드백 제공**: 챗봇에 피드백 기능이 있다면, 응답의 정확성이나 관련성에 대한 피드백을 제공해 보자. 이는 챗봇이 학습하고 개선하는 데 중요한 역할을 한다.

5) 챗봇의 지시사항과 명령어 활용

- **명령어 사용**: 챗봇이 제공하는 명령어나 지침을 활용하여 보다 정확한 응답을 얻어보자. 이는 특히 반복적인 작업이나 특정 기능을 사용할 때 유용하다.

6) 챗봇의 한계 인식

- **현실적인 기대 설정**: 모든 챗봇에는 한계가 있다. 챗봇이 제공할 수 있는 정보의 범위와 응답의 정확성에 대해 현실적인 기대를 갖는 것이 중요하다.

7) 인내심 유지

- **여러 접근 방식 시도:** 챗봇과의 효과적인 대화를 위해 여러 번의 시도와 다양한 접근 방식이 필요하다. 한 번의 시도로 원하는 답변을 얻지 못했다면, 다른 방식으로 접근해 보자.

ChatGPT가 제시하는 전략들은 인공지능 기반 챗봇을 활용한 영어교육 상황에서 효과적으로 사용될 수 있다. 특히 짧고 간결하게 끊어서, 키워드 중심으로 챗봇과 대화한다는 것은 목표 구문의 정확한 사용이라는 관점에서는 부적절한 것일 수도 있으나 성공적인 대화를 수행한다는 점에서 얻는 성취감 등 정의적 요인과 교사의 수업 부담 경감 등을 고려한다면 긍정적으로 판단할 수 있다. 또한 챗봇의 한계 인식은 학생들이 인공지능에 대한 무조건적인 환상에서 벗어나게 하고 현실적으로 사용할 수 있는 기반을 조성한다는 점에서 바람직하다. 여기에 음성 입력이 아닌 문자 입력 방식으로의 전환 전략의 사용은 2022 개정 영어과 교육과정의 교수·학습에서 강조하고 있는 에듀테크 활용과도 관련지어 고려해 볼 수 있다.

AI

CHAPTER 03

# 외국어 교수·학습에서 테크놀로지 활용의 과거와 현재

3장에서는 외국어 교수법의 역사와 함께 사용되어 온 테크놀로지의 과거와 현재를 알아본다. 외국어 교수법은 시간이 흐름에 따라 다양한 변화를 겪어 왔으며, 시대별 기술의 발전은 직 · 간접적으로 외국어 교수 및 학습 방법에 도움을 제공하고, 교수법의 변화를 가져오기도 하였다. 본 장에서는 초창기 교수법인 문법-번역식 교수법과 청화식 교수법으로부터 시작하여 컴퓨터와 통신 기술의 발전으로 함께 등장한 컴퓨터 보조 언어교육(CALL) 등의 현대적인 교수법에 이르기까지 외국어 교수 · 학습 방법의 역사를 돌아보며, 테크놀로지가 외국어 교실에서 어떠한 형태로, 어떠한 역할을 수행해 왔는지 시대별로 개관해 본다.

SECTION

# 01 금속 활자부터 라디오까지

에듀테크의 역사를 살펴보고자 할 때, 그 시작을 디지털 기술을 교육에 본격적으로 도입한 1980-90년대 무렵으로 거슬러 올라가 생각하는 사람들이 많을 것이다. 외국어 교육에서도 테크놀로지의 활용이라고 하면 각종 앱을 활용한 학습, 컴퓨터를 활용한 게임, 챗봇과의 대화 등 컴퓨터 및 스마트 기기와 관련한 비교적 최근의 기술들을 떠올리는 경우가 많을 것 같다. 그러나 이번 장에서는 테크놀로지라는 개념을 컴퓨터 관련 과학기술에 국한하지 않고 범위를 조금 더 확장하여 살펴보려고 한다. 17세기 이후 외국어 교육 분야에서 시기별로 주류를 이루었던 교수 및 학습 방법을 개관하면서, 이러한 교수법과 더불어 활용되었던 다양한 기술적 도구들을 살펴볼 것이다.

## ① 고전어의 학습과 인쇄술의 발달(17–19세기)

신이 중심이었고 사회 전반적으로 다소 경직되어 있었던 중세 시기를 지나, 16세기 후반 르네상스 시대 유럽에서는 엄격한 기독교적 사상에서 벗어나 인간 중심의 문명을 꽃피우게 되었다. 고대 그리스 인본주의 사상을 이해하기 위해 귀족들을 중심으로 고전 그리스어 공부를 하는 사람들이 생겨나게 되었고, 교양을 위해 라틴어를 공부하기도 하였다. 고전 그리스어와 라틴어를 공부하는 목표는 문법과 문장 구조를 분석하여 텍스트의 의미를 정확히 파악하는 것이었으므로, 이를 성취하기 위해 문법 요소를 암기하고, 목표어(target language)를 모국어로 번역하는 학습 방법을 사용하였다.

이 시기에 외국어 교육에 혁신적인 영향을 가져온 테크놀로지의 발전은 구텐베르크의 금속 활자였다. 구텐베르크는 15세기에 금속 활자 인쇄술을 발명하였고, 이를 사용하여 성경을 인쇄하기 시작하였다. 활자 기술의 발달은 이전에는 필사로만 가능했던 책을 적은 비용으로 대량 생산하는 것을 가능하게 하였다. 이에 따라 외국어 학습 관련 교재, 사전, 문법서 등의 발간 및 보급도 가능해져서 외국어 교육에 큰 영향을 주었다.

18세기 후반 산업 혁명기를 지나며, 19세기 유럽에서는 증기 기관의 발달에 힘입어 제조업 및 무역을 위한 각국 간의 교류가 활발해졌다. 이에 따라 자연스럽게 서로의 언어인 외국어에 대한 관심과 학습에 대한 수요가 증가하게 되었다. 그러나 외국어 교수·학습을 어떻게 할 것인가에 대한 고민과 체계적인 연구는 아직 없었던 시기였기에 자연스럽게 이전에 라틴어나 고전 그리스어를 학습하던 방식을 고수하게 되었다. 문법을 분석하고, 문법 요소와 단어를 암기하며, 모국어와 목표어 간 번역을 통해 언어를 학습하였던 이러한 외국어 학습 방법을 고전적 방법(classical method)이라고 하였으며, 이는 19세기 후반부터 문법-번역식 교수법(grammar-translation method)이라고 불리게 되었다. 문법-번역식 교수법은 20세기 초반까지지도 외국어 교수 및 학습에서 주요한 역할을 수행하였다. 학창 시절에 영어 공부를 해 본 경험을 떠올려 본다면, 우리나라에서는 꽤 최근까지지도 문법을 공부하고 영어 텍스트를 우리말로 번역하며 공부하는 방식이 지속되어 왔다는 것을 생각해 볼 수 있을 것이다.

[그림 3-1] 20세기 초반의 문법 교재

## ② 직접식 교수법과 시청각 저장 장치의 개발(19세기 후반–20세기 초반)

앞에서 언급하였듯이, 산업 혁명 이후 국가 간 교류의 증가에 따라 외국어 교수 및 학습에 대한 수요가 많아졌다. 이에 따라 문법-번역식 교수법 외에 다른 교수법들도 여러 사람들에 의해 제안되고 적용되기 시작했다. 19세기에 주목을 받았던 몇몇 교수법들은 자연적 교수법(the natural method), 벌리츠 교수법(Berlitz method) 등이 있는데 이는 직접식 교수법(direct method)으로 통칭되기도 한다(박선호 외, 2023).

직접식 교수법은 18-19세기에 걸쳐 대두된 교수법으로 외국어 학습도 모국어 습득처럼 이루어질 수 있다는 입장에서 생겨났다. '직접식(direct)'이라는 것은 모국어를 매개로 하지 않고 목표어로 직접 목표어를 가르친다는 의미이다. 이것은 어린이들이 모국어를 배우는 과정을 모방한 것이다. M. Berlitz의 이름을 딴 벌리츠 교수법은 직접식 교수법과 유사하게, 외국어를 가르칠 때는 목표 언어만 사용하며, 목표어를 사용하는 원어민이 체계적으로 가르쳐야 한다고 주장했다.

이러한 생각은 당시에 보편적이었던 문법 번역식 교수법을 정면으로 반박하는 것이었다. 이러한 철학을 바탕으로 설립한 벌리츠의 어학원은 원어민 교사가 직접식 교수법을 사용해서 학생들을 가르치는 방식으로 큰 인기를 끌었고 세계 곳곳에 지점을 확장했다. 그러나 1920년대 말에 미국에 경제 대공황이 도래하면서, 원어민 고용에 많은 비용이 드는 벌리츠 어학원은 점차 문을 닫게 되었고, 직접식 교수법의 인기도 점차 쇠퇴하게 되었다(김태영, 2016).

직접식 교수법을 사용한 외국어 교실에서는 말하기 능력을 강조하였으며, 발음 연습이나 자유 작문 연습, 실제적인 언어 자료의 사용을 중요하게 생각했다. 이를 위해 원어민 교사가 직접 목표 언어를 가르치는 것이 일반적이었으나, 원어민들의 사용 언어를 수업 자료로 사용하기 위해 당대에 발명된 최신 기술들이 활용되기도 하였다. 음성 정보는 19세기에 발명된 실린더, 축음기 등을 통해 녹음한 후 재생하여 발음 및 억양 연습이나 듣기 학습을 위해 활용하였다. 20세기 초에 들어서는 라디오를 사용하여 원거리에 있는 학생들도 원어민의 음성 자료를 접할 수 있게 되었다(Otto, 2017).

청각적 자료뿐만 아니라, 시각적 정보를 저장한 사진과 슬라이드 자료도 언어 학습을 위해 일반적으로 사용하게 되었다. 현대의 영어 교실에서도 학생들에게 새로운 단어를 제시한다거나, 대화문을 들려줄 때 의사소통 상황의 맥락 정보를 제시하기 위해 사진 자료를 흔하게 사용하는데, 현재는 매우 당연하게 여겨지는 이러한 자료들이 당시에는 매우 혁신적인 기술을 통해 가능해진 것이었다. 또한 영화 기술의 발명을 통해 언어 수업에서 언어 자료뿐만 아니라 언어와 그 언어를 사용하는 사람들의 문화를 다룰 수 있는 가능성이 생겨났다(Otto, 2017).

[그림 3-2] 축음기

SECTION

# 02 어학실습실과 초창기 컴퓨터

## ① 청화식 교수법과 릴투릴 오디오테이프(1940-70년대)

1940년대 초기에는 제2차 세계대전이 발발하였고, 곧 미국도 이에 가담하게 되었다. 전쟁 상황에서 미군에서는 적국의 언어를 할 줄 아는 사람들에 대한 수요가 생겨나, 동기부여가 되어 있고 언어 학습에 소질이 있는 사람들을 선발하여 빠른 시간 내에 외국어를 학습시킬 수 있는 군대식 교육 방식을 개발하게 되었다. 해당 방식은 오디오 장비가 갖추어진 부스에 사람들을 모아 두고 헤드폰을 통해 목표 언어를 반복하여 듣고 따라하게 하는 것이었다.

이러한 교수 방법을 이론적으로 뒷받침한 당시의 학술적인 사조는 행동주의 심리학(behaviorism)과 구조주의 언어학(structural linguistics)이었다. B. F. Skinner의 행동주의 학습 이론은 언어 학습도 일종의 습관 형성 과정으로 보아, 목표 언어를 반복하여 듣고 모방하여 따라하는 과정을 통해 언어를 학습하게 된다고 보았다. 구조주의 언어학은 언어의 구조를 작은 단위로 쪼개어 이들의 상호작용으로 언어가 이루어진다고 보는 관점이었다. 이를 근거로 언어를 작은 단위로부터 반복 연습하여 외우고 이를 결합하면 외국어를 말할 수 있게 된다고 보았던 것이다. 이러한 외국어 교수법은 듣고 반복하여 말하는 방법이라는 의미의 청화식 교수법(audiolingual method)이라고 불리었고, 1940년대부터 1970년대 초반까지 유행하게 되었다.

청화식 교수법에서는 듣기와 말하기를 강조했고, 언어의 의미에 크게 집중하기보다는 반복되는 기계적인 연습을 통해 정확한 문법을 구사하는 것에 초점을 두었다. 이를 위해 원어민의 음성을 듣고 그대로 모방하는 방법을 사용했다. 실제적인 언어 자료를 반복하여 듣고 따라하도록 하는 청화식 교수법에서는 어학실습실이 매우 중요한 설비였다. 학습자들은 어학실습실에서 각자 헤드폰을 쓰고 릴투릴(reel-to-reel) 오디오테이프를 통해 재생되는 원어민의 음성을 반복하여 듣고 따라했다.

[그림 3-3] 어학실습실과 릴투릴 테이프 레코더

## ② 초기 컴퓨터 보조 언어교육(1960–70년대)

1950년대 후반에는 메인프레임 컴퓨터(mainframe computer)라는 초창기의 캐비닛형 컴퓨터가 개발되었다. 메인프레임 컴퓨터는 펀치카드에 구멍을 뚫어 데이터를 입력하는 방식을 주로 사용하였다. 1960년대 후반에 들어서는 키보드를 사용하여 컴퓨터와 상호작용할 수 있는 방법이 개발되었고, 이때부터 컴퓨터 보조 언어교육의 시대가 열렸다. 컴퓨터 보조 언어교육은 영문 표현인 Computer-Assisted Language Learning의 각 단어의 앞 글자를 따서 CALL이라고 부르기도 한다.

초창기의 CALL 개발자들은 컴퓨터가 언어 학습을 보조할 때 아래와 같은 장점을 가지고 있다고 여겼다(Ahmad et al., 1985).

① 문법과 어휘를 연습하는 데 컴퓨터를 사용할 수 있다.
② 자신의 속도에 맞추어 학습자 본인이 선택한 연습 활동을 진행할 수 있다.
③ 학습자의 퍼포먼스(활동)에 대한 즉각적인 피드백이 가능하다.
④ 학습자의 퍼포먼스가 누적되면 이를 통한 평가가 가능하다.
⑤ 반복적인 연습을 컴퓨터와 할 수 있기 때문에 수업 시간에 다른 활동을 위한 시간을 더 확보할 수 있다.

현대의 영어교육 전문가들이 언어교육에 있어서 테크놀로지의 유용성을 논할 때 즉각적인 피드백의 제공, 평가의 용이성 등을 언급하는데, 초창기 CALL 개발자들도 이미 이와 유사한 생각을 가지고 있었다는 점이 흥미롭다. 다만 지금과는 달리 당시의 CALL은 외국어 교수 및 학습의 주류를 이루는 동향이었다기보다는 컴퓨터 등 기술적 장치에 접근이 가능하고 이에 대해 잘 알고 있는 사람들 간의 화두였으며, 자원을 보유한 일부 대학과 같은 기관을 중심으로만 관련 프로젝트가 진행될 수 있었다.

Otto(2017)에서 인용된 대표적인 프로젝트를 몇 가지 소개해 보자면, UIUC(University of Illinois at Urbana-Champaigne)의

PLATO(Programmaed Logic for Automated Teaching Operations) 프로젝트, 스탠포드 대학교의 Tutorial Russian 프로젝트, 텍사스 대학교와 브리검영 대학교의 TICCIT(Time-shared Interactive Computer Controlled Information Television) 프로젝트 등이 있다. 이들은 메인프레임 컴퓨터로 언어학습 프로그램을 구축하여 학생들에게 제공한 초창기의 CALL 프로젝트이다. 프로젝트의 내용을 간단히 소개해 보면 아래와 같다.

UIUC의 PLATO 프로젝트는 일종의 이러닝(e-learning)의 시초로 볼 수 있다. 학생들은 컴퓨터를 통해 제시되는 연습문제, 평가, 이메일, 포럼, 게시판 등의 기능을 사용하여 학습을 진행하였다. PLATO는 다양한 문자를 디스플레이할 수 있는 기술을 개발하여 영어뿐 아니라 중국어, 프랑스어, 힌디, 스와힐리어 등 다른 언어들도 학습할 수 있게 하였다. 강사들은 TUTOR라는 프로그래밍 언어를 사용하여 직접 프로그램을 개발했다. PLATO는 1970년대 중반에 정점을 이루며 한 학기에 5만여 시간의 수업이 진행되었다고 하는데, 아쉽게도 비용적인 문제로 전국적인 프로그램으로 확대되지는 못했다.

스탠포드 대학교에서는 1학년 러시아어 수업을 온라인으로 진행하는 프로그램을 개발했다. 기존의 러시아어 강좌는 일주일에 50분씩 다섯 번 수업을 듣고, 써서 제출하는 과제와 발음 및 스피킹 연습을 위한 어학실습실 수업에 참여해야 했다. 이 프로젝트에서는 어학실습실 수업과 과제는 유지하되, 교실 수업을 없애는 것을 목표로 했다. 이 프로젝트는 이러닝으로 대면 수업을 대체하고자 했던 시도로 볼 수 있다. 연구 결과에 따르면, 온라인 러시아어 수업은 대면 수업에 비해 수업 효과가 월등했고, 학생들의 중도탈락률도 훨씬 낮았다.

텍사스 대학교와 브리검영 대학교의 협동 프로젝트인 TICCIT 프로젝트는 1972년에 시작되었다. 이 프로젝트에서는 컴퓨터와 텔레비전 기술을 결합하여 영어를 가르치는 CALL 프로그램을 개발했으며, 이후 프랑스어, 독일어, 스페인어 프로그램으로까지 확대되었다. 해당 프로그램은 학습 상황이 자세하게 기록되고 도움 기능(advisor function)을 제공한다는 특징을 가지고 있었으며, 학생들은 필요한 기능을 선택적으로 사용하며 자기 주도적으로 연습문제를 선택할 수 있었다.

지금까지 소개한 초창기 CALL 프로젝트들은 주로 어휘 플래시 카드를 활용한 어휘 학습, 기계적이고 반복적인 문법 연습, 번역 연습 등의 기능을 탑재하고 있었다. 이는 초창기 외국어 교수법인 문법-번역식 교수법과 청화식 교수법의 특징을 반영하고 있는 것으로 볼 수 있다. 아쉽게도 이와 같은 프로젝트가 진행되기 위해서는 교수자들이 직접 프로그래밍을 해야 했고, 이를 위해서는 많은 시간과 노력을 투자해야 했기 때문에 이러닝이 일반적인 수업 형태로 확대되지는 못하였다.

[그림 3-4] UIUC의 PLATO 프로그램으로 학습하고 있는 모습

SECTION

# 03 마이크로 컴퓨터와 지능형 컴퓨터 보조 언어 학습

## ① 상황중심 접근법, 인간중심적 교수법의 유행(1960–70년대)

미국에서는 청화식 교수법이 관심을 받았던 1950년대 무렵, 영국에서는 교육에 있어 새로운 변화보다는 기존의 것을 고수하고자 하는 분위기가 있었다. 기존의 언어 교수법이란 문법을 배우고 문어를 중심으로 해석해 보도록 하는 문법-번역식 교수법을 말한다. 교수의 대상은 주로 영국 식민지의 학령기 아이들이었으며, 이들에게 대영제국의 언어인 영어를 가르치는 것이 영어교육의 가장 큰 목적이었다. 학교에서 진행하는 영어교육은 말하기나 듣기와 같은 실용적인 능력에 집중하기보다는 식민지 아이들이 제도적인 학교 교육을 따라갈 수 있도록 주로 문어를 중심으로 이루어졌다.

1960년대 들어 이러한 분위기가 조금 변화하게 된다. 국제교류의 증가로 영국에는 많은 외국인 근로자들과 학생들이 유입되었고, 이들이 영국에서 생존하기 위해 영어를 사용할 줄 알아야 했다. 이에 학업이나 직업과 밀접히 관련된 분야에서의 영어교육이 관심을 받기 시작하여, 특수목적을 위한 영어(English for Specific Purposes, ESP)와 학업을 위한 영어(English for Academic Purposes, EAP) 교육이 주목을 받게 된다. 더불어 다양한 상황에서 실용적으로 쓸 수 있는 언어 표현을 가르쳐야 한다는 공감대가 형성되면서 청화식 교수법에서 발전한 상황적 접근법(situational approach)이 등장하게 된다. 상황적 접근법이란 상황별로 커리큘럼을 구성하여 가르쳐야 한다는 생각으로, 이때 상황이란 언어가 사용되는 구체적 맥락을 말한다. 예를 들면, 우체국에서 일어날 수 있는 대화 표현을 청화식 교수 방법을 통해 반복하여 연습을 하도록 하는 방식의 수업이 이루어지는 것이다. 이러한 실용적이고 목표 지향적인 교수-학습 분위기는 1970년대까지 계속 이어졌으나, 학습자들의 말하기와 듣기 능력에만 관심이 있으며, 구체적으로 커리큘럼을 어떻게 구성할 수 있을지에 대한 분명한 원칙을 제공하지 못한다는 점에서 비판을 받기도 하였다. 구체적인 교수 방법론으로는 Presentation-Practice-Production(PPP) 모델이 제안되기도 하였다. PPP란 교수자가 먼저 학생들에게 언어 형태를 제시(present)하고, 학습자들은 그 표현을 연습(practice)한 후 맥락 속에서 발화(production)할 수 있게 한다는 것이다(Hinkel, 2010).

북미와 유럽 대륙에서는 1970년대 들어 언어교육에 대한 인간중심적인 접근 방법(humanistic approaches to language pedagogy)에 대한 관심이 높아졌고, 이를 반영한 교수법들이 유행하게 되었다. 다양한 사람들에 의해 다양한 방법이 주장되었기 때문에 이를 묶어서 디자이너 교수법(designer method)이라고 이야기하기도 한다.

북미에서는 당시 유행했던 청화식 교수법이 학습자를 인간적으로 대우하지 않고, 어학실습실에서 반복적으로 언어 입력을 주고 연습시키면 말을 할 수 있게 되는 기계처럼 취급하는 것에 대한 비판이 등장했고, 이에 대한 반동으로 인간중심적인 교수법들이 등장하게 되었다. 공동체 언어 학습법(community language learning), 전신반응 교수법(total physical response), 암시적 교수법(suggestopedia), 침묵식 교수법(the silent way) 등이 인간중심적인 교수법인데, 공동체 언어 학습법과 전신반응 교수법에 대해 조금 더 살펴보고, 테크놀로지를 활용하여 각 교수법의 핵심 아이디어를 현대 영어교육 교실에 적용할 수 있는 방안에 대해 생각해 보도록 하겠다.

Charles A. Curran이 개발한 공동체 언어 학습법은 상담 기법에 근거한 교수법이다. 교수자는 상담가, 조력자가 되어 학생의 어려움을 해결해 주어야 하는 존재로 인식된다. 이 교수법을 구현한 언어 교실에서 학습자들은 자유로운 분위기에서 커뮤니티를 형성하여 이야기를 나눈다, 학습자는 서로 협력하며 안정감을 느끼며, 본인들의 필요와 관심사에 따라 대화를 나눈다. 학습자들이 목표어로 의미를 전달하는 데 어려움을 겪을 경우, 교사는 조용히 도움이 필요한 학생에게 다가가 학생에게 필요한 언어 표현을 알려주거나, 학생이 모국어로 말한 표현을 목표어로 번역해주는 '인간 컴퓨터'의 역할을 한다. 학생들의 목표어 발화 내용은 녹음기에 기록하여 이후 수업의 자료로 활용하기도 하였다. Curran은 이러한 방식을 통해 학생들의 마음을 편안하게 해주고 인지적인 부담을 줄여줄 수 있다고 생각하였지만, 교실의 규모에 따라 교사에게는 다소 부담이 되는 교수법일 수 있다. 현대의 영어 교실에서 해당 교수법을 적용한다면, 음성 인식 기술을 활용한 AI 번역기를 활용할 수 있을 것이다. 또한 온라인 포럼, 소셜 미디어 등의 기술적 도구를 활용하여 학습자들이 공동체 의식을 가지고 언제 어디서나 언어를 연습하고 소통하게 도울 수 있다.

James Asher가 제안한 전신반응 교수법은 언어 학습과 신체적 반응을 연결함으로써 언어 습득을 촉진한다는 생각에 기반하고 있다. 이 교수법은 초기 단계의 언어 학습자에게 언어 표현을 읽거나 말하게 하는 것은 부담이 된다는 생각에서 출발하였다. 전신반응 교수법이 적용된 교실에서는, 학생들은 교사가 말하는 명령문을 잘 듣고 이해한 후 적당히 몸을 움직여서 이해한 바를 표현하면 된다. 현재에도 초등 영어 교실에서 자주 활용되는 교수법으로, 이해에 초점을 둔 교수 방법이며, 학습자의 부담감을 줄여주고 즐겁게 참여할 수 있도록 독려하는 교수법이라고 할 수 있다. 전신반응 교수법은 학생들의 움직임이 커질 경우 교실 분위기가 산만해질 가능성이 있고, 학생들의 나이에 따라 행동으로 표현하는 방식을 쑥스러워할 수 있다는 단점이 있다. 온라인 수업을 진행할 때 컨퍼런싱 도구를 활용하여 개별 공간에서 전신반응 활동을 진행한다거나, 상호작용적인 연습을 제공하는 언어 학습 앱에서 전신반응 활동을 구현하여 개별적으로 학습을 진행할 수 있도록 하는 방법, 혹은 메타버스와 같은 가상공간에서 아바타를 활용하여 신체적 반응을 대신하도록 하는 방안 등을 모색해 볼 수 있다.

## ② 의사소통중심 접근법의 대두 및 마이크로 컴퓨터의 등장(1970–80년대)

1970년대 초반 미국의 사회언어학자인 Dell Hymes는 '의사소통 능력(communicative competence)' 개념을 정리하였는데, 이는 외국어 교육의 흐름을 바꾸는 데 많은 영향을 주었다. Hymes는 언어 사용을 사회적 행동으로 간주하고, 의사소통에 있어 사회적 맥락의 역할을 강조했다. 이에 영향을 받아 언어교육에 있어 언어 표현의 문법적 정확성보다는 실제적인 사용과 의미 전달을 중요하게 여기게 되었다. 이러한 분위기는 제2언어 및 외국어 학습에도 영향을 주었는데, 1980년대에 들어 Canale과 Swain은 Hymes의 의사소통 능력 개념을 바탕으로 외국어 의사소통 기능의 네 가지 구성 요소를 정의하였으며, 외국어 교육의 목표는 의사소통 능력을 신장시키는 것이라는 생각이 많은 사람들에 의해 받아들여지게 되었다. 당시 유행하던 청화식 교수법은 언어의 실제적 사용 모습을 알려주기에는 부적합하다는 비판이 제기되었고(Hinkel, 2010), 의미와 상호작용에 초점을 두는 체계적이고 현대적인 교수법이 등장하게 되었다(김태영, 2016).

북미에서는 Terell과 Krashen이 자연적 접근법(natural approach)을 제안했다. 자연적 접근법은 Krashen의 외국어 습득 가설에 근거한 것으로, 모국어를 배우는 과정처럼 외국어 교실에서도 자연스럽게 언어를 습득할 수 있다고 주장한 교수법이다. 모국어를 배우는 과정을 떠올려 보면, 아이들은 일정 연령에 이르러 말문이 트이기 전까지 부모의 말을 듣기만 한다. 그리고 부모는 아이들의 눈높이에 맞춘 언어를 사용한다. 자연적 접근법에서는 이러한 방식을 외국어 학습에도 적용할 수 있다고 생각했다. 학습자들은 풍부한 양의 이해 가능한 언어자료에 노출되면 충분하다는 것이다. 문법이나 어휘는 따로 학습하지 않아도 이 과정 속에서 자연스럽게 습득될 수 있다고 보았다.

유럽에서는 1970년대에 Wilkins(1972) 등이 의사소통 기능을 체계적으로 분류하여 이를 중심으로 교수요목을 구성하고자 하는 개념-기능 교수요목을 도입하였는데, 이는 1980년대에 의사소통 중심 교수법(Communicative Language Teaching, CLT)

으로 발전하였다. 의사소통 중심 교수법의 핵심 아이디어는 맥락 없는 대화 연습이 아니라 의미 있는 상황 속에서 실제와 같은 의사소통을 해보는 것이 중요하다는 것이다. 이를 위해 모둠 활동, 게임, 역할극 등 다양한 교수 방법이 적극적으로 활용된다. 의사소통 중심 교수법의 등장 이후로 언어교육의 흐름이 문법, 어휘 등 개별적인 언어 구조의 학습보다 통합적인 의사소통 능력의 신장을 강조하는 방향으로 바뀌게 되었으며, 교재나 수업 구성도 이를 반영하게 되었다. 각국, 지역별로 이러한 기조를 구현하기 위한 다양한 교수 방법들이 연구되고 실행되었다.

의사소통적 접근이 관심을 받게 됨에 따라서, 기술적인 측면에서는 의사소통을 도울 수 있는 미디어 자료들, 예를 들면 학습자들에게 실제성 있는 언어 입력을 줄 수 있는 영화, 오디오테이프, 비디오테이프 등이 계속해서 언어 학습을 위한 주요 교육-학습 매체로 자리매김하였다. 의사소통중심 교수법에서는 의미 있는 맥락 안에서의 의사소통 연습을 강조하였기에 실제 의사소통 상황에서 접할 수 있는 것과 같은, 실제적인 언어 자료를 학생들에게 제공하는 것이 중요했다. 이에 따라 실제 언어 자료를 담은 영상 및 텍스트 자료에 대한 관심이 높아졌고, 출판사와 교육가들은 전 세계에 비디오테이프를 배포하기 시작했다.

이 시기 또 하나의 혁신은 마이크로 컴퓨터의 도입이다. 이전까지 사용되고 있던 메인프레임 컴퓨터는 대형이어서 개인이 소유하거나 접근하기 어려웠다면, 크기가 작고 상대적으로 비용이 저렴한 마이크로 컴퓨터의 도입으로 개별 학습자의 접근이 쉬워졌다. 이에 따라 컴퓨터 보조 언어 학습 소프트웨어의 개발이 북미 및 유럽에서 확산되기 시작하였다. 언어 교수자들도 마이크로 컴퓨터의 그래픽 기능에 매료되어 사용이 점차 증가하였고, 컴퓨터로 제어되는 오디오카세트, 랜덤 액세스 비디오테이프 등 언어 학습에 특화된 컴퓨터 주변 장치들이 등장하면서 다양한 사용 방법이 모색되기 시작했다. 랜덤 엑세스 비디오테이프란 비디오 파일에서 원하는 위치로 이동할 수 있는 것을 의미한다. 원하는 정보를 찾기 위해 빨리감기 혹은 되감기를 반복해야 하는 기존 테이프의 불편함을 개선했기 때문에 수업 자료로 활용할 수 있는 폭이 확대되었다(Otto, 2017).

[그림 3-5] 초창기 마이크로 컴퓨터의 모습

## ③ 지능형 컴퓨터 보조 언어 학습과 위성통신 기술 (1980년대)

2절에서 언급하였듯이, 초창기 CALL은 컴퓨터 행동주의를 기반으로 한 기계적인 반복 연습(drill-and-practice)을 주로 제공하였다. 그러나 언어 표현의 정확성과 반복 연습을 강조했던 교수법으로부터 의사소통 능력을 강조하는 방향으로 외국어 교육에 대한 인식이 변화함에 따라, CALL 연구자들도 이러한 관행에서 벗어나고자 게임과 시뮬레이션 등에 관심을 가지고 개발에 노력을 기울이게 되었다. 그 결과, 지능형 컴퓨터 보조 언어 학습(Intelligent CALL, ICALL) 기술이 등장하게 된다. 이전의 CALL과 비교하여 달라진 ICALL의 가장 중요한 특징은 인간 언어를 통해 컴퓨터와 상호작용이 가능해졌다는 점이다. 학습자들은 게임이나 시뮬레이션 등의 프로그램에 참여하는 동안 제한적으로나마 본인의 언어를 입력할 수 있었고, 컴퓨터는 자연어 처리 기술을 통해 학습자의 언어를 이해하여 반응할 수 있었다. 예를 들어, 독일어 학습을 위해 개발된 ICALL 프로그램인 'Spion'에서는 게임의 주인공이 주어진 상황에서 어떻게 행동해야 할지에 대한 선택권을 학습자에게 묻는 등 의사소통이 이루어질 수 있는 흥미로운 상황을 제시하고, 이 과정에서 자연스럽게 학습자가 의사소통 연습을 할 수 있도록 하였다.

실제성 있는 언어 자료에 대한 관심 또한 꾸준히 높아져, 원어민의 언어 자료를 분석하는 과정을 통해 언어를 학습하고자 하는 움직임도 생겨났다. 이러한 언어 학습 방법을 데이터 기반 학습(Data-Driven Learning), 영문 표현을 줄여서 DDL이라고 부르기도 한다. DDL은 기술의 발전에 따라서 언어 자료를 대량

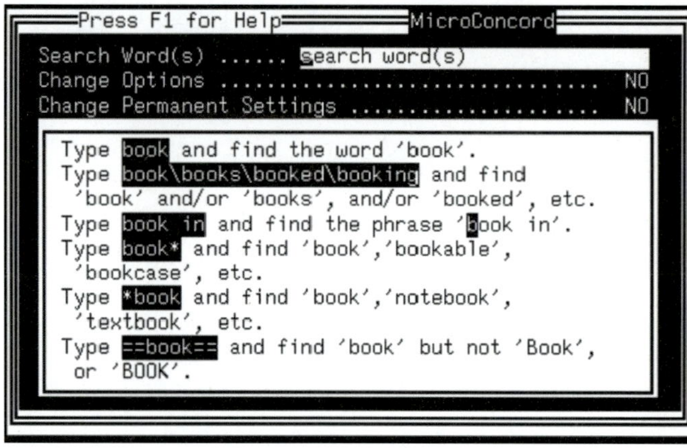


[그림 3-6] MicroConcord의 화면

으로 수집하여 전자적으로 저장하고, 이를 검색해서 필요한 자료를 찾아낼 수도 있었기 때문에 가능해졌다. 대량 수집하여 전자적으로 컴퓨터에 저장해 놓은 언어 자료를 코퍼스(corpus)라고 하고, 코퍼스에서 원하는 단어나 구문을 검색할 수 있게 도와주는 프로그램을 콘코댄서(Concordancer)라고 한다. 마이크로 컴퓨터가 보급되면서 학생들과 교사들은 코퍼스와 같은 언어 자료를 더욱 쉽게 접근하고 활용할 수 있게 되었다. [그림 3-6]은 마이크로 컴퓨터에서 구동되었던 초창기 콘코댄싱 프로그램인 MicroConcord의 화면을 보여주고 있다. 이러한 프로그램을 통해 학습자들은, 특정 단어가 어떤 맥락에서 사용되고 있는지 용례를 검색할 수 있다. 예를 들면, 미리 입력되어 있는 코퍼스 자료에서 'book'이라는 단어를 검색할 수 있다. 학습자들은 코퍼스 자료 내에서 book이 들어간 모든 용례를 확인할 수 있으며, 이를 바탕으로 book의 의미가 맥락에 따라 다양하다는 것을 학습할 수도 있고, 문장 내에서 book의 위치를 비교해 봄으로써 book이 여러 품사로 쓰일 수 있다는 것을 배울 수 있다.

한편, CD-ROM의 전신이라고 볼 수 있는 비디오디스크가 개발되어, 비디오의 재생 속도가 빨라졌고 학습자들이 직접 원하는 메뉴를 선택하여 학습 자료에 접근할 수 있게 되었다. 이러한 기술 덕분에 멀티미디어 자료와의 상호작용성이 더욱 높아지게 되었다. 또한 비디오디스크를 저장 장치로 사용할 수 있게 되면서, 이전에는 잘 가르치지 않았던 희소 언어들을 가르치기 위한 프로그램도 개발하여 배포하게 되었다.

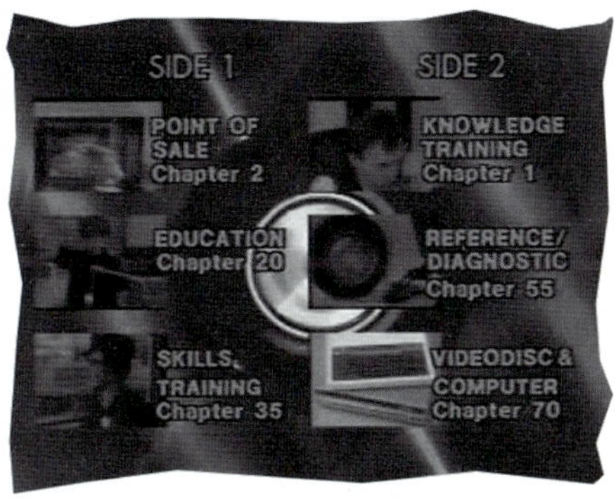


[그림 3-7] 비디오디스크로 제공된 교육 프로그램

이 시기의 또 다른 기술적 발전으로는 위성통신 기술을 들 수 있다. 1980년대에는 각국에서 새로운 통신 위성을 발사했고, 통신 방식이 아날로그에서 디지털 방식으로 전환되어 더 많은 정보를 빠르게, 안정적으로 통신할 수 있게 되었다. 이러한 기술 덕분에 방송 자료를 각국으로 전송하는 방법을 사용하여 외국어 교수 및 학습에도 활용하게 되었다. 예를 들어, Satellite Communications for Learning이라는 기관은 각국의 언어로 진행된 뉴스 프로그램을 해외에 전송하였으며, 오클라호마 주 대학교의 Wohlert라는 강사는 시골에 사는 고등학생들을 위해 방송 프로그램으로 독일어를 가르쳤다. 이러한 프로그램은 독일어 수업을 제공하기 어려웠던 다른 학교에도 제공되어서 외국어 학습의 기회를 증진하였다(Otto, 2017).

컴퓨터 능력적응 검사(Computer Adaptive Testing, CAT)도 이 시기에 개발되어 사용되기 시작하였다. CAT는 컴퓨터로 시험을 보며 테스트 응시자의 답변에 따라 사전에 만들어진 문제은행으로부터 어떤 문항이 출제될지 결정되는 방식이다. 그래서 테스트 시간도 줄어들 수 있고, 학생들도 수준에 맞는 문항을 풀게 되므로 덜 힘들어할 수 있다는 장점이 있다. 그렇지만 개발 초창기에는 테스트 항목의 신뢰도와 타당도를 보정하고 결정하는 데 어려움이 있었기 때문에 상용화되기까지는 조금 더 시간이 걸렸다(Otto, 2017).

SECTION

# 04 웹 기반 교수 자료와 인공지능 기반 컴퓨터 보조 언어 학습

## ① 멀티미디어와 웹 기반 교수자료의 활용(1990년대)

1990년대에도 외국어 학습에서의 주요 목표는 의사소통 능력의 신장이라고 보는 큰 흐름이 유지되었다. 이 시기 교수법의 특징은 실제 원어민들의 언어 사용과 닮아 있는 적절한 언어 자료를 제공하고, 목표어를 사용하는 사람들의 문화에 대한 이해를 도모하는 것이었다. 미국과 유럽에서는 학습자들이 성취해야 하는 의사소통 능력이 무엇인지와 관련한 성취기준을 정교화하는 작업들도 진행되었다. 미국의 외국어 교육위원회(American Council on the Teaching of Foreign Languages, ACTFL)에서는 1996년에 21세기를 대비한 외국어 교육의 목표(standards for foreign language learning: preparing for the 21st century)를 발표하였고, 유럽 평의회(council of Europe) 에서는 2001년 언어를 위한 유럽 공통 표준(Common European Framework for Reference for Languages, CEFR)을 발표하였다. 이와 같은 규준은 의사소통 능력과 문화 이해 능력에 초점을 두었고, 외국어 교육과정으로서 학습 계획, 진행 및 평가에 있어서 가이드라인으로 작용하였다(Otto, 2017).

미디어 자료는 여전히 활발히 사용되었다. 의사소통 능력과 문화 이해 능력을 개발하는 데 필요한 실제성 있는 입력을 제공하기 위해 텔레비전 영상자료, 시뮬레이션, 게임 등이 사용되었다. 인터넷의 확대 보급으로 온라인 가상 커뮤니티가 등장하였고 소셜미디어를 사용하려는 움직임도 생겨났다. 또한 하이퍼미디어 기술이 발전하여 언어 학습자가 조금 더 능동적으로 미디어 자료를 활용할 수 있게 되었다. 하이퍼미디어란 텍스트뿐만 아니라 이미지, 동영상, 오디오 등의 멀티미디어 자료가 링크로 서로 연결되어 있어서 사용자가 자유롭게 정보에 접근하고 능동적으로 탐색할 수 있는 컴퓨터 기반 시스템을 말한다.

CD와 DVD 플레이어가 마이크로 컴퓨터에 탑재되었고, 키보드 외에도 마이크가 컴퓨터에 인간 언어를 입력하기 위한 보편적인 장치로 등장하게 되었다. 음성 인식 기술을 적용하여 컴퓨터와 상호작용할 수 있는 길이 조금씩 열리게 된 것이다. 근거리뿐 아니라 원거리 서버와의 네트워킹도 더 이상 어려운 일은 아니었다. 이에 따라 이메일과 같은 인터넷 서비스를 마이크로 컴퓨터를 통해 이용하는 것이 일반적인 트렌드가 되었다. 인터넷, 월드와이드웹의 빠른 보급은 기술 기반 언어 학습에 많은 영향을 주었다. 이제 실제적인 언어 자료를 접하기 위해 반드시 서책이나 CD-ROM 등에 저장된 영상, 기존에 사용되었던 위성방송 등을 고집할 필요가 없게 되었다. 웹 자체가 하나의 거대한 실제 미디어의 저장소로서 기능할 수 있게 되었기 때문이다. 그리고 이러한 다양한 자료들이 하이퍼미디어 방식으로 서로 연결되고, 학습자들은 이것을 자신에게 의미 있는 순서와 방법으로 이용할 수 있게 되었다. 또한 검색 엔진을 통해서 더욱 능동적으로 원하는 자료를 찾고, 분석하고 통합하여 목표어와 관련한 지식을 학습자가 직접 구성할 수 있게 되었다. 게임도 더욱 진화하여 한 명뿐 아니라 여러 명의 학습자가 동시에 게임 학습에 참여하여 상호작용하는 것이 가능해졌다.

교사를 위한 웹 기반 저작 도구들도 개발되었다. 예를 들어, 90년대에 개발된 Hot Potato는 현재 우리가 사용하는 구글 설문이나 Wordwall(https://wordwall.net)과 유사하게, 객관식, 주관식, 단어 퍼즐 등 다양한 포맷의 문항을 제작할 수 있도록 도와주는 온라인 저작 도구였다. 이전까지 CALL을 언어 수업에 활용하고자 했던 언어 교수자들은 복잡한 프로그래밍 언어를 알아야 하는 등 진입장벽이 매우 높았었는데, 웹 기반 저작 도구의 개발로 많은 언어교육 전문가들이 CALL을 경험해 볼 수 있는 기회를 갖게 되었다(Otto, 2017). 그리하여 점차 웹 기반으로 언어 교수 자료를 만들어서 배포하는 기업이나 교사들이 증가하게 되었다.

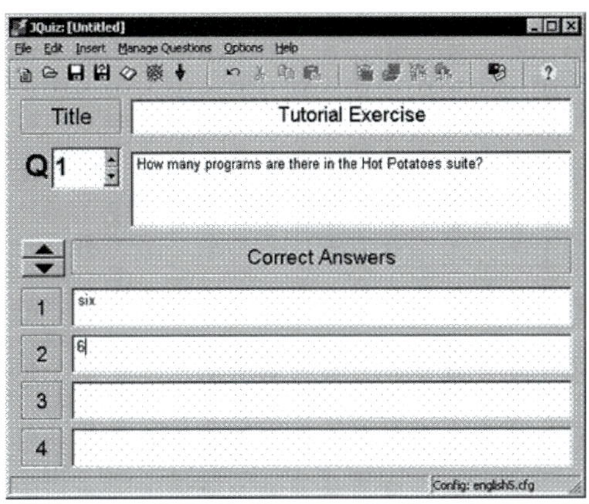


[그림 3-8] Hot Potato

현재 많은 대학에서 사용하고 있는 학습 관리 시스템(Learning Management System, LMS)도 등장하게 되었다. LMS에서는 강좌를 개설해서 학습 자료를 공유하고, 학생들의 학습 활동이 이루어지고 완료 여부도 점검할 수 있으며, 과제 제출, 평가, 강좌 구성원들 간의 소통이 가능하다. 1990년대에 웹이 발달하면서 이러한 코스 관리 및 학습 관리 시스템의 개발이 활발해졌다. 초창기 LMS에는 과제 설명, 학습 자료, 강의계획서, 일정표, 토론 게시판 등의 기능이 탑재되어 있었다(그림 3-8). 이러한 LMS는 후에 개발된 채팅 프로그램 등과 결합하여 온라인에서의 언어 교수 프로그램을 개발하는 데 많은 영향을 주었다.

자연어 처리를 기반으로 한 ICALL은 이 당시까지도 만족스러운 수준에 도달하지는 못했지만, 연구자들은 계속 개발을 진행했고, 문법을 연습하고 컴퓨터로부터 피드백을 받을 수 있는 프로그램들이 개발되었다. 20세기 말에 들어서는 교사가 직접 CALL 소프트웨어 제작자의 역할을 하기보다 출판사들이 이러한 역할을 담당하게 되었다. 교수자는 '내용 전문가'로서 출판사나 프로그램 전문가들과 협업하여 개발에 참여하게 되었다. 프로그램 개발에 대한 아이디어 제공하고, 개발된 도구를 활용하면 되게 된 것이다. 그러나 현재 교사의 역할이 다시금 새로운 변화 앞에 서 있지 않나 생각해 볼 필요가 있다. 메타버스 플랫폼이나, 생성형 인공지능 애플리케이션의 보급으로 인해 교수자들은 더 이상 이미 출간된 자료나 소프트웨어에 의존할 필요 없이 직접 본인의 수업에 필요한 온라인 자료를 개발할 수 있는 환경이 만들어졌다. 아직까지 많은 교육자들에게 도전적인 과업으로 여겨지고 있기는 하지만, '온라인 콘텐츠 개발자로서의 교사'는 점차 일반적인 트렌드로 받아들여질 것으로 예상한다.

### ② 탈교수법적 접근법과 컴퓨터 매개 의사소통 및 학습자 제작 디지털 자료의 활용(2000년대 이후)

의사소통 중심 교수법은 20세기 말에 모든 외국어 교수 상황에 적용할 수 있는 교수법으로 받아들여지고 있었으나, 21세기를 앞두고 변화가 일어나기 시작한다. 의사소통 중심 교수법은 전 세계적으로 다양한 교육 환경에서 각 상황에 맞추어 적용되면서 다양한 양상으로 나타나게 되었기에, 점차 정해진 틀이 있는 교수법이라기보다 외국어 교수에 대한 의사소통 중심의 접근법(communicative approach)이라는 큰 패러다임으로 받아들여지게 되었다. 이러한 분위기 속에서 교수법을 통일된 원칙이나 테크닉으로 볼 수 있을 것인가라는 것에 대한 회의가 생겨나기 시작한 것이다. 이러한 현상은 당시의 시대적 분위기, 포스트모더니즘(postmodernism) 및 포스트콜로니얼리즘(postcolonialism) 등의 사상의 유행과 함께 나타난다. 사회 전반적으로 21세기를 앞두고 이전 것과의 단절을 꾀하려고 했던 분위기가 조성되었고, 외국어 교수법에 있어서도 '포스트메소드(postmethod)'를 주장하는 학자들이 등장하기 시작했다. Nunan(1991)은 '모두에게 적용가능한 교수법(method for all)'이라는 것은 존재하지 않는다고 이야기했으며, Kumaradivelu(2001)는 모두를 위한 교수법보다는 'pedagogy of particularity'가 필요하다고 주장했다. Larsen-Freeman은 교수법에 대해 고정된 학습 방법을 제시하는 처방전과 같은 Method가 아닌, 적용가능한 다양한 교수 방법들을 지칭하는 method로 생각을 전환할 필요가 있다고 하였다. 각 교수 상황과 학습자에 맞추어 구체적인 학습 활동 및 방식을 취사선택하여 조합 및 적용하면 된다는 것이다.

또한, 21세기에 들어 언어 습득 및 교수에 있어 사회문화 이론이 많은 영향력을 행사하게 되었다. 사회문화 이론은 언어 습득을 학습자 내부에서 일어나는 인지적인 과정으로만 보지 않고 사회적 존재인 학습자가 다른 구성원과 상호작용하는 과정이 중요하다고 보며(Vygotsky, 1987), 이 과정에서 언어가 매개로 사용되면서 언어 발달이 일어날 수 있다고 주장한다. 이에 학생들이 상호작용 과정 속에서 능동적으로 학습의 주체가 되는 학습자 중심 수업(learner-centered classroom)이 강조되었으며, 교수자와 학습자의 역할에도 변화가 일어났다. 지식이 교사에서 학생으로 일방적으로 전달되는 것이 아니라 학습자도 상호작용 과정에서 지식을 함께 구성하는 지식의 공동 건설자(co-constructor of knowledge)이자 직접 디지털 텍스트와 미디어를 개발하는 창조자(creator)로서의 역할을 부여받게 되었다.

이러한 동향은 기술 기반 언어 학습의 모습에도 반영되었다. 컴퓨터 매개 의사소통(Computer-Mediated Communication, CMC) 관련 기술이 급격히 발달하게 되어 제2 언어 학습자가 해당 언어의 모국어 화자들 직접적으로 소통할 수 있는 기회가 많아졌다. 이러한 통신 기술을 활용해서 각국의 언어 학습자들을 연결해 주고, 서로의 언어와 문화에 대해 배울 수 있는 Cultura와 같은 플랫폼도 생겨나기 시작했다. 완전한 온라인 수업이나 하이브리드 수업도 일반적인 수업 형태로 받아들여지게 되었다(Otto, 2017).

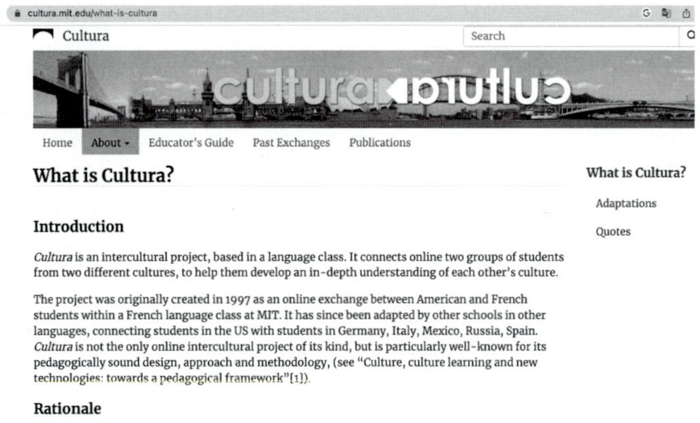


[그림 3-9] Cultura 플랫폼 소개 화면

스마트폰, 태블릿 등 무선 모바일 기기가 일반화되면서 학생들이 언제 어디서든지 다른 학습자들과 상호작용하는 것이 가능해졌다. 모바일 기기는 휴대성이 높고 와이파이로만 네트워크에 접속할 수 있는 컴퓨터와 달리 셀룰러 데이터 네트워크도 사용할 수 있어 연결성이 높다는 장점이 있어 빠른 속도로 사용자가 증가하였으며, 모바일 기기를 활용하여 언어 교수 및 학습 가능성을 탐색하는 모바일 보조 언어 학습(Mobile-Assisted Language Learning, MALL) 분야도 등장하게 되었다(Brown & Lee, 2015).

교수 자료 측면에서도 디지털 자료의 제작은 이제 일반적인 현상이 되었다. 현재 대부분의 출판사들은 서책형 교재와 더불어 전자저작물 콘텐츠를 개발하여 제공하고 있다. 예를 들어, 출판사에서는 서책형 어휘 교재와 함께 출판사의 웹사이트에서 배운 어휘를 복습하기 위한 게임이나 어휘 차트, 어휘망 등의 시각 자료, 그리고 더 풀어볼 수 있는 퀴즈 등을 제공한다. 이러한 자료는 QR 코드 등을 통해 손쉽게 접근가능하다. 우리나라 공교육 현장에서도 앞으로 인공지능 플랫폼을 기반으로 한 디지털 교과서를 개발하여 활용할 계획을 가지고 있는 만큼, 디지털 자료의 사용은 학교 현장에서도 더욱 확대될 것으로 보인다.

CHAPTER 04

# 인공지능과 영어평가

(출처: ChatGPT DALL.E 제작 이미지)

우리나라 영어교육의 전체적인 흐름과 목표는 교육과정을 따라 바뀌어 왔다고 하지만, 다수의 대중이 느끼기에 이러한 변화를 실질적으로 이끈 것은 수능이다. 이는 평가가 단순히 학생들의 실력을 검증하는 것을 넘어서서 가르치는 내용과 방법을 결정하는 데까지 주요한 역할을 한다는 것을 보여준다. 이처럼 중요한 영어평가도 인공지능을 비롯한 에듀테크의 발전과 함께 급격한 변화를 보이고 있다. 인공지능은 문항의 생성, 수정, 운영을 더욱 용이하도록 하며 전반적인 질을 향상하는 데 크게 기여할 뿐만 아니라 새로운 평가방식이 가능케 할 수 있다. 하지만 새로운 변화에 적응하고 미래에 대비할 수 있는 진정한 평가역량 향상을 위해서는 평가의 기본 개념과 평가의 대상이 되는 영어능력에 대한 이해가 필수적이다. 이를 기반으로 인공지능을 활용하고 그 결과물을 판별할 수 있는 능력이 결정되기 때문이다. 따라서 본 장의 전반부는 평가의 올바른 이해를 위한 기본 개념을 설명하고, 후반부에서는 문항반응이론, 자동평가 등 새로운 평가 관련 개념에 대한 소개와 함께 에듀테크 기반 영어평가의 실태를 제시한다.

SECTION

# 01 평가와 측정 오류

## ① 평가의 이해

영어평가가 무엇인지 이해하기 위해서는 평가 자체에 대한 이해가 선행되어야 한다. 평가(evaluation)란 측정(measurement)과 같은 맥락으로 이해할 수 있는데, 전자는 추상적인 능력을, 후자는 물리적인 수치를 그 대상으로 한다는 점에서 차이를 갖는다. 평가는 측정에 비해 이해하기가 모호한 측면이 있기에, 여기서는 물리적인 수치 중 하나인 키의 측정에 대해 다룸으로써 평가에 대한 이해를 구체화해 보자.

지금 우리가 측정하고자 하는 대상은 '키'다. 키를 측정할 수 있는 방법에는 어떤 것들이 있을까? 이 질문에 대해 답하기 전, 예리한 사람들은 다음과 같은 근본적인 질문을 할 것이다. 우리가 측정하고자 하는 '키'라는 것은 구체적으로 어떤 키를 말하는 것인가? 이는 사람의 키가 아침에 측정하느냐, 저녁에 측정하느냐에 따라 미세하게 달라질 수 있는, 엄밀하게 따지자면 비고정적인 성질이 있기 때문이다.

이렇듯 측정 대상에 대해 정의하는 것은 차치하고, 그저 측정 시점에서의 키를 알아보겠다고 한다면, 다음으로 물어볼 질문은 측정 방법에 대한 것이다. 어떤 방법으로 키를 측정할 것인가? 우선, 모두가 가장 먼저 떠올릴 수 있는 기본적인 방법은 키재는 기구를 사용하는 것이다. 두 번째로는 다른 사람이나 사물을 활용하는 것이다. 예를 들어 어떤 사람의 키나 어떤 사물의 길이를 알고 있다면, 그 사람 또는 사물과 비교해서 얼마나 큰지 작은지를 재고 해당 키를 계산하는 것이다. 마지막으로는 작은 사물을 척도로 사용하는 방법이 가능하다. 예를 들어 작은 블록을 활용하여, 이 블록 몇 개를 쌓은 것과 키가 동일한지 살펴보는 것을 생각해 볼 수 있다. 우리는 보통 길이의 단위로 센티미터를, 문화권에 따라서는 피트와 인치를 사용하는데, 이 경우는 블록이 길이의 단위가 되는 것이다.

이제 키의 측정에 대한 논의를 영어평가로 치환하여 생각해 보자. 우선, 측정 또는 평가의 대상에 대한 정의를 고려할 필요가 있다. 눈에 보이는 물리적인 대상인 키마저도 고정할 수 없고 엄밀한 정의가 필요했다는 것을 떠올린다면, 평가의 대상이 영어능력이 되었을 때 능력의 정의가 얼마나 필요하고 또 중요한지 이해할 수 있을 것이다. 특히 이러한 정의는 이론이나 철학에 따라 달라지기 마련이며, 어떻게 영어능력이 정의되는지에 따라 측정 방식 또한 달라지게 된다.

이해를 돕기 위해, 사회적으로 영어능력에서 특히 중요시하는 것이 무엇이며, 그에 따라 일반적인 평가방식이 어떻게 바뀌어 왔는지를 떠올려보자. 예를 들어 20세기 초중반까지만 해도 영어능력은 영어를 모국어로 번역해내는 능력, 비문법적인 것을 판단해서 문법적으로 수정하는 능력이 부각되었다. 따라서 번역과 문법성 판단 또는 문법적 수정 등을 요구하는 지필고사 중심의 평가가 이루어졌다. 의사소통 중심 접근법의 도입 이후로는 영어를 활용하여 목적을 성취할 수 있는 능력이 부각되며, 이는 자신의 생각을 말이나 글로 표현해내고, 인터뷰 등의 방식을 통해 상호작용하는 등의 평가로 반영되었다. 이후 단순히 의미를 알맞은 형태의 소리나 글로 나타내는 능력을 넘어서서 상황에 적절한 표현을 선택하고, 글의 표면적 의미를 넘어서 맥락 속에서 의미를 읽어내는 화용론적 능력이 추가적으로 고려되면서, 현재 다수의 영어평가에서는 적절하고 짜임새 있게 표현하는 능력과 추론능력에 대한 평가가 단순한 빈칸 채우기 문제나 문법성 판단 문제를 대체해나가고 있다. 이처럼 평가에서 가장 기본이 되는 질문은 평가의 대상을 어떻게 정의할 것인가이며, 그 정의가 올바로 이루어질 때 비로소 적절한 평가 방법의 개발이 의미를 갖게 된다.

다음으로, 앞서 다뤘던 측정 방식을 영어평가에 적용해 보자. 키 측정에 사용되었던 키재기 도구에 대응되는 것이 영어평가에도 존재할까? 정답은 아마 '아니오'가 될 것이다. 잠시 언급했던 것처럼 키재기 도구가 의미있는 것은 그것이 전 세계적으로 통용되는 도량형을 따르기 때문이다. 하지만 언어능력에 대해서는 전 세계적으로 통일된 도량형이 존재하지 않는다. 또한 1m와 2m가 정확히 두 배의 차이가 있는 것과 달리 언어 평가 점수 2x는 x의 능력치 두 배라고 볼 수는 없는 만큼, 물리적 측정 시의 단위처럼 정확히 비례적인 수치로 영어능력을 산정하는 것도 불가하다. 따라서 마치 키재기 도구와 같이 통일된 만능 영어능력 측정 도구가 개발된다면 좋겠지만, 현실적으로 어려울 것으로 보인다.

두 번째로 이미 키를 알고 있는 사람, 또는 길이를 알고 있는 사물과 비교하여 상대적으로 얼마나 차이가 나는지를 파악하는 방법을 영어평가에 적용하자면, 어느 정도 일맥상통하는 바가 있다. 물론 센티미터와 같이 정확한 수치로 타인의 영어능력을 평가한다는 것은 불가능하므로 이미 타인의 영어능력을 알고 있다는 전제는 성립하지 않는다. 하지만 적어도 이미 평가를 받았던 사람과의 비교를 통해 이 사람에 비해 능력이 뛰어난지 부족한지 등은 유추해 볼 수 있을 것이다. 예를 들어 A의 토플 점수를 알고 있는 상황에서 A와 B가 유사한 문항에서 어떤 수행을 보이는지를 비교해 보면 B의 토플 점수, 궁극적으로는 B의 영어실력을 대략적으로나마 유추하는 것이 가능할 것이다.

마지막으로, 센티미터 등의 단위가 아닌 다른 단위로 측정을 하는 경우를 비교해 보자면, 이 방식이 현재의 영어평가와 가장 비슷한 것으로 보인다. 즉, 영어평가를 개발하는 사람은, 자신이 정의한 영어능력을 자신이 개발한 평가도구를 통해 그 나름의 단위로 수치화하게 된다. 하지만 이는 평가마다 동일하지 않다. 즉, A평가에서 100점 만점 중 50점이 부여되는 영어능력과 B평가에 100점 만점 중 50점이 부여되는 영어능력은 다를 수 있다. 게다가 단위의 간격 또한 물리적 수치와 같이 비례적으로 이루어지지는 않기에 A평가에서의 10% 점수 차이가 B평가에서의 10% 점수 차이와 일치하지 않을 수 있으며, 심지어 동일 평가 내에서도 점수대에 따라 10%의 점수 차이가 갖는 의미가 다를 수 있다. 예를 들어 30점 대에서 5점의 점수 차이가 90점대에서 5점의 점수 차이와 다른 의미를 가질 수 있는 것이다.

이러한 문제를 보완하기 위해서, 대중을 상대로 보편적인 영어능력을 평가하는 토익, 토플 등 상업화된 표준화 평가들은 상대평가의 개념을 포함하고 있다. 즉, 단순히 절대적으로 몇 개의 문항 중 몇 개를 맞추었는지를 통해 영어능력을 수량화하는 것이 아니라, 여기에 전체 응시자들이 각 문항에서 어떤 정답률을 보였는지 등을 파악하여 변환점수(scaled score)로 전환하는 과정이 포함되는 것이다. 이러한 결과는 상대적으로 응시자들의 수준을 분석하여 도출된 것이므로, 표준분포 곡선을 그리게 되며, 무작위로 추출된 두 점수가 전체 응시자의 결과를 고려했을 때 어느 정도의 차이를 갖는지, 또는 두 점수 사이에 분포하는 점수가 어떠한지, 각 점수가 평균에서 얼마나 벗어나 있는지 등에 대한 정보를 줄 수 있다. 반면 두 점수대가 영어능력 면에서 구체적으로 어떤 차이를 갖는지를 규정하기는 어렵다. 이를 보완하고 결과의 해석을 용이하게 하기 위해서 상업 평가들은 점수대에 따른 언어능력 차이를 객관적으로 기술한 지표(descriptor)를 제시하기도 한다. 이 지표는 유형별 평가 중 능숙도 평가와 관련해 자세히 다루겠다.

이상으로 살펴본 바를 정리하자면, 영어평가는 키 측정 대비 추가적인 어려움이 존재한다. 가장 근원적인 어려움은 그 측정 대상의 추상성에 있다. 영어능력은 키와 달리 전 세계 모두가 동의할 만한 정의가 존재하지 않을 뿐만 아니라, 여러 가지 세부적인 능력이 종합적으로 기능하는 복잡하고 추상적인 개념이므로 정확하고 구체적으로 규정하기가 어렵다. 뿐만 아니라, 언어능력에 있어서는 전 세계 공용의 도량형이 존재하지 않으며 점수 또한 실력에 정확히 비례하여 수량화하기에 어려움이 있어 평가 방법 또한 간단하지 않다. 현재로서는 영어능력에 대한 올바르고 종합적인 정의를 바탕으로 평가를 개발하고, 이를 최선의 방식으로 수량화한 나름의 척도를 통해 개인 간의 능력을 비교하는 것이 최선일 것으로 보인다. 특히 상업화된 표준화 평가에서는 상대평가의 요소를 통해 비교 가능한 점수를 도출해내며, 이를 다른 상업화된 표준화 평가의 결과와 비교함으로써 척도의 신뢰성을 추구한다. 이에 대한 반대급부로는 점수 해석의 어려움이 뒤따르나 이에 대해서는 점수에 대응하는 관찰 가능한 지표를 제시하여 보완하려는 바가 있다. 반면 이와 같은 표준화된 평가가 불가하거나 적절하지 않은 경우도 많을 것이다. 이러한 경우에는 평가 맥락에 맞게 직접 개발된 척도, 즉 상황에 맞는 평가 도구가 만들어질 수 있으며, 필요한 경우, 마치 이미 알고 있는 키와 비교하듯, 이 점수를 표준화 점수와 대응시키는 단계를 추가하여 평가의 정확도를 높일 수도 있다.

## ② 측정 오류

아래는 평가의 본질을 보여주는 기초적인 공식이다(Armstrong, 1998).

$$X = T + e$$

여기서 X란 observed score, 즉 평가의 결과값이며, 이는 우리가 평가를 통해 알아내고자 하는 능력값(true score)인 T에 측정 시 발생하는 여러 가지 오류 e가 합쳐진 것이다. 하지만 측정상의 오류를 면밀히 파악하고 이러한 오류가 결과값에 어떤 영향을 주었는지를 정확하게 계산하는 것은 불가능하므로, 결과적으로 우리는 진정한 능력을 추론하는 것이 최선일 것이다. 하지만 이 수치가 궁극적으로 전달하는 메시지는 평가의 불완전성이 아니다. 오히려 평가의 결과란 항상 오류를 수반하므로, 올바른 결과 해석을 통해 진정한 능력을 근사하게 추정하기 위해서는 측정상의 오류를 최대한 줄이도록 노력하고 피치 못한 오류에 대해서는 가능한 정확히 파악하고 있어야 한다는 것이다.

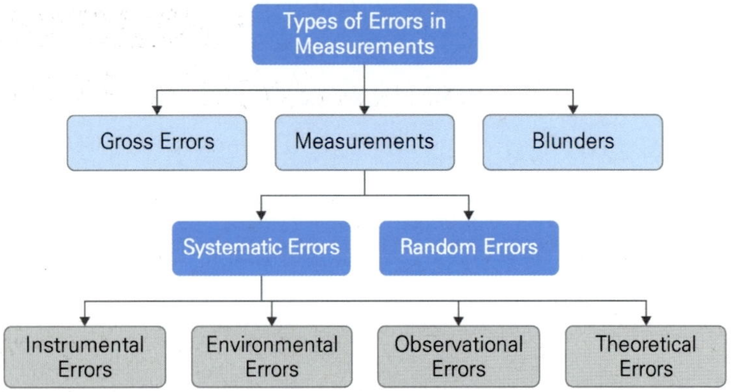


[그림 4-1] 오류의 유형

측정상의 오류는 [그림 4-1]과 같이 크게 평가 과정에서 인간의 실수나 경험 부족 등으로 발생하는 오류인 과대 오차(gross errors)/과실(blunders)과 측정 오류로 구분할 수 있다. 이 중 특히 평가계획 및 실행 시 주의가 필요하며, 많은 연구의 주목을 받았던 오류는 측정 오류로, 이는 다시 무작위 오류(random error)와 체계적 오류(systematic error)로 구분된다.

[그림 4-2]와 같이, 무작위 오류는 말 그대로 무작위하게 발생하는 반면, 체계적 오류는 패턴화할 수 있는 일관성이 있다. 무작위 오류는 자연적인 다양한 변화들로 발생하게 되는데, 영어평가에서는 학생들의 기분, 건강 등에 따른 수행의 차이 또는 그 외 다양한 통제 불가능한 요인으로 발생하는 차이 등이 이에 해당한다. 무작위 오류는 통제 불가능한 요인으로 발생하기에 평가를 시행하는 입장에서 이를 줄일 수 있는 직접적인 조치를 취할 수는 없으나, 사회적 중요도가 높은 시험일수록 응시자의 수를 늘리고 저변을 늘리는 방식으로 이러한 오류의 영향을 최소화하려고 한다. 반면 체계적 오류는 일관되며 반복적으로 발

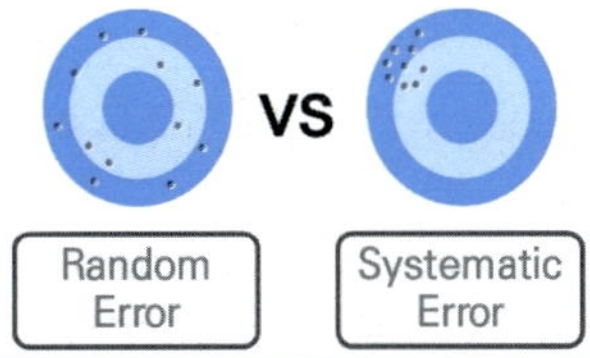


[그림 4-2] 무작위 오류와 체계적 오류

생 가능한 오류로 종종 평가도구나 평가자의 편견 등으로 발생한다. 예를 들어 영어쓰기평가에서 평가에 포함되지 않는 요인인 글씨체가 의도치 않게 결과에 반영이 되는 것이다.

이제 체계적 오류의 세부 유형을 자세히 살펴보겠다.

1) **계기 오류**(Instrumental errors)

평가도구의 문제로 발생하는 오류다. 예를 들어 온라인 평가 플랫폼의 기능 이상으로 학생들의 응답이 왜곡되어 기록되거나 기록이 누락된다면, 이는 평가도구의 문제라고 할 수 있다. 또 다른 예로는 부정확한 평가척도의 사용이 있다. 일반적으로 평가나 측정이 이루어질 때는 평가의 척도를 올바르게 정해야하는데 이를 척도의 '눈금매기기(calibration)'라고 표현한다. 척도의 눈금이 부정확하면 평가도구의 정확성이 떨어지고 이는 계기 오류로 이어질 수 있다. 영어평가에 있어서는 문항별 배점이 잘못 이루어져 학생들의 실제 실력과 비례하지 않는 점수가 도출되는 경우를 생각해 볼 수 있다.

2) **환경 오류**(Environmental errors)

의도치 않은 환경적 요인이 결과에 영향을 미치게 될 때 발생하는 오류다. 일반적으로 평가는 측정하고자 하는 능력이 독립변인이 되고, 이 독립변인이 평가의 결과값, 즉, 종속변인을 통해 반영되도록 한다. 잘 만들어진 평가는 독립변인 외의 모든 변수를 통제변인으로 구분하여 결과값에 영향을 미치지 못하도록 철저히 통제한다. 영어평가에서는 평가의 결과값이 오롯이 응시자의 영어능력이라는 독립변인의 영향을 반영할 수 있도록 개발된다. 평가가 시행되는 환경의 소음, 냄새, 온도 등은 모두 통제변인이므로, 이러한 요인이 평가의 결과에 영향을 준다면 정확한 평가가 이루어질 수 없다. 따라서 만약 시험장의 소음이나 강한 냄새, 지나치게 춥거나 더운 온도가 응시자들의 수행에 영향을 미쳤다면, 이는 환경적 요인으로 발생한 오류라고 볼 수 있다. 이러한 오류는 앞서 언급한 무작위 오류와는 달리, 학생들의 수행에 비슷한 패턴으로 영향을 미쳤다는 점에서 체계적 오류의 하나로 볼 수 있다.

#### 3) 관찰자 오류(Observational errors)

관찰자 또는 평가자의 평가대상능력에 대한 이해 부족으로 발생하는 오류다. 이러한 오류는 특히 지필고사와 같은 기계적 평가보다는 사람의 직접적인 판단이 수반되는 유형의 평가에서 쉽게 발생할 수 있다. 앞서 언급한 환경적 요인으로 인한 오류와 마찬가지로, 이 오류 또한 통제변인을 제대로 통제하지 못하면서 발생하는 오류인데, 그 원인은 평가자의 이해 부족 또는 편견에 있다. 예를 들어 말하기 평가에서는 일반적으로 고려되는 말하기 능력의 세부기능이 독립변인이 되어 평가 결과에 반영될 것으로 기대된다. 하지만 만약 평가자가 말하기 능력에 직접적으로 영향을 주는 것이 아닌 응시자의 목소리나 억양 등을 반영하여 평가한다면 관측 오류가 발생하게 될 것이다. 교실 현장에서는 교사에게 협조적이며 수업시간에 태도가 우수한 학생들에게 상대적으로 높은 점수를 부여하고 태도가 불량했던 학생들은 낮은 점수를 부여하기 쉬운데, 평가의 목적이 순수하게 학생의 영어능력을 평가하는 것이라면 이 또한 관측상의 오류로 분류할 수 있다.

4) **이론 오류**(Theoretical errors)

측정대상이 되는 능력에 대한 이론적 이해가 부족한 경우 발생하는 오류다. 예를 들어 영어 말하기 능력을 평가하는 데 말하기 능력에 대한 이해가 부족한 탓에 즉각적으로 발화하는 능력이나 발음의 정확성 등은 고려하지 않고 주어진 상황에서 할 말을 글로 쓰도록 했다면 이는 이론적 오류로 볼 수 있다. 또는 발화능력에 대한 이론적 이해가 부족하여 글의 응집력이나 문장 연결의 자연스러움, 장르에 맞는 구조 사용 등 다양한 담화적 능력에 대한 고려 없이 문법적 정확성만으로 에세이 점수를 매기는 경우도 이론적 오류에 해당한다.

지금까지 살펴본 바에 따르면, 평가에는 오류가 반드시 수반되며 평가의 정확도를 높이는 것은 오류에 대한 이해를 높이는 것과 일맥상통한다고 볼 수 있다. 이는 두 가지 측면에서 노력을 요구한다. 첫 번째는 평가를 만드는 입장에서, 현실적으로 허락되는 범위 내에서 가능한 오류를 줄여서 측정값이 실제 능력에 보다 가까운 평가를 추구하는 것이다. 또 다른 측면에서는, 평가의 질을 판단하거나 평가 결과를 해석하고 활용하는 입장에서 평가에 존재할 수 있는 오류들을 최대한 파악하고 이를 감안하여 평가 결과를 해석 및 활용하려는 노력이다.

평가 분야에서는 오류를 이해하는 것이 중요한 만큼, 오류에 대한 연구가 오랜 기간 동안 방대하게 이루어져 왔고 지금도 진행 중이다. 특히 우리가 관심을 갖는 영어능력이란, 키와 같이 만질 수 있는 실체가 있는 대상이 아니라 추상적인 기능인만큼 키재기 과정의 오류와는 비교가 되지 않을 만큼 더 많고 복잡한 오류가 존재하고 있다. 이것이 인공지능을 활용한 영어평가를 개발하고 활용하는 우리에게 의미하는 바는 무엇일까? 결국 평가의 핵심은 평가능력에 대한 정확한 이해를 기반으로 하는 것이며, 에듀테크란 이러한 이해를 바탕으로 오류를 줄일 수 있는 방안을 실현해내는 데 도움을 줄 수 있는 수단에 불과하다는 것이다. 즉, 에듀테크 활용 능력은 그 활용대상인 영어능력과 습득과정, 그리고 평가의 기본 원리 등에 대한 이해에서부터 키워나갈 수 있다는 점을 명심해야 할 것이다.

## 3 목적에 따른 평가유형과 세환 효과

지금까지는 모든 평가에 공통적으로 적용되는 내용을 살펴보았으나, 실상은 누구에게나 동일하게 좋은 최적의 평가란 존재하지 않는다. 목적에 따라 평가에서 중요시하는 바가 달라지는 만큼, 다양한 평가의 유형이 존재하기 때문이다. 참고로, 평가유형은 객관식, 서술형 등의 지필평가, 인터뷰, 에세이와 같이 평가방식 및 문항 유형 등에 따라 구분되기도 하나, 이 장에서는 목적에 따른 평가유형을 다루게 될 것이다. 또한 평가의 중요성을 이해하기 위해 세환 효과(washback effect)에 대해서도 간략히 다뤄보겠다.

먼저 [그림 4-3]의 만화 한 컷을 살펴보자.

한 남자가 공정한 선발을 위해서는 모두가 동일한 평가, 즉, 나무 오르기를 해야 한다고 설명한다. 이와 함께 아래의 메시지는 모두가 뛰어난 사람이지만 각자의 재능에 맞는 기준으로

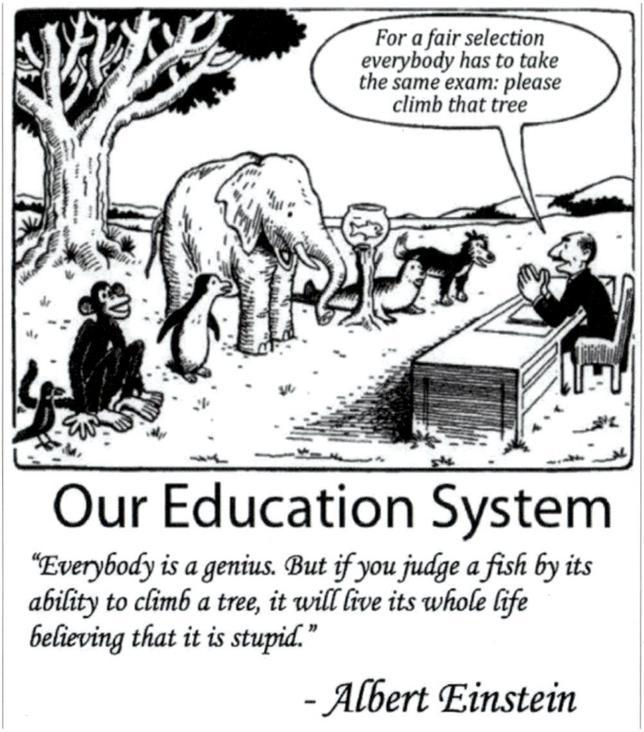


[그림 4-3] 하나의 평가가 갖는 문제: 공정한 평가란?

평가하지 않는다면, 즉, 물고기로 태어난 학생들을 나무 오르기 능력을 기준으로 평가를 한다면, 삶은 불행해진다고 한다.

그렇다면 나무 오르기 시험은 잘못된 것일까? 만약 평가의 목적이 뛰어난 인재를 선별하는 것이라면, 나무 오르기 능력만이 인재의 기준이 아니므로 이 평가는 타당도가 떨어진다고 볼 수 있다. 하지만 만약 평가의 목적이 나무 오르는 능력이 뛰어난 사람을 선별하기 위함이라면 공정한 시험이라고 할 수 있지 않을까? 또는 나무 오르는 능력을 키우는 것이 커리큘럼 상의 목표인데 현재 이 사람이 어느 정도의 나무 오르기 능력을 가졌는지를 파악해야 한다면, 이 평가는 그리 나쁜 평가는 아니나 개선의 여지는 있을 것이다. 어쨌든 이 만화의 요지는, 모든 상황에 최적인 단 하나의 평가란 존재할 수 없으며, 평가의 목적에 따라 적절한 평가 내용과 방법이 정해져야 한다는 것이다.

일반적으로 교육 현장에서는 [그림 4-4]와 같이 진단평가(Diagnostic assessment), 형성평가(Formative assessment), 총괄평가(Summative assessment) 크게 세 가지 목적의 평가유형이 보편적이면서 동시에 중요하다. 이 평가는 목적에 따라 분류가 되기도 하지만, 시행 시기에 따라 구분이 되기도 한다. 새 학기가 시작되면 어떤 평가가 필요할까? 앞으로 학생들을 어떻게 가르쳐나가야 할지 정하기 위해서, 새로운 학생들의 수준을 파악(find out)할 수 있는 평가가 필요할 것이다. 이런 평가가 진단평가다. 이후 학생들이 새로운 내용을 배워나감에 따라, 교사는 이 학생들이 잘 따라오고 있는지, 보충이 필요한 부분은 없는지 점검(tracking)을 해야 하는데, 이러한 목적의 평가가 형성평가다. 마지막으로 학기 말이 되면 이제까지 학생들이 하나의 교수 단위를 잘 마쳤는지 판단하고, 우리나라에서는 흔하지 않지만, 다음 단계로 올라갈 수 있는지를 결정하는 평가가 필요하다. 즉, 학생들이 제대로 배웠는지를 점검하기 위한 목적의 평가가 있는데 이것이 총괄평가다. 초등에서는 주로 수행평가로 이루어지는 형성평가를 중요시하는 반면 중등학교로 갈수록 기록으로 남아 의사 결정에 활용될 수 있는 총괄평가를 더 중요하게 여기는 경향이 있다. 다음은 각 평가유형에 대한 보다 자세한 설명이다.

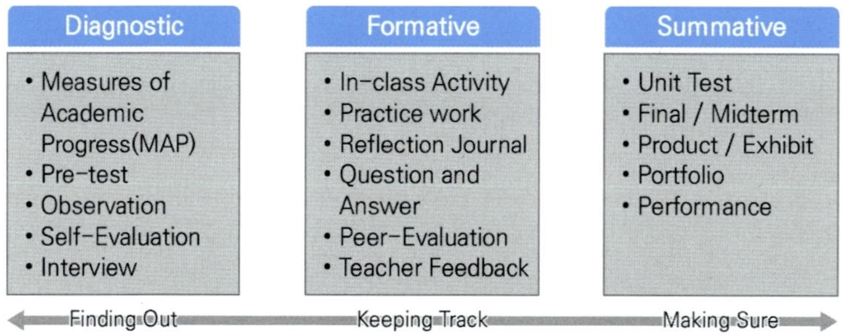


[그림 4-4] 목적별 평가유형: 진단평가, 형성평가, 총괄평가

### 1) 진단평가(Diagnostic assessment)

진단평가는 일반적으로 학기 초에 실시되는 평가다. 이 평가의 목적은 학생들의 현재 수준을 파악하는 것이며, 궁극적인 목표는 이를 통해 교사가 현재 학생들은 어떤 것을 할 수 있으며 그렇다면 교육과정을 고려할 때 한 학기동안 이 학생들에게 무엇을 어떻게 가르쳐야 할지 결정하기 위함이다. 교사들은 반드시 지필평가를 활용하지 않더라도, 이 학생들을 이전에 담당했던 동료 교사에게 물어본다든지, 초기 수업에서 학생들의 반응을 탐색하고 관찰하는 등의 방법으로 학생의 능력뿐만 아니라 취향이나 스타일 등을 파악하는 데 주력할 것이다. 하지만 만약 학생들의 영어능력을 향상시키는 데 진심이라면 영어능력에 집중한 진단평가를 실시하는 것이 이후 수업의 성공을 결정하는 데 중요한 영향을 미칠 수 있다. 즉, 초반에 수업을 너무 쉽거나 어렵게 하면서 학생들의 소중한 수업 시간을 허비하는 것을 최소화할 수 있는 것이다.

누군가는 형성평가를 통해서 진단평가를 대체할 수 있지 않나 생각할 수도 있다. 하지만 둘 사이에는 차이가 있다. 형성평가란 학기가 진행되는 중에 학생들이 지금까지 교사가 가르친 내용을 잘 따라오고 있는지, 여전히 부족한 부분은 무엇인지를 파악하기 위한 목적으로 시행되는 평가다. 마치 음식을 만들고 있는 중에 이 음식을 요리하는 과정에 대한 피드백을 제공하는 것과 같다. 이 평가의 궁극적인 목적은 추후 수업을 향상시킬 수 있는 방법을 찾기 위함이라는 것에서 진단평가와 비슷하지만, 아무래도 형성평가에서는 단기 기억과 명시적 지식의 영향이 상대적으로 높기 마련이다. 아무리 수행에 대한 평가를 한다 하더라도 직전에 배운 내용에 대해 평가하는 것이므로 내재화되지 않은 지식도 충분히 활용할 수 있기 때문이다. 이에 비해 진단평가에서는 학생들의 보다 안정적인 진짜 영어실력, 즉 암묵적 지식으로서의 영어실력을 판별하기에 더 유리한 면이 있다. 사실 현장에서는 이전 교사에게 물어본다거나 학생을 관찰하는 방식이 진단평가를 대체하고 있지만, 형성평가 못지않게 진단평가도 주의깊게 개발하고 활용한다면 교사들은 학생들에 대한 포괄적인 이해가 가능할 것이다.

### 2) 형성평가(Formative assessment)

다음으로, 현장에서 가장 중요도가 높고, 또 가장 자주 시행되는 평가인 형성평가를 살펴보자. 형성평가의 핵심은 학습 목표를 바탕으로 개발하고 시행하여 평가의 결과가 학습 목표 도달 정도에 대한 정보를 제공할 수 있어야 한다는 것이다. 특히 형성평가는 가장 빈번하게 시행되는 만큼 여러 가지 학습 스타일과 학습자별 특징을 고려하여 다양한 방법으로 실시되어야 한다. 또한 중학교에서는 지필평가 방식만을 채택하지 않도록 하고, 초등에서는 오히려 지나치게 수행평가와 관찰 평가만을 채택하지 않도록 유의해야 할 것이다. 특히 초등의 경우, 실생활에서의 영어 활용 능력을 보다 직접적으로 평가할 수 있는 방법은 과업 위주로 진행되는 평가이지만, 이 학생들은 중학교로 넘어가면 지필고사 중심의 평가를 받으므로 이에 대한 대비가 필요하다. 또한 형성평가는 능력을 측정하는 것만이 아니라 학생들의 참여를 수반하는 일련의 과정으로 이루어져야 한다. 형성평가의 목적이기도 한, 배움을 증진시키기 위해 가장 중요한 점은 학생 본인이 자신의 배움에 대한 깨달음을 얻는 것이며 이러한 깨달음은 교사의 일방적인 안내보다는 자신의 성찰, 또는 동료와의 교류를 통해 더 효과적으로 얻어지기 때문이다. 마지막으로 형성평가는 적절한 간격과 빈도로 시행되어야 시정 효과를 볼 수 있다.

형성평가의 과정 중에서도 특히 중요한 부분은 피드백이다. 이 피드백은 적절한 시기에 구체적으로 제공되어야 한다. 이 부분은 우리가 학생 입장이었을 때 더욱 절실히 느꼈을 것이다. 피드백을 제공해주지 않거나, 제공하더라도 너무 성의 없게, 또는 너무 늦게 제공한다면 큰 도움이 되지 않는다. 가르치는 입장에서는 또한 건설적인 피드백은 비판적인 피드백이라는 잘못된 인식을 갖지 않도록 유의해야 한다. 피드백을 포함한 형성평가의 주요 목적은 학생들이 앞으로 더 잘 배울 수 있도록 격려하는 것임을 잊지 말아야 한다.

형성평가는 이후 수업을 어떻게 진행해야 할지에 대한 정보를 주는 만큼, 교사 또한 형성평가의 결과를 이후 수업에 반영하도록 노력해야 할 것이다. 학생 입장에서는 자신의 배움을 형성평가가 이루어진 순간순간마다 점검하기보다는 기록을 축적하여 바라봄으로써 장기적인 발달 과정으로 이해할 필요가 있다. 또한 목적부합도(validity)와 결과의 신뢰성(reliability)은 모든 평가가 기본으로 갖춰야 할 기준이다. 이와 동시에 교사는 좋은 평가를 위해 무한정 자신의 영혼을 갈아넣을 수는 없는 만큼, 시간, 노력, 그리고 금전적인 제약들을 고려하여 현실적으로 적용할 수 있는 방법을 택해야 한다.

### 3) 총괄평가(Summative assessment)

다음으로 살펴볼 평가는 성취도 평가(achievement test)라고도 불리는 총괄평가다. 형성평가는 음식을 만드는 과정 중에 요리에 대한 피드백을 제공하는 평가라면, 총괄평가는 만들어진 음식, 즉 결과물에 대해 평가하는 것이다. 따라서 평가 시기는 일반적인 교수 단위가 끝나는 시기에 이루어지고, 이 평가의 궁극적인 목적은 학생들이 이 교과과정의 목표를 성공적으로 이수했는지를 판단하는 것이다.

총괄평가는 학습 목표 도달 정도를 파악한다는 점에서 형성평가와 공통점이 있으나, 가장 큰 차이점은 포괄적인 범위를 갖는다는 것이다. 따라서 지엽적인 내용보다는 전체적인 주제를 관통할 수 있는 핵심 개념을 다루는 것이 중요하다. 즉, 문항 종류나 문항의 난이도가 다양해야 한다. 또한 어느 평가든 평가 절차에 대한 설명이 시기적절하고 명확하게 제공되어야 하며, 평가기준 또한 구체적으로 마련되어야 한다. 중요한 점은, 총괄평가는 일반적으로 한 번으로 끝난다는 점에서, 학생들에게 실시하기 전 미리 점검해 보는 단계가 필요하다. 이를 통해 교사가 측정하고자 하는 바를 의도한 대로 평가해낼 수 있는지를 확인해야 하는 것이다. 예를 들어 총괄평가로 하나의 큰 프로젝트 수행을 고려할 수 있다. 이때 소수의 학생이 뛰어난 능력을 발휘하여 전체 그룹의 수행을 책임지고, 전체 모둠이 동일한 점수를 받는 불공정한 평가로 이루어질 위험이 있다. 교사는 동료 교사의 피드백이나 비슷한 평가를 파일럿하는 경험을 통해 이러한 위험을 인지하고 모둠원들의 협조를 모니터링하고 결과에 반영하는 장치를 마련하는 방식으로 이러한 문제점을 방지할 수 있다.

### 4) 배치평가(Placement assessment)

배치평가는 일반적으로 학교 현장에서는 많이 쓰이지 않지만 사회적으로는 가장 전형적인 용도의 평가에 해당한다. 배치평가의 목적은 학생들이 자신의 배움에 적절한 수준의 과정으로 배치되도록 하는 것이다. 이 적절한 수준을 구체적으로 규정하자면, 본인에게 적절히 도전적이면서도 너무 자신의 능력을 벗어나지는 않는 수준이라고 할 수 있다. 배치평가에서는 학생들을 수준에 따라 분류해내는 것이 중요하므로, 앞서 언급한 종류의 평가보다도 더욱 다양한 난이도의 문항을 포함해야 한다. 또한 배치평가에서 특별히 중요한 부분은 결과에 대한 해석이다. 평가 결과가 해석하기 용이하며 이를 통해 학생들의 수준을 잘 구분할 수 있어야 한다. 예를 들어 배치고사로 지필고사를 실시하여 어떤 점수대가 level 1, level 2 등등에 해당한다고 임의로 규정할 수도 있지만 에세이나 인터뷰 등을 통해 레벨을 나눌 수도 있다. 이때 어떤 기준으로 레벨이 나뉘는지가 명확해야 할 것이다. 참고로 이러한 목적에서 활용할 수 있는 것이 CEFR(Common European Framework of Reference for languages)나 미국 ACTFL(American Council On Teaching Of Foreign Languages)과 같은 기관의 영어능력 관련 지표다.

### 5) 능숙도평가(Proficiency assessment)

마지막으로 살펴볼 평가 유형은 TOEIC, TOEFL 등 다수의 상업평가에 해당하는 능숙도평가다. 왜 다수의 상업평가는 능숙도평가일까? 주요한 이유 중 하나는, 이 평가가 가장 보편적이고 포괄적인 영어 사용 능력을 평가한다는 것이며, 따라서 가장 넓은 범위의 응시자에게 실시 가능하기 때문이다. 즉, 시장이 매우 넓다는 것이다. 이와 동시에 특정 기능을 보는 것이 아니라 포괄적인 능력을 살펴보므로 특정한 맥락이나 목표에 한정되지 않아 학교나 기업 등에서 알고 싶어하는 영어능력과 부합하기도 하여, 높은 비용에도 불구하고 수요가 높다.

이 평가에서 측정하고자 하는 영어 능숙도(English proficiency)라는 개념 자체가 사실은 결코 쉬운 개념이 아니다. 영어 능숙도는 'a person's ability to use a language in real-world situations and to communicate effectively with others in that language'라고 정의할 수 있다. 하지만 사람들이 실제 상황(real-world situation)에서 대화하는 것을 추출한 후, 모두에게 동일한 기준을 적용하여 이를 평가할 수는 없다. 이는 실용성이 매우 떨어지며 실현 가능성(feasibility)이 높지 않다. 결국 대안으로 한두 시간 내에 포괄적인 영어 능숙도를 평가하게 되는데, 어떤 기준으로 능숙도를 평가할 것인가에 대한 엄청난 연구가 이루어져왔고, 지금도 계속해서 활발하게 연구되는 부분이다. 재미있는 점은, 앞서 언급한 것처럼 객관적인 지표를 통해 CEFR이나 ACTFL이 능숙도의 기준을 제시하고 있는 것과 별개로 상업화된 시험들은 전체 응시자의 점수를 반영한 표준정규분포를 도출하고 이를 반영한 변환점수(scaled score)로 최종점수를 부여한다는 것이다. 즉, 응시자가 단순히 전체 문항 중 몇 문항을 맞췄는지에 따라 점수가 나오는 것이 아니라 전체 응시자 중 내가 어느 정도 위치에 해당하는지를 고려하여 점수가 나온다는 것이다. 따라서 ETS와 같은 평가 기관들은 자신들의 점수를 CEFR이나 ACTFL 지표 상 어느 정도 수준과 대응되는지에 대한 추가적인 설명을 내놓기도 한다. 현실적으로 일반 교사가 능숙도 평가를 디자인하는 것에는 무리가 있기에 우리는 능숙도 평가를 디자인하기보다는 분석 및 비판에 초점을 맞추고, 학생들을 잘 대비시킬 수 있도록 하는 방안에 집중해야 할 것이다.

목적에 따른 평가 분류에 이어 마지막으로 살펴볼 개념은 세환 효과(washback effect)다. 세환 효과는 평가가 평가와 관련된 모든 구성원 및 사회에 미치는 영향을 의미한다. 가장 대표적인 세환 효과의 예는 수능에서 찾아볼 수 있다. 수능 문항이 바뀌면 시험 응시자인 학생만 영향을 받는 것이 아니라 학교에서 교사가 가르치는 내용과 방법이 바뀐다. 학부모가 투자하는 영역이 바뀌고 사교육 시장도 바뀐다. 예를 들어 예전 학력고사에서는 문법이 매우 중요했다. 하지만 수능으로 오면서 문법 문항의 숫자는 갈수록 줄어들었으며 이제 중간 수준의 학생들은 어법 문제 하나를 맞추기 위해 엄청난 시간을 들여 문법을 자세히 공부하기보다는 차라리 포기하는 경향이 있다. 교사 또한 이러한 수요를 반영하여 지문을 문법적으로 분석해내기보다는, 의미 해석에 도움이 될 수 있는 방식으로 설명하게 된다. 이러한 추세를 반영해서 예전에는 문법 중심으로 구성되었던 여러 사교육 교육과정도 바뀌었다.

이번에는 가정을 한 번 해보자. 수능에서 영어 평가 방법이 인터뷰와 에세이 방식으로 바뀐다면 어떻게 될까? 교과과정에서 회화와 작문의 비중이 높아질 것이다. 학생들도 구문 해설 위주의 수업을 듣고 문제 풀이에 집중하기보다는 회화, 작문 연습 또는 회화, 작문에 도움이 되는 구문 학습 등 학습 방법을 바꿀 것이다. 학생과 교사는 직접적인 대화 중심의 수업에 더 열의를 갖게 될 것이며, 수업 또한 일방적인 강의보다는 의사소통 중심의 활발한 분위기가 만들어질 것이다. 교사는 구문을 해설하고 문제를 푸는 요령을 더 잘 가르치기보다는, 학생들의 실제 회화능력을 키우는 방법을 고민하게 된다. 이렇게만 보면 수능에서 영어를 인터뷰나 에세이를 통해 평가하는 것이 맞지 않나 생각할 수 있다. 하지만 이는 동시에 사회적으로는 어학연수의 중요도를 높이고 영어 성적에 대한 부모 소득의 영향력이 더욱 높아지게 한다. 아무래도 이런 사회불평등 강화 문제가 수능영어 평가 방식을 실사용 능력 중심 평가로 변화할 수 없는 이유 중 하나일 것이다. 지금 살펴본 바와 같이, 평가는 다양한 사회 구성원에게 영향력을 갖는데 이러한 세환 효과는 사회적 중요도가 높을수록 더욱 크고 중요해진다. 따라서 평가를 시행하는 주체인 교사나 기관은, 꼭 수능이 아니라 하더라도, 자신들의 평가 내용과 방식 등이 수업은 물론, 학생들의 학업적 발전, 동기화, 학습 전략 등 여러 부분으로 영향을 줄 수 있다는 점을 기억해야 할 것이다. 즉, 교사들은 평가를 디자인할 때 너무 지엽적으로 평가가 관련 내용을 잘 담고 있는지, 적절하게 디자인되었는지만을 볼 것이 아니라, 이 평가를 통해 학생들은 어떤 영향을 받을지를 넓은 시각으로 살펴봐야 하는 것이다.

SECTION

# 02 인공지능의 발전과 영어평가

## ① 문항반응이론

평가에서 가장 중요한 두 척도는 타당도(validity)와 신뢰도(reliability)다. 일반적으로 신뢰도는 측정 오류를 판단함으로써 계산되는데 문항반응이론의 핵심은 이 평가의 신뢰도가 점수대에 따라 달라질 수 있다는 점이다 (Andrich, 1989; Wright, 1992). 이를 영어평가 상황으로 바꾸어 설명하자면, 학생들의 영어실력에 따라서 같은 문항이라도 신뢰도가 다를 수 있다는 것이다. 즉, 학생들의 수준에 따라 문항의 질이 다를 수 있으며, 학생에 따라 최적의 문항이 달라질 수 있다는 것을 의미한다. 문항반응이론에 대한 개념은 이미 1950년대부터 존재했으나 당시에는 컴퓨터의 발전이 이론의 현실화를 뒷받침해줄 수 없었다. 하지만 에듀테크의 발전과 함께 문항반응이론의 실효성은 높아지게 되었으며 현재 다수의 상업화된 표준화 평가에서 이 개념을 평가 시행 및 결과 분석에 반영하고 있다. 특히 이후 설명할 Duolingo의 DET(Duolingo English Test)는 저렴한 비용에 파격적으로 줄어든 시험 시간 등을 앞세우며 토익, 토플을 주관하는 ETS를 위협하고 있는데, 이는 문항반응이론을 적극적으로 반영한 결과라고 볼 수 있다.

문항반응이론은 응시자와 문항의 특성을 함수로 하는 가능성 모델(probabilistic model)로 응시자들의 응답패턴은 기저의 능력을 바탕으로 하므로, 이 패턴에 대한 분석을 통해 간접적으로 기저능력에 대한 평가가 이루어질 수 있다고 본다.

능력-정답률의 선형적 관계(linear relationship)를 전제로 하는 전통적인 문항분석과 달리, 문항반응이론은 응시자의 능력과 그에 따른 정답 가능성을 [그림 4-5]에 있는 S자 모양 문항특성곡선(item characteristic curve)으로 나타낸다.

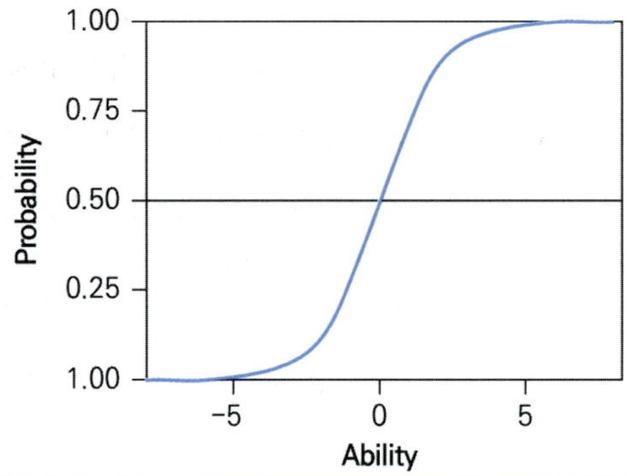


[그림 4-5] 문항특성곡선 (item characteristic curve)

이 그래프의 x축은 응시자의 능력치로 0은 평균을 의미한다. y축은 해당 문항을 맞출 가능성이다. 로그 함수를 기반으로 한 S자 곡선은 능력치가 평균에서 많이 떨어진 경우, 즉, 능력치가 매우 높거나 낮을 경우에는 정답 가능성이 큰 차이가 없으며, 평균 부근으로 올수록 약간의 실력차이에도 정답 가능성이 급격히 달라질 수 있음을 제시한다. [그림 4-5]의 그래프에서는 문항 정답 가능성이 50%가 되는 응시자의 실력이 평균대에 있음을 보여준다.

문항특성곡선과 함께 문항에 대한 추가적인 정보를 주는 것이 [그림 4-6]의 정보 함수다. 이 그래프에는 y축을 시험 정보로 하는 파란 선과 y축을 표준측정 오류(standard error of measurement)로 하는 회색 선이 있다. 두 선은 반대로 움직이는 것을 알 수 있는데, 주어진 그래프의 경우는 평균의 능력치에서 파란 선이 가장 높고, 회색 선은 반대로 가장 낮다. 이는 이 그래프를 갖는 문항이 평균치의 능력을 갖는 응시자를 대상으로 할 때 가장 측정 오류가 적으므로 평균대의 능력치를 갖는 응시자들에 대해 가장 많은 정보를 줄 수 있다는 것을 의미한다. 여기서 정보를 많이 줄 수 있다는 것은, 잘하는 사람과 못하는 사람을 잘 구분할 수 있는 문항 변별도가 높다는 것으로 이해할 수 있다.

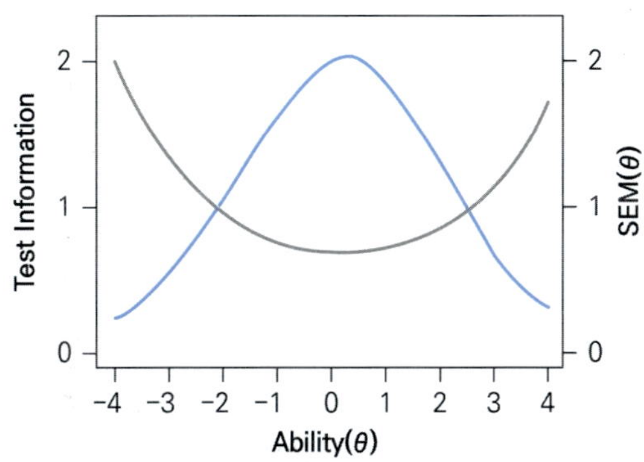


[그림 4-6] IRT 정보 함수 (information function)

이 정보 함수 그래프는 크게 두 가지 측면에서 살펴볼 필요가 있다. 첫 번째는 파란 곡선의 꼭대기가 어떤 능력치에 위치하는지다. 이는 해당 문항이 가장 유의미하게 평가할 수 있는 수준대의 학습자 집단이 누구인지를 알려준다. 예를 들어 그림의 그래프는 평균대에서 파란 곡선의 꼭대기가 위치하지만, 어떤 그래프에서는 평균보다 낮은 수준대에서 꼭대기가 위치할 수 있다. 이는 이 문항이 평균보다 낮은 수준의 학습자 집단에 대해 특별히 유의미하다는 것이다. 두 번째로 살펴볼 것은 그래프의 폭이다. 그래프의 폭이 넓다는 것은 해당 문항이 넓은 수준대의 응시자에 대해 두루 비슷한 정보를 제공할 수 있다는 것이며, 반대로 그래프의 폭이 좁다는 것은 좁은 수준대의 응시자에 대해서만 맞춤으로 유의미한 문항이라고 볼 수 있다.

문항반응이론은 고려한 변수의 개수에 따라 1모수부터 3모수까지 다양한 로지스틱 모델로 활용될 수 있는데, 지금부터 하나씩 자세히 살펴보겠다.

### 1) 1모수 로지스틱 모델(1 Parameter logistic model)

문항반응이론의 가장 기본적인 모델로, 이 모델은 모든 문항이 같은 변별도를 갖는다고 전제하며, 각 문항의 문항특성곡선은 오직 난이도 차이만을 반영한다. [그림 4-7]에는 3개 문항의 그래프가 1모수 로지스틱 모델로 제시되어 있다.

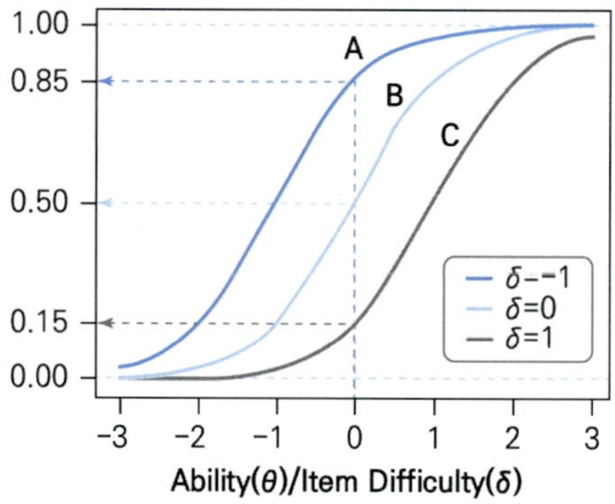


[그림 4-7] 1모수 로지스틱 모델

이 중 그래프가 어려운 문항, 어떤 그래프가 쉬운 문항에 해당할까? 이에 대한 판단은 정답 가능성이 50%에 해당하는 x축이 어디인지에 있다. A 그래프의 문항은 50%의 정답률을 보이는 학습자가 평균보다 1표준편차 이상 떨어지는 수준에 있다. B의 그래프의 문항은 평균 수준의 학습자이며, C의 그래프의 문항은 평균보다도 1표준편차 이상 높은 수준의 학습자다. 즉, A의 문항은 상대적으로 수준이 낮은 학습자라 하더라도 50%의 정답 가능성이 있는 반면, 우측으로 갈수록 더 높은 수준을 가질 때 동일한 정답 가능성을 보이므로 A, B, C 순서로 쉬운 문항이라고 할 수 있다. 따라서 1모수 로지스틱 모델에서는 그래프가 얼마나 평균에서 좌측, 또는 우측으로 이동해 있는지가 중요한 분석 요인이며, 평균에서 좌측으로 이동할수록 쉬운 문항, 우측으로 이동할수록 어려운 문항이라고 볼 수 있다.

### 2) 2모수 로지스틱 모델(2 Parameter logistic model)

이 모델은 1모수 모델에서 반영한 난이도와 함께 문항의 변별도를 추가적으로 고려한 모델이다. [그림 4-8]에서는 11개의 문항이 2모수 로지스틱 모델로 그려져 있다. 이 그래프들은 1모수 그래프에서와 같이 50%의 정답 가능성을 보이는 수준이 평균보다 얼마나 높은지 낮은지, 즉, 평균에서 얼마나 좌측이나 우측으로 이동했는지를 통해 문항의 난이도를 알려준다. 이에 더해 그래프의 기울기에서 차이를 보이는데, 이는 문항의 변별도를 보여준다. 그렇다면 (a)의 그래프와 같이 급격한 기울기를 갖는 문항과 (b)의 완만한 기울기를 갖는 문항 중 어떤 것이 더 변별력이 높을까? 이를 위해서 40점을 받는 학생과 50점을 받는 학생을 떠올려보자. A문항에 대해서는 두 학생의 정답 가능성이 3% 차이나는 반면 B문항에 대해서는 20% 차이가 난다면, 어떤 문항이 더 변별도가 높을까? B문항일 것이다. 기울기가 가파르다는 것은, 약간의 실력차이에도 정답 가능성이 급격히 달라질 수 있다는 것이므로 기울기의 각도가 높을수록 변별도가 높다고 볼 수 있다. 따라서 이 모델에서 기울기가 완만한 문항은 넓은 수준의 학생들에 대해 두루두루 변별할 수 있는 반면, 기울기가 가파른 문항은 경사가 급격한 부분에 해당하는 수준의 학생들에 대해서 세밀하게 변별할 수 있다고 볼 수 있다. 이 기준에 맞춰 보자면 (a)의 그래프의 문항은 평균보다 약간 낮은 수준의 학생을 대상으로, (c)의 그래프의 문항은 평균보다 약간 높은 수준의 학생을 대상으로 활용하기에 좋은 반면, (d)의 문항은 평균에서 최상위층까지 더 넓은 범위의 학생을 대상으로 활용하기에 적합하다.

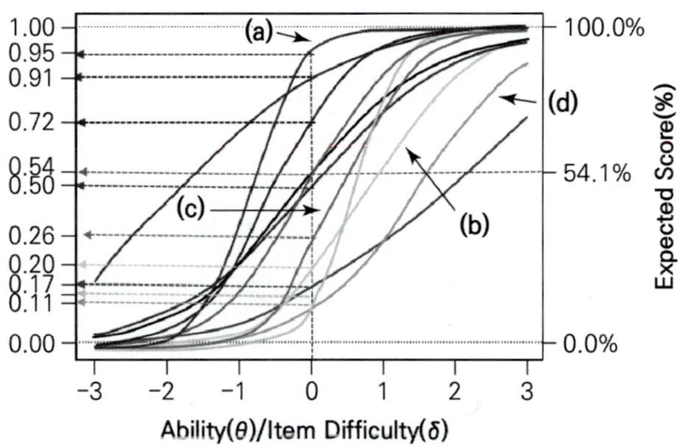


[그림 4-8] 2모수 로지스틱 모델

3) 3모수 로지스틱 모델(3 Parameter logistic model)

마지막으로 살펴볼 모델은 3모수 로지스틱 모델로, 이 모델은 문항의 난이도, 변별도에 무작위 추측을 추가적으로 고려한 것이다. 선다형과 같은 경우는 실력이 전무하다 하더라도 무작위적 추측을 통해 정답을 맞출 가능성이 존재한다. 예를 들어 문제의 난이도나 내용에 상관없이 무작위적 추측을 통해 5지 선다형이라면 20%, 4지 선다형이라면 25%의 정답 가능성을 갖는 것이다. 3모수 로지스틱 모델은 이처럼 무작위적 추측으로 인해 기본적으로 주어지는 정답 가능성을 포함한다. 이처럼 무작위적 추측에 의한 정답 가능성이 있는 문항은 실력이 아무리 낮아진다 해도 정답 가능성이 0%에 수렴할 수 없다. 따라서 [그림 4-9]에서와 같이 무작위적 추측이 가능한 문항의 경우 그 그래프의 최소 y값이 추측으로 인한 정답 가능성에 수렴한다. 이와 같은 추가적인 보정은 무작위적 추측이 통하지 않는 단답형이나 활동 기반의 문항에는 불필요하므로, 이러한 문항으로만 구성된 평가에서는 굳이 3모수 로지스틱 모델을 사용할 이유가 없다. 하지만 일부 문항이라도 무작위적 추측으로 정답이 가능하다면, 3모수 로지스틱 모델을 통해 전체 평가의 정확도 및 활용성을 높일 수 있다.

지금까지 살펴본 문항반응이론은 현재 상업화된 표준 평가에서 적극적으로 활용되고 있다. 문항특성곡선과 정보 함수에서 살펴본 것처럼 각 문항이 유효할 수 있는 수준대는 제각각

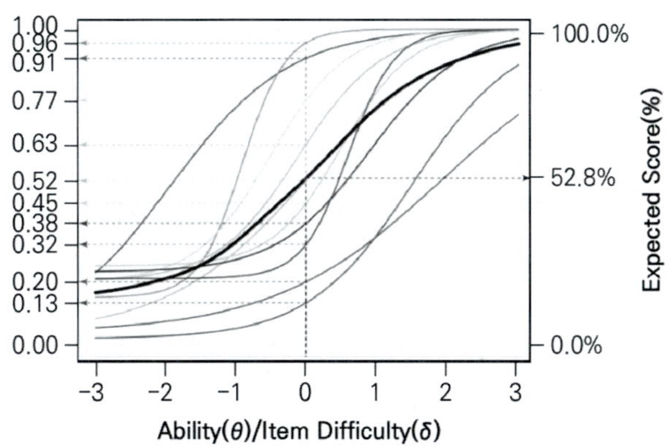


[그림 4-9] 3모수 로지스틱 모델

으로 다르므로, 제한된 시간 내에 실시되는 평가의 효율성과 정확도를 높이기 위해서는 학습자의 대략적인 수준대에 맞는 문항이 제공되어야 할 것이다. 학교 현장을 포함한 전통적인 평가에서는 학습자의 수준에 관계없이 모두가 동일한 문항을 푸는데, 이는 결국 다수의 학생들이 본인에게는 별로 의미 없는 문항을 풀면서 시간을 허비할 수 있음을 시사한다.

많은 학생을 대상으로 사회적으로 파급력이 높은 평가를 개발한다면 문항반응이론을 활용하여 응시자 수준에 따른 평가의 개별화를 이루는 것이 현재의 추세다. 또한 문항분석을 통해 다수의 평가 점수를 동등화(equating)시킴으로써 평가 간의 점수 비교가 용이해지며, 작은 기관에서 만든 평가라 하더라도 기존의 평가와 대비시켜 일반화시키는 데 도움을 받을 수 있다. 반면 현장의 교사들이 문항반응이론에 따라 학생들의 결과를 분석하고, 추후 평가에 반영하기란 현실적으로 불가능할 것이다. 평가를 받는 학생들의 수가 정확한 모델을 도출하기에는 부족할 뿐만 아니라, 현장에서 실시하는 많은 평가가 학습목표의 도달 여부를 살피는 절대평가의 성질을 가지고 있기에 문항반응이론과는 맞지 않는 부분도 존재하기 때문이다. 하지만 적어도 문항반응이론이 교사에게 시사하는 바는 동일할 것이다. 모든 학생에게 동일한 평가를 실시하는 것은 결코 바람직하지 않으며, 학생들의 수준대에 따른 맞춤형 평가가 필요하다는 것이다. 특히 에듀테크의 발전은 평가를 개별화하여 실행하는 방법을 제공한다. 따라서 교사들은 문항반응이론에서 고려하는 난이도, 변별도, 추측 가능성 등을 종합적으로 고려하여 평가 목적에 맞는 적절한 평가를 개발하고 학생 접근성이 높은 에듀테크를 통해 이를 실행할 수 있어야 할 것이다.

## ② 자동평가

자동평가는 알고리즘을 활용하여 주어진 자료를 평가하고 성적을 부여한다. 특히 자동평가의 알고리즘 개발을 위해서는 인공지능이 많은 양의 데이터를 학습해야 하므로 이미 응시자의 데이터가 상당량 축적된 기존의 표준화 평가기관을 통해 발전되어 왔다. 일단 적절한 알고리즘이 만들어지면 이에 따라 일관되고 빠른 평가가 이루어질 수 있어 노동력과 자원을 줄일 수 있을 뿐만 아니라 오류를 줄임으로써 오히려 신뢰도를 높일 수 있다. 여기서는 ETS에서 개발한 자동쓰기평가 프로그램인 E-rater®와 자동말하기평가 프로그램인 SpeechRater[SM]에 대해 소개한다.

### 1) 영어쓰기 자동채점도구: E-rater®

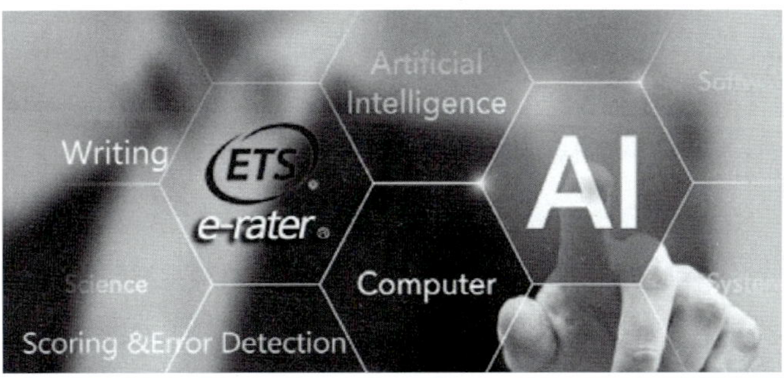


[그림 4-10] 영어쓰기 자동채점도구 E-rater®

E-rater®는 ETS에서 토플과 GRE의 쓰기 채점을 위해 개발한 것으로 (Attali & Burstein, 2006) 2012년부터 쓰기영역은 인간 채점자 1명과 E-rater®를 통해 평가가 이루어진다. 이러

한 자동쓰기채점도구의 가장 큰 장점은 시간, 비용, 인력 면에서 효과적이라는 것이다. 반면 컴퓨터는 언어 자료를 처리할 뿐 글을 '읽지는 못한다'는 점에서 반대하는 목소리도 크다. 또한 자동채점이란 알고리즘을 통해 이루어지게 되는데 이 알고리즘이 명료하게 기술할 수 있는 것이 아니므로 채점이 투명하게 이루어지지 않는다는 문제도 지적되고 있다. 한편으로는 자동채점이 상용될 경우 교사의 평가능력이 떨어질 수 있다는 점에서 교사 전문성 문제가 지적되기도 한다. 이러한 장점과 문제점에 대해 스스로 비판적으로 사고하고 받아들이기 위해서는 E-rater®가 어떻게 채점을 하는지 구체적으로 살펴볼 필요가 있다.

E-rater®는 비록 글을 읽지는 못하지만 글의 내용이나 형식, 흐름 등을 판단할 수 있는 지표를 인식한다. 예를 들어 글의 구성과 전개 등을 평가하기 위해서 도입, 핵심주장, 주장에 대한 근거, 결론 부분을 표시해 주는 담화적 요소가 존재하는지, 존재한다면 적절한 위치에 존재하는지 등을 자동으로 파악한다. 또한 글의 전개와 관련된 세부 요소가 적절한 길이로 나타나는지도 반영한다. 반면 아직까지 E-rater®가 평가에 반영하지 못하는 요소도 존재한다. 우선 글의 전반적인 톤, 주장의 세기 등은 아직 파악하지 못한다. 이는 사회 문화적인 배경, 그리고 글의 맥락 등을 고려하여 상대적으로 정해지기 때문이다. 예를 들어 '살인은 결단코 허용될 수 없다'와 '담배는 결단코 허용될 수 없다'는 동일한 구조를 가지고 있는데 전자는 결코 과한 주장이 아니나 후자는 지나치게 강한 주장으로 느껴진다. 이러한 판단은 현대 우리사회의 맥락을 고려하여 이루어지나 자동채점기구는 아직 이러한 사회적 고려를 정확히 할 수 없는

것이다. E-rater®는 또한 뻔하지 않으나 맥락에 적절한 비유나 일화를 활용한다거나 유머, 반어 등 의도적으로 논리를 비트는 등 일반적으로 사람이 채점했을 때 높은 점수를 줄 수 있는 요소를 제대로 파악하지 못한다. 이러한 요소들도 문화적, 사회적 이해를 기반으로 하기에 현재의 인공지능의 수준으로는 반영하기에 어려움이 있는 것이다.

비록 정확한 채점 알고리즘의 내용, 척도, 반영 비율 등은 알려지지 않았으나 E-rater®가 채점 시 고려하는 기준은 다음과 같이 정리해 볼 수 있다(Attali, 2011).

① 문법적 오류: 주어-동사 불일치와 같은 문법적 오류
② 잘못된 단어 선정: their을 써야 하는 상황에서 there을 쓰는 것과 같이 내용상 잘못된 단어 사용
③ 기계적인 쓰기 오류: 철자를 잘못 쓰는 등 내용과 관련 없는 기계적 오류
④ 에세이-기반 담화적 요소: 에세이의 특성에 맞는 주제문, 요지문, 세부 부연 문장, 결론 등의 구성(관련 담화적 요소를 통해 파악됨)
⑤ 에세이-기반 담화적 요소의 전개: 에세이의 특성에 맞춰 필요한 담화적 요소가 적절한 길이와 비율로 전개되는지 여부
⑥ 스타일적 약점: 동일 어휘의 지나친 반복 사용 등 스타일적으로 부정적인 인상을 주는 특징 여부
⑦ 주제어 사용: 고득점 글과 저득점 글 분석을 통해 고득점의 요소를 판별하는 CVA(Content Vector

Analysis)을 통해 고득점 글에서 사용되는 주제어를 파악하여 채점 글과 고득점 글 사이의 주제어 사용 일치 정도 판별

⑧ 내용어 사용: 고득점 글과 저득점 글의 상대적 어휘 사용 분석을 기반으로 채점 글의 내용어 사용 양상 비교

⑨ 어휘 수준: 에세이 어휘의 상대적 복잡도와 영역 적합성

⑩ 전치사, 연어(collocation): 일반적으로 원어민들처럼 powerful computer로 수식하는지, 연어에 맞지 않게 strong computer로 수식하는지와 같이 실제 원어민들의 사용빈도와 일치하는 연어 사용

위의 채점기준은, 다수의 우려와 달리 자동채점기구가 내용이나 담화적 차원의 평가를 종합적으로 고려한 평가를 할 수 있음을 보여준다. 학교 현장에서는 당장 쓰기 문항의 특징을 반영한 자동채점기구를 제작하기에 무리가 있겠으나 위의 준거들을 자신의 평가 채점기준(rubric)에 포함시키고 채점의 보조자료로 활용하는 것이 가능할 것이다. 또한 담화적 표지 사용이나 어휘의 질과 폭, 연어 사용 등 일반적으로 교육과정에서 표면적으로 강조하지 않았던 요소가 고득점과 저득점 글을 분석한 알고리즘에서는 주요한 평가요인으로 선택되었다는 점에서 쓰기지도의 방향성을 재정비할 필요성을 시사하기도 한다. 비록 아직까지는 자동평가도구의 보급이 제한적으로 이루어졌지만 ChatGPT를 비롯한 다양한 인공지능 기반 도구의 발전은 결과적으로 자동평가의 전반적인 질 향상과 보편화로 이어질 것이며, 이때 E-rater® 와 같은 선진적인 채점기구에서 사용된 기준들은 계속해서 중요

한 평가기준의 역할을 하게 될 것이다. 따라서 평가를 제작하고 활용하는 교육전문가들은 이러한 트렌드에 주목하고 이를 교과 과정과 자체평가에 반영하는 시도를 해나가야 한다.

### 2) 영어말하기 자동채점도구: SpeechRaterSM

SpeechRater$^{SM}$는 ETS에서 개발한 영어말하기 자동채점 소프트웨어로 2006년부터 TPO(TOEFL Practice Online)의 말하기평가에 사용되다 2019년부터는 정식 토플에서도 사용되고 있다. TPO에서는 SpeechRater$^{SM}$가 유일하게 채점을 담당하며 정식 토플에서는 SpeechRater$^{SM}$가 발음, 억양 중심의 분석적 평가를 제공하고 인간 채점자는 내용 중심의 총체적 평가를 한다. 쓰기 자동채점 소프트웨어인 E-rater®가 2012년부터 정식 시험 채점에 활용된 반면 말하기 자동채점 소프트웨어인 SpeechRater$^{SM}$의 정규시험 채점 도입이 2019년부터 이루어졌다는 것은 말하기의 자동채점이 쓰기의 자동채점보다 어렵다는 것을 암시한다. 말하기를 채점하기 위해서는 음성 인식과 발음, 억양, 말하기 속도 등 쓰기의 채점요소보다 더 복잡하고 다양한 채점요소가 포함되어야 하기 때문이다. SpeechRater$^{SM}$ 또한 문항의 특성을 반영한 다양한 샘플 분석을 통해 알고리즘을 개발하여 채점하는 원리를 따르는데, 정확한 알고리즘은 기술할 수 없겠으나 공통적으로 포함하는 채점기준은 다음과 같이 정리할 수 있다.

① 발음

- 시간 대비 평균 단어 인식점수
- AM 점수(normalized Acoustic Model score):

학습에 사용된 원어민 발화모델 대비 비교점수
- 말하기 속도를 반영한 전체 AM 점수 평균
- 전체 발화 양상을 반영했을 때 모음 발화에서의 원어민 발화모델 대비 비교점수

② **유창성**
- 시간 대비 발화 단어 수
- 단어 수 대비 침묵 횟수
- 단어 수 대비 0.495초 이상의 긴 침묵 횟수
- 시간 대비 사용 단어유형(word type) 수
- 0.2초 이상의 침묵으로 구분되는 단위의 평균 단어 수

③ **운율**(prosody): 강세절 사이의 평균 거리
④ **문법**: 응답 길이를 반영한 문법적 정확성 점수
⑤ **정확도**: 시간 대비 정확하게 인식된 단어 수
⑥ **내용**: 각 응답 분절에 포함된 주요 사실의 정확한 기술 개수

위의 기준 중 특히 말하기 평가에서 강조되는 것은 발음과 유창성이다. 발음은 발화속도를 고려하여 채점이 된다. 원어민 화자의 발화와 유사한 속도로 발화하면서 발음의 정확성을 유지하기란 쉽지 않기 때문이다. 흥미로운 점은, 영어교육에서는 얼마나 발화를 이해할 수 있는지, 즉 intelligibility를 추구하나 말하기 평가에서는 얼마나 원어민 발화모델과 유사한지가 평가 기준이 된다는 점이다. 더 이상의 자세한 기술이 없으므로 원어민 화자의 발화와 특히 어떤 측면에서 유사한 것이 도움이 되는지는 알 수 없지만, 이러한 기준은 여전히 영어교육에서는 원어민 화자의 발음을 모방하려는 시도가 필요함을 의미한다.

다음으로 유창성 또한 중요한 평가기준이 되는데, 이를 쉽게 설명하자면 얼마나 막힘없이 다양한 표현을 사용할 수 있는가

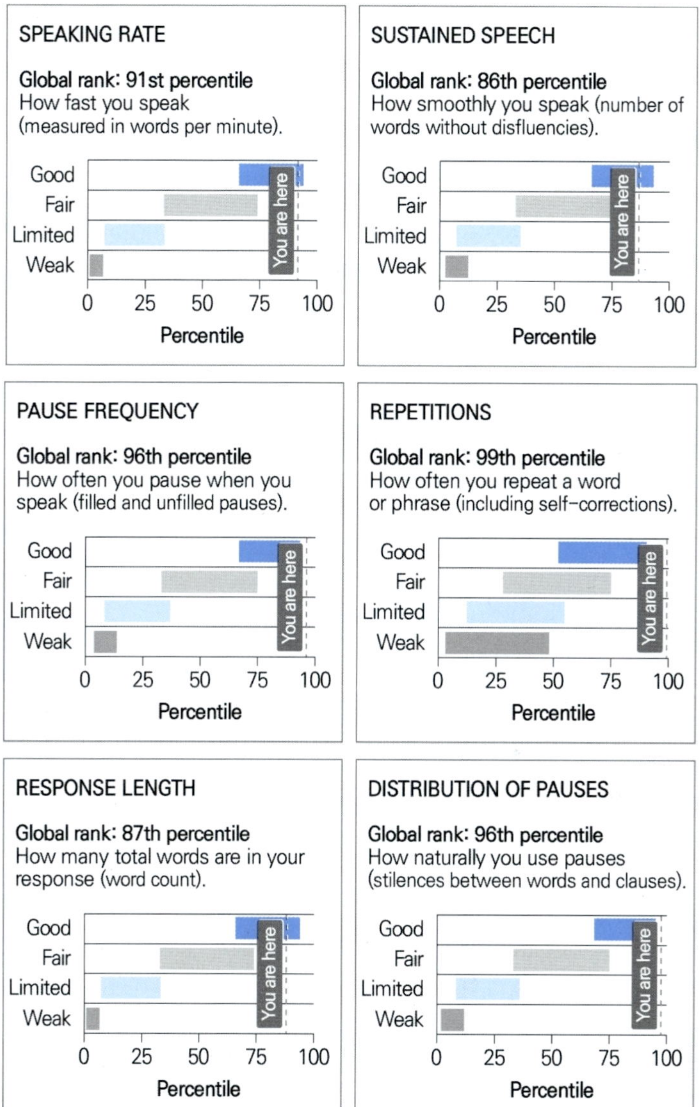


[그림 4-11] SpeechRater$^{sm}$ 분석 예시

이다. 특히 평가기준에서는 침묵이 중요한 지표가 된다는 것을 알 수 있다. 이러한 기준을 인지하고 중간에 멈추는 것을 최소화하며 발화를 하려고 시도하다보면, 유창성에는 연습이 필수적이라는 것을 깨달을 수 있다. 가능한 자주 영어로 발화하는 연습을 거치지 않는다면 언어처리에 소요되는 시간이 늘어나게 되고, 이는 즉각 빈번한 침묵으로 이어지기 때문이다. 이외에도 SpeechRater[SM]는 문법, 내용, 발음의 인식률 등 다양한 변인을 고려하여 종합적인 말하기 평가를 한다. E-rater®와 마찬가지로 자신의 교육 상황에 적합한 말하기 과제에 맞게 자동평가를 제작하기란 쉽지 않겠으나 교사들은 이러한 기준을 자신의 평가에도 반영해 볼 수 있을 것이다. 또한 학생들의 말하기 지도 시에도 이러한 기준을 강조하여 학생들이 의식적인 노력 없이도 발화하는 단계까지 이르도록 독려해야 할 것이다.

## ③ 인공지능 기반 영어평가의 실제

지금까지는 영어평가에서 급부상하고 있는 새로운 두 가지 개념, 문항반응이론과 자동채점에 대해 다뤄보았다. 문항반응이론은 평가의 개별화, 또는 맞춤형 평가 개발에 활용되고 있으며, 자동채점은 인공지능 기반 채점이 이뤄지는 원리와 이때 중요하게 고려되는 요인이 무엇인지를 보여주었다. 여기서는 DET(Duolingo English Test)라는 표준화된 영어능숙도평가 사례를 간략하게 살펴보며 문항반응이론과 자동채점이 어떻게 평가에 기여하는지를 알아볼 것이다. 또한 교사차원에서는 평가에 활용할 수 있는 인공지능 기반 에듀테크 사례를 몇 가지 제시해보겠다.

### 1) DET(Duolingo English Test)

Duolingo는 영어교육 및 평가 전문 기관으로 최근 토익, 토플 등을 시행하는 ETS를 위협할 만큼 급성장하고 있다. 특히 DET(Duolingo Englisih Test)라는 컴퓨터 기반 영어능숙도평가를 개발하여 시행하고 있는데, 이 평가의 응시료는 토플 응시료의 4분의 1정도 수준에 평가시간 1시간 정도에 불과해 점점 더 많은 응시자가 몰리고 있다. 이것이 가능한 이유는 크게 세 가지다.

첫 번째, 이 시험은 시험장에서 치러지는 것이 아니라, 응시자가 원하는 조용한 실내에서 이루어진다. 응시자는 자신의 방과 같이 타인이 존재하지 않고 컴퓨터, 카메라, 마이크 등이 설치된 조용한 곳이라면 어디서든 이 시험에 응시할 수 있다. 단 컴퓨터에 설치된 카메라를 통해 주변에 어떠한 외부의 도움도 받지 않고 있다는 것을 확인받아야 하며, 시험 내내 계속해서 감시를 받아야 한다. 이와 같이 시험장을 따로 운영하지 않기 때문에 시험장 운영 및 감독관 고용에 드는 비용을 아낄 수 있다. 게다가 응시자는 본인에게 편한 곳을 선택하여 시험을 보기 때문에 영어실력 외에 긴장감이나 불안감 등 정의적 영역이 평가 결과에 미치는 영향을 줄일 수 있으며, 이는 평가의 신뢰도를 높여준다.

두 번째, 이 시험은 문항반응이론을 활용하여 응시자의 수준대에 적합한 문항을 선별하여 제공한다. 이 시험에서는 여러 영역에서의 영어능력을 세부적으로 평가할 수 있도록 다양한 유형의 문항을 사용하나, 각 유형마다 제공되는 문항의 수는 많지 않다. 이는 초반의 수행을 바탕으로 대략적인 응시자의 수준 범위를 파악하고 해당 수준에 맞춰 적절한 문항을 제공하기 때문이다. 예를 들면 초반의 수행을 통해 어느 응시자의 수준이 평균에서 상위 25% 정도로 파악이 된다면, 해당 수준대에 적합한 난이도와 변별도의 문항을 선별적으로 제공하여 이 범위 내에서 구체적으로 어떤 수준에 해당하는지를 정밀화하는 것이다. 결과적으로 응시자는 상대적으로 짧은 시간 내에 상대적으로 적은 수의 문항을 풀고서도 자신의 수준을 파악할 수 있게 된다.

마지막으로 이 시험은 자동채점을 적극적으로 활용하고 있다. 자동채점을 통해 글쓰기와 말하기를 채점한다. 이 채점기구는 Duolingo의 전문가들에 의해 글쓰기 채점, 말하기 채점 두 가지 영역으로 구분되어 개발된 것이다. 이러한 채점기구의 사용은 오류를 줄여서 신뢰도를 높일 뿐만 아니라 채점에 소요되는 비용과 시간을 줄여준다. 결과적으로 응시료가 낮아질 뿐만 아니라 응시자는 짧은 시간 내에 결과를 확인할 수 있다. 이 시험의 말하기와 쓰기 문항들을 자세히 살펴보면 자동채점에 적합하도록 구성이 되어 있다. 예를 들어 그림을 보고 묘사하거나 글을 쓰는 것을 통해 내용면에서 제약을 하거나, 자신의 생각이나 의견을 쓰게 하는 등 비교적 형식이 명확한 발화를 이끌어낸다. 이는 제한된 범위에서의 영어 사용을 평가한다는 비판을 받을 수 있으나 사실 대다수의 상업화 시험은 이 시험과 비슷한 유형의 문항을 사용한다는 점에서 이 비판은 DET에만 해당하는 것은 아니라고 할 수 있다.

Duolingo 사이트는 이 시험의 샘플 문항들을 제공하고 있다. 이 문항들의 형식은 모방하기에 그리 어렵거나 복잡하지 않다. 또한 능숙도 평가란 초급자부터 상급자에 이르기까지 다양한 수준의 학습자를 평가하도록 개발된 만큼, 이 문항들은 다양한 수준의 학습자에게 적용이 가능하다. 교사들은 이 사이트를 방문하여 샘플 문항들을 참고해 보고 자신의 교육 상황에서 적용할 수 있을지 고려해 보는 것도 유익할 것이다.

### 2) 교육 현장에서의 인공지능 기반 영어평가

상업화된 영어평가를 개발하는 기업들을 필두로 복잡하고 접근성 높은 기술이 영어평가에 적용되고 있으나, 교육 현장에서도 인공지능 기반 에듀테크를 활용한 영어평가가 다양하게 이루어지고 있다. 여러 사교육 기관은 패드를 활용한 교육 프로그램을 출시하고 있으며, 개별 학습을 진행하기 위해서는 개별 평가가 필수적으로 수반되고 있다. 기계는 학습자의 이해정도를 관찰할 수 없기 때문에 평가를 통해 지속적으로 학습자의 이해를 점검하고, 학습자의 수행을 바탕으로 추후 학습을 제공하기 때문이다. 달리 말하면, 개별학습은 개별화된 맞춤 평가를 수반하게 되는 것이며, 인공지능 기반 에듀테크의 특성상 학습자는 자신의 학습 내용과 평가 결과를 누적해서 기록할 수 있게 된다. 하지만 정작 이러한 교육 프로그램을 활용해 본 입장이라면, 평가를 통한 학습의 진행은 원만하게 이루어질지언정 이전의 학습 및 평가에 대한 종합적인 점검은 부족하다는 것을 알 수 있을 것이다. 마치 교실에서 교사가 학습에 대한 메타적 인지를 이끌어주듯, 에듀테크를 활용한 평가 기록 외에도 이를 어떻게 스스로 이해하고 자신의 학습에 반영할지 이끌어주는 도움이 추가적으로 필요한 것이다. 이러한 면에서 아직까지도 기계는 교사를 대체할 수 없다고 할 수 있다.

교사들 또한 현장에서 인공지능을 활용한 평가를 적극적으로 실시하고 있다. 특히 초등교육에서는 학습과 평가에 구분이

크지 않기 때문에 인공지능 기반 에듀테크를 활용한 과업 위주의 활동을 통해 학습과 평가가 동시에 이루어지는 경향이 있다. 이때 교사는 에듀테크를 통해 결과물을 장기적으로 파악할 수 있으며 패들렛(Padlet)과 같은 온라인 공유 플랫폼을 통해 학생들의 결과물을 종합적으로 비교하고 공유해 볼 수도 있다.

또한 최근 평가면에서 특별히 부각된 인공지능의 활용은 평가의 제작이다. 평가를 개발할 때는 평가 내용에 대한 이해가 필수적이며, 이 내용을 적절하게 평가할 수 있는 방안이 뒤따른다. 전통적인 교실에서는 기술적인 한계로 지필고사가 실시되었고, 이는 평가의 대상을 영어 읽기 쓰기로 한정짓는 문제로 이어졌다. 하지만 현재는 다양한 시청각 자료 개발이 가능하다. Clova dubbing과 같이 이야기책이나 그림, 동영상 등에 TTS(Text-to-Speech) 기술로 목소리를 입혀 교육 상황에 적절한 자료를 제작하거나 변형하는 것이 쉽다. 또는 EdPuzzle과 같은 소프트웨어를 활용하여 유튜브 영상을 편집하거나 목소리를 덧입힐 수도 있고, 직접 제작한 영상 중간중간에 학습자의 이해를 점검할 수 있는 이해문제를 추가할 수도 있다. 이러한 프로그램은 학습자의 응답을 한눈에 정리해 주기 때문에, 학습자 입장에서는 자신의 학습 기록을 확인할 수 있고 교사 입장에서는 학생들이 어떤 것을 이해했고 어떤 부분에서 추가적인 도움이 필요한지를 파악할 수 있다.

학습 내용을 바탕으로 문제를 출제하는 것 또한 편리해졌다. 학습 내용을 입력하고 ChatGPT에 학급이나 수업에 대한 세부 내용 및 조건을 고려하여 문항을 출제하도록 하면, ChatGPT는 다양한 문항을 쉽게 출제해 준다. 물론 아직까지는 프롬프트 엔지니어링 기술에 따라 ChatGPT 결과물의 질이 균

등하게 좋지 못하다. 여전히 교사가 2차, 3차 가공을 해야 한다. 하지만 ChatGPT의 보조는 교사가 스스로 처음부터 끝까지 문제를 출제하는 것이 아니라 좋은 문항을 판별해내는 역할을 하도록 하여 기계적인 작업을 줄여준다. 여기에 목표 지문을 간단히 변형하도록 하거나 학습자의 수준을 고려하여 문제를 변형하도록 하여 간편하게 학생들의 적용능력을 평가하거나 수준별에 맞는 평가를 실시할 수 있다.

영어능력을 통합적으로 평가하는 것이 아니라 세부 능력으로 나누어 평가할 때도 인공지능은 유용하게 사용될 수 있다. STT(Speech-to-Text)기술을 활용한 음성 인식 도구를 사용하면 학생들의 발음에서 인식이 잘 되는 것과 안되는 것이 무엇인지 판별할 수 있다. 또한 컴퓨터나 패드를 통해 음소 단위의 판별 문항을 풀게 되면 짧은 시간 내에 강도 높은 상향식 듣기 훈련을 할 수 있으며 동시에 학생들의 판별능력을 퍼센트로 수치화해서 한눈에 파악할 수 있다. 어휘 면에서는 디지털 플래시 카드를 이용해 그림과 어휘를 연결하는 훈련과 평가가 가능하며 카훗(Kahoot)을 이용하면 맥락 속에서 단어의 쓰임을 파악할 수 있는 능력을 쉽고 빠르게 평가하고 기록할 수 있다. 문법 면에서는 교정도구를 활용하여 자신의 발화나 글을 수정하도록 함으로써 스스로 문법 능력을 평가하는 동시에 주도적으로 학습을 유발할 수도 있다.

중등학교에서 보다 고차원적인 영어능력을 평가하는 입장이라면 이러한 에듀테크의 활용 이전에 자신이 출제한 문항에 대한 이해가 필수적이다. 해당 지문을 ChatGPT에 입력하고 평가하고자 하는 능력을 볼 수 있도록 문항을 출제해달라고 요청할 수도 있겠지만, 기본적으로 교사 스스로가 평가하고자 하는 능력이 무엇인지 이해하고 있을 때 더욱 적절한 평가 문항을 만들 수 있을 것이다. 여기서 기존의 교실상황이었다면 학생들의 정답률을 확인하는 데서 그치는 것이 일반적이었을 것이나, 메타버스와 같은 플랫폼을 활용한다면 학생들의 응답을 분석하여 맞춤형 개별활동 또는 심화나 보충 문제로 연결할 수도 있다. 예를 들어 우선 중심내용을 파악하는 문제를 제시한 후 이 문항을 맞춘 학생들은 보다 어려운 추론하기 문제로 넘어가도록 하고 틀린 학생들은 추가적인 중심내용 파악 문제를 풀도록 하는 것이다.

인공지능 기반 에듀테크는 또한 평가방식의 다양화를 가져온다. 학생들은 모두 학습 스타일이나 관심사가 다르므로 다양한 평가방식을 활용할 때 평가의 공정성이 보장된다. 예를 들어 직접 활동하거나 만드는 것을 좋아하는 학생들은 지필고사로만 평가를 받으면 자신들의 강점을 충분히 평가받지 못하는 것이다. 하지만 투닝(Tooning)과 같이 직접 웹툰을 구상하고 영어로 이야기를 만드는 능력을 평가한다면 이러한 학생들은 학업에 대한 흥미가 높아질 뿐만 아니라 지필고사로 볼 수 없었던 능력을 평가받을 수 있다. 어떤 학생은 다른 학생들 앞에서 대면으로 나서서 수행을 하는 데 자신감이 없을 수 있다. 이러한 학생들은 녹음이나 더빙 등 비실시간 방식으로 평가를 받는다면 자신의 역량을 더 잘 보여줄 수 있다. 교육 현장에서는 이와 같이 인공지능 기술을 활용한 다양한 평가를 실시하여 평가의 공정성을 보장할 뿐만 아니라 학생들의 흥미를 높일 수 있도록 노력해야 할 것이다.

지금까지 언급한 인공지능의 영어평가영역 활용은 몇 가지 예에 불과하며 이러한 인공지능의 활용은 훨씬 광범위하고 다채롭다. 하지만 반대로 이 글에서 기술한 인공지능 활용법을 비롯해서 모든 인공지능 기반 에듀테크는 하나의 고정된 활용법이 없다는 점은 인공지능의 성공적인 활용이 바로 평가의 본질과 영어능력에 대한 이해에 달려있다는 것을 의미한다. 즉, 인공지능의 발전과 높아진 접근성은 교육 현장에서 선택의 폭을 넓혀줬을 뿐, 정작 중요한 것은 어떤 선택을 하느냐다. 따라서 새로운 기술을 맹목적으로 익히기보다는 자신의 교육 상황을 살펴보고 어떤 평가가 이루어져야 할지 먼저 정리한 후, 이를 실현할 수 있는 적절한 에듀테크를 탐색해나가야 한다. 급격한 인공지능의 발전과 보편화로 사회가 혼란스러우나, 이런 때일수록 더욱 기본을 다지고 비판적으로 새로운 기술을 받아들여야 하는 것이다.

AI

CHAPTER 05

# 챗봇을 활용한 영어교육

Illustration-ChatGPT, Scriptwriting-Dr. Sung

최근 인공지능 기술의 발전은 우리가 언어를 배우고 가르치는 방법을 혁신적으로 변화시키고 있다. 특히, ChatGPT로 대표되는 챗봇(Chatbot)은 영어교육 분야에서 주목할 만한 발전을 이루어내고 있다. 위 그림에서처럼 챗봇은 학습자를 격려할 수도 있고, 학습자에게 과업을 부여할 수도 있고, 학습자의 언어 사용을 평가할 수도 있기 때문이다. 이 장에서는 챗봇이 무엇인지, 그 역사와 다양한 유형, 그리고 영어 교육에 적용될 때의 특징과 실제 사례들을 탐구한다.

SECTION

# 01 챗봇이란?

## ① 챗봇의 정의

챗봇(chatbot)[4]은 키보드, 모니터, 스피커, 마이크 등의 하드웨어를 매개로 인간과 대화를 나눌 수 있는 소프트웨어(성민창, 2021)로 정의된다. 이 정의에는 몇 가지 중요한 개념들이 있는데, 하나씩 확인해 보자. 먼저 "하드웨어"는 우리가 만질 수 있고 볼 수 있는 장치이다. 이런 장치가 왜 필요할까? 챗봇은 하드웨어를 사용해서 문자 언어와 음성 언어를 수신 및 송출한다. 즉 말이나 글을 받고 말이나 글을 보내는 데 하드웨어가 필요한 것이다. 예를 들어, 챗봇은 마이크를 통해 사용자의 말을 받고, 스피커를 통해 자신의 말을 전달한다. 하드웨어가 챗봇과 인간 간의 대화를 가능하게 만든다.

두 번째로, "인간과 대화"라는 개념이 중요하다. 여기에서 "인간"이란 컴퓨터 공학자나 프로그래머를 가리키는 것이 아니라, 전산어와 코딩을 잘 모르는 일반인을 포함한다. 따라서 챗봇은 인간과 대화할 때 파이썬(python)이나 자바(java)와 같은 전산어, 다시 말해 컴퓨터의 언어를 사용하면 안된다. 챗봇은 영어나 한국어와 같이 인간 사회에서 흔히 사용되는 자연어(natural language)로 인간과 대화를 나눌 수 있어야 한다.

세 번째로, "소프트웨어"라는 개념을 생각해 보자. 소프트웨어는 일종의 컴퓨터 프로그램이고, 이러한 프로그램은 컴퓨터

4) 챗봇은 대화형 에이전트(conversational agent)나 토킹봇(talkingbot)이라고도 불린다.

데이터를 처리하고 관리하고 활용한다. 그렇다면 어떤 데이터를 처리할 수 있는지, 얼마나 많은 데이터를 처리할 수 있는지, 또 어떤 방식으로 처리하고 관리할 수 있는지가 챗봇의 특징과 성능을 결정한다고 볼 수 있다. 인공지능의 데이터 처리 범위와 능력이 날로 발달함에 따라 점점 더 나은 챗봇이 개발되고 있다. 대표적인 예로 생성형 챗봇인 ChatGPT가 있다.

## ② 챗봇의 역사

챗봇의 역사에서 중요한 연구들이 있다. 챗봇이 등장하기에 앞서 여러 연구들이 수행되었고 그 연구의 결과로 챗봇이 개발된 것이다. 그중 가장 대표적인 연구로 앨런 튜링 박사(Dr. Alan Turing, 1912-1954)의 1950년도 논문이 있다. 챗봇의 개념을 정립한 초기 연구인 이 논문의 제목은 「Computing Machinery and Intelligence」이다.

이 연구에서 앨런 튜링 박사는 지능의 개념을 소개한다. 컴퓨터를 사용하면서 수많은 프로그램을 사용하고 있는데, 이것들이 프로그램에서 그치는 것이 아니라 지능을 갖춘 존재로 평가받기 위해서는 어떤 요건을 갖추어야 한다고 튜링 박사가 주장하였다. 바로 인간처럼 실시간 대화를 나누는 것이 지능의 중요한 요건으로 제시되었다. 즉, 인간처럼 실시간으로 대화를 나누는 프로그램이 있다면 지능으로 인정을 해줄 수 있다는 의미이다.

그렇다면 프로그램이 인간처럼 실시간으로 대화를 나눌 수 있는지 어떻게 확인할 수 있을까? 그것을 위해서 개발된 시험이 있다. 바로 튜링 시험(turing test)이다. 이 시험을 통과한 프로그램은 지능이라고 볼 수 있는 것이고 통과하지 못한 프로그램은 지능으로서 보기 어려운 것이다. 아래 그림은 튜링 시험 장면을 제시하고 있다.

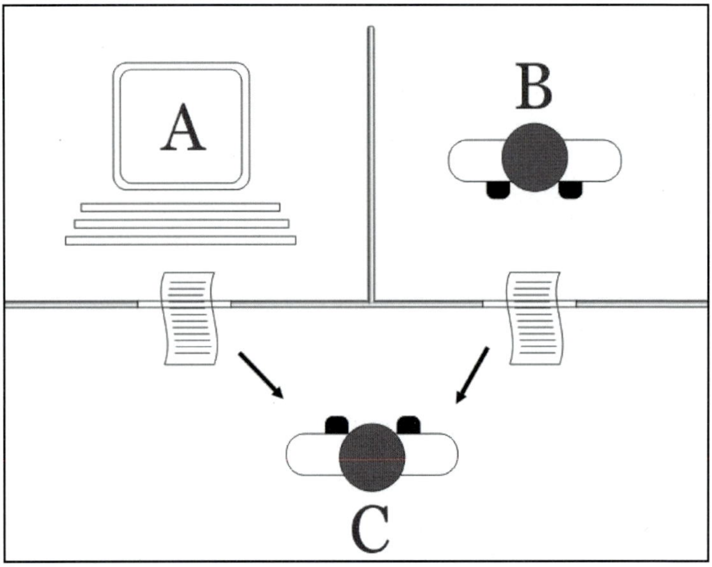


[그림 5-1] 튜링 시험 장면

C라는 사람이 여러 번 문자로 대화를 나눈다. 이때 벽이 있어서 내가 어떤 존재와 대화를 나누는지 볼 수 없다. 한 번은 A라는 컴퓨터 프로그램과 대화를 나누고 다른 한 번은 B라는 실제 사람과 대화를 나누는 것이다. 그렇게 대화를 나누고 나서 C에게 다음과 같이 물어본다. "대화 상대 중에 누가 컴퓨터 프로그램 같았나요?"

만약 C가 무엇이 프로그램인지 족집게처럼 딱딱 집어낸다면, 그 프로그램은 인간처럼 대화하지 못한 것이라 지능으로

[그림 5-2] 앨런 튜링 박사(좌)와 조셉 바이젠바움 박사(우)

인정받지 못한다. 반대로 C라는 사람이 누가 사람이고 누가 프로그램인지 잘 구분하지 못할 경우, 그 프로그램이 인간처럼 대화를 나눈 인공지능으로 판정된다.

앨런 튜링 박사의 선도적인 연구는 많은 후속 연구로 이어졌고, 그 결과 1966년 최초의 챗봇인 엘리자(ELIZA)가 개발되었다. MIT 대학의 컴퓨터 과학 교수인 조셉 바이젠바움(Joseph Weizenbaum, 1923-2008)이 개발한 챗봇 엘리자는 그 이름을 조지 버나드 쇼의 연극 「피그말리온(Pygmalion)」의 여자 주인공 Eliza Doolittle로부터 빌려 왔다. 참고로 연극에서 시장에서 꽃은 파는 소녀인 엘리자는 런던 하층민 사투리(cockney)를 교정하기 위하여 Henry Higgins 교수로부터 보이스 코칭을 받고 상류층 사회의 예의범절을 배운다. 아마도 조셉 바이젠바움 교수는 자신이 챗봇에게 대화하는 법을 가르치는 것을 연극에서 Higgins 교수가 엘리자 양에게 언어 교양을 가르치는 것에 비유할 수 있다고 생각했을 것이다.

최초의 챗봇 엘리자는 대화형 컴퓨터 프로그램으로서 다양한 대화를 할 수 있었는데, 심리 상담사(psychotherapist)의 역할을 맡아 환자를 응대하는 것이 가장 잘 알려졌다. 엘리자는 매우 자연스럽게 대화했다고 알려져 있는데, 그 주요 원리는 환자의 말에서 주요 표현을 가져다가 자신의 발화에서 활용하는 것이다. 대화 예시(그림 5-3)를 살펴보자.

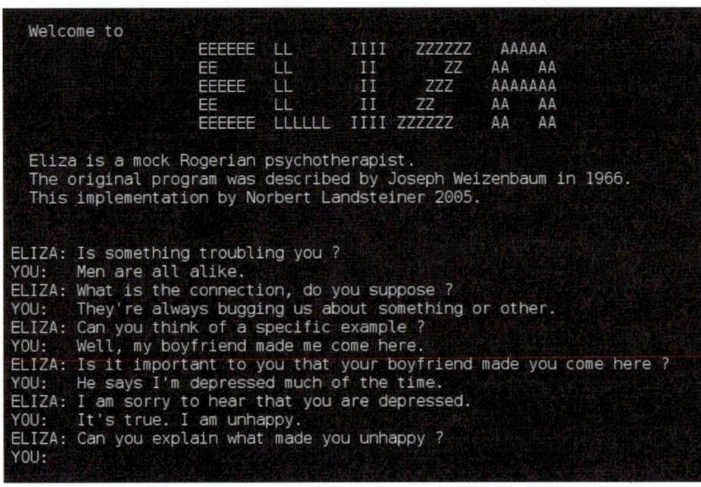

```
  Welcome to
                    EEEEEE  LL      IIII   ZZZZZZ   AAAAA
                    EE      LL       II       ZZ   AA   AA
                    EEEEE   LL       II     ZZZ    AAAAAAA
                    EE      LL       II    ZZ      AA   AA
                    EEEEEE  LLLLLL  IIII ZZZZZZ    AA   AA

  Eliza is a mock Rogerian psychotherapist.
  The original program was described by Joseph Weizenbaum in 1966.
  This implementation by Norbert Landsteiner 2005.

ELIZA: Is something troubling you ?
YOU:   Men are all alike.
ELIZA: What is the connection, do you suppose ?
YOU:   They're always bugging us about something or other.
ELIZA: Can you think of a specific example ?
YOU:   Well, my boyfriend made me come here.
ELIZA: Is it important to you that your boyfriend made you come here ?
YOU:   He says I'm depressed much of the time.
ELIZA: I am sorry to hear that you are depressed.
YOU:   It's true. I am unhappy.
ELIZA: Can you explain what made you unhappy ?
YOU:
```

[그림 5-3] 엘리자(ELIZA)와 사용자 간의 대화 화면

위 대화의 마지막 네 턴을 보면, 엘리자가 직전 턴(turn)에서 환자가 했던 주요 표현(depressed, unhappy)를 가져다가 자신의 발화를 구성하고 있는 것을 알 수 있다. 이처럼 사용자의 발화에서 주요 표현을 활용하여 대답하는 방식만으로도, 많은 환자들이 엘리자가 자신의 마음을 잘 이해한다고 생각하며 마음을 털어놓고 위안을 받았다고 한다.

챗봇 엘리자 이후로 많은 챗봇들이 전 세계에서 개발되었다. 챗봇에 따라 기술적 특징이 차별화되고 조금씩 다른 대화

성품을 보이게 되었다. 그러자 사람들이 궁금증을 가지기 시작했다. “챗봇들이 많이 개발되고 있는데, 어떤 챗봇이 가장 뛰어난 챗봇일까?”라는 질문이 생긴 것이다.

이러한 궁금증 가운데 뢰브너 상(Loebner Prize)이 등장하였다. 사회활동가 휴 뢰브너(Hugh Loebner)가 개발한 이 대회는 매우 단순한 원리로 진행되었다. 전 세계의 많은 챗봇들이 참여해서 무엇이 가장 인간과 유사하게 대화하는지 경쟁하였다. 대회에서 우승한 챗봇은 [그림 5-4]와 같은 메달을 수여받았다. 메달 한 면에는 이 상을 처음으로 도입한 뢰브너의 사진이 새겨져 있고, 메달 다른 면에는 앨런 튜링 박사의 얼굴과 그의 질문 “Can machines think?”가 새겨져 있는데, 뢰브너 상의 방향을 잘 보여주는 문구이다.

[그림 5-4] 뢰브너 상의 메달

매년 개최되는 뢰브너 상에 많은 챗봇들이 참가하였고, 심사위원들은 챗봇이 얼마나 인간과 유사하게 대화를 할 수 있는지 평가하고 그 해의 수상자를 선정하였다. 1991년도부터 2019년까지 진행된 뢰브너 상의 연도별 수상자는 〈표 5-1〉과 같다. 그중 몇 가지 주요 챗봇들을 살펴보자.

〈표 5-1〉 뢰브너 상 연도별 수상 챗봇

<table>
<tr><th>연도</th><th>챗봇 이름</th><th>연도</th><th>챗봇 이름</th></tr>
<tr><td>1991-3, 1995</td><td>PC Therapist</td><td>2007</td><td>Ultra Hal</td></tr>
<tr><td>1994</td><td>TIPS</td><td>2008</td><td>Elbot</td></tr>
<tr><td>1996</td><td>HeX</td><td>2009</td><td>Do-Much-More</td></tr>
<tr><td>1997</td><td>Converse</td><td>2010</td><td>Suzette</td></tr>
<tr><td>1998</td><td>Albert One</td><td>2011</td><td>Rosette</td></tr>
<tr><td>1999</td><td>Albert One</td><td>2012</td><td>Chip Vivant</td></tr>
<tr><td>2000-1, 2004</td><td>A.L.I.C.E.</td><td>2013</td><td>Mitsuku</td></tr>
<tr><td>2002</td><td>Ella</td><td>2014-5</td><td>Rose</td></tr>
<tr><td>2003</td><td>Jabberwock</td><td rowspan="2">2016-9</td><td rowspan="2">Mitsuku<br>(2020년에 Kuki로 개명)</td></tr>
<tr><td>2005-6</td><td>Jabberwacky</td></tr>
</table>

먼저 도입 초기를 보면 PC Therapist라고 하는 이름을 확인할 수 있다. 여기서 우리는 앞서 살펴본 최초의 챗봇 엘리자가 연상된다. 대화로 심리 상담을 제공하고 사람의 말에 반응해 주는 챗봇을 상상할 수 있다. 2000년대 초반에 보면 A.L.I.C.E.라는 유명한 챗봇이 개발되어서 많은 사람들의 관심을 끌었고, 2005-2006년에는 Jabberwacky라는 이름의 유명한 챗봇이 개발되어서 뢰브너 상을 받았다.

이후 여러 챗봇이 각축을 벌이다가, 후반부에 와서 Mitsuku(미추쿠)라는 영국에서 개발한 여성형 챗봇이 상을 휩쓸게 된다. 이 챗봇은 2020년도에 와서 좀 더 쉬운 이름인 Kuki로 개명한다. Mitsuku에 비해 훨씬 발음하기도 편하고 철자도 기억하기 쉬워졌다. Kuki나 Jabberwacky 등의 챗봇과 대화하고 싶다면 이번 기회에 홈페이지를 방문해 보면 어떨까? 인터넷 검색으로 쉽게 이들 챗봇의 홈페이지를 찾을 수 있다.

지금까지 전 세계적으로 개발된 다양한 챗봇들을 살펴보았는데, 우리나라에서는 어떤 챗봇들이 개발되었을까? 90년대 초반, 우리가 모뎀으로 하이텔과 천리안 등을 통신 서비스를 쓰던 시절, 몇몇 프로그래머들이 개인적인 관심을 바탕으로 챗봇을 개발한다. 그중 맥스(Max)라는 챗봇이 있었다. [그림 5-5]는 챗봇 맥스와 사용자 간의 대화 예시이다.

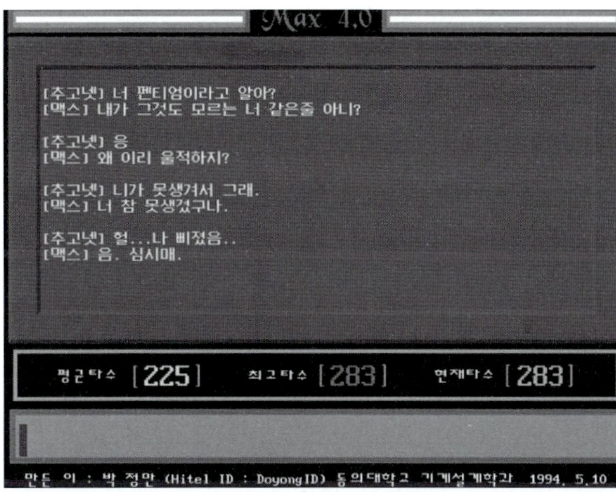


[그림 5-5] 우리나라에서 개발된 초기 챗봇 맥스(Max)

사용자와 맥스 간의 대화를 보면, 맥스가 사용자의 장난스러운 말에 재치 있게 반응하는 모습이다. 그런데 맥스의 개발자가 한 신문 기사에서 다음과 같이 회고하였다.

"맥스에게 키보드로 욕을 반복해서 하면, 어느 순간 화가 난 맥스는 컴퓨터를 포맷할 거라며 '협박'을 하기도 했다. 알 수 없는 검은색 도스 창을 띄우고는 마치 진짜 포맷하는 것처럼 굴었다. 사람들은 종종 속아 넘어갔다. (Bloter, 2015)"

사실 이것은 가짜 협박에 해당한다. 대화형 챗봇이 컴퓨터 운영 체계에 접근해서 드라이버 포맷을 하는 것은 불가능하기 때문이다. 그러나 인간처럼 대화하는 맥스가 지능적인 존재로 인식이 되어서인지 사람들이 종종 속아 넘어갔다는 것이다. 즉, 맥스가 하는 말이 가짜임에도 불구하고 사실처럼 믿어졌다는 것이다. 마찬가지로, ChatGPT를 비롯한 생성형 인공지능 챗봇이 많은 말을 하는데, 종종 잘못된 정보가 매우 그럴듯하게 제시되어 사람들이 사실로 받아들이는 경향이 있다. 이러한 "환각(hallucination) 효과"가 새로운 사회적 문제가 되었다. 챗봇이 하는 말에 대한 진위 여부를 잘 판별할 수 있는 능력이 앞으로 더욱 중요할 것이라 예상된다.

## ③ 챗봇의 유형과 특징

챗봇의 유형과 특징을 세 가지 분류 기준으로 살펴보겠다. 첫 번째는 대화 처리 기술이다. 사람의 발화를 이해하고 자신의 발화를 생산하는 기술이 챗봇마다 다르다. 두 번째는 플랫폼과 하드웨어이다. 챗봇이 구동하는 플랫폼과 하드웨어 장치에 따라 챗봇을 구분할 수 있다. 세 번째는 사용 목적이다. 사용자와 개발자의 목적에 따라 챗봇이 분류될 수 있다. 세 가지 분류 기준에 따라 챗봇의 주요 유형과 특징을 살펴보겠다.

### 1) 대화 처리 기술

대화 처리 기술 기준으로 크게 두 유형의 챗봇을 구분할 수 있다. 하나는 규칙 기반 챗봇으로, 여기서 규칙이란 챗봇이 사용자의 발화에 따라 미리 정해진 대답 목록에서 하나의 대답을 선택하는 방식을 의미한다. 다른 하나는 자연어 처리 기반 챗봇이다. 자연어 처리는 영어로 “Natural Language Processing”이라고 하는데, 여기서 자연어(natural language)란 인간 사회에서 자연스럽게 생겨나 사용되는 언어를 의미한다. 한국어와 영어와 같은 자연어를 처리하며 사용자의 발화를 이해하고 자신의 발화를 생성하는 챗봇이 있다. 이제, 이 두 유형의 챗봇을 자세히 살펴보겠다.

먼저 규칙 기반 챗봇은 미리 정해진 규칙이나 스크립트 시나리오가 있고, 그것을 따라서 대화가 처리가 된다. 이를 위해서는 특정한 상황이 있어야 하고, 그 상황에 맞게 정해진 규칙과 시나리오에 따라서 챗봇과의 대화가 진행된다. 예를 들어, 패스트푸드 레스토랑의 상황에서는 피자나 햄버거를 주문할 수 있고, 이를 바탕으로 아래 그림과 같이 특정한 시나리오를 구성할 수 있다.

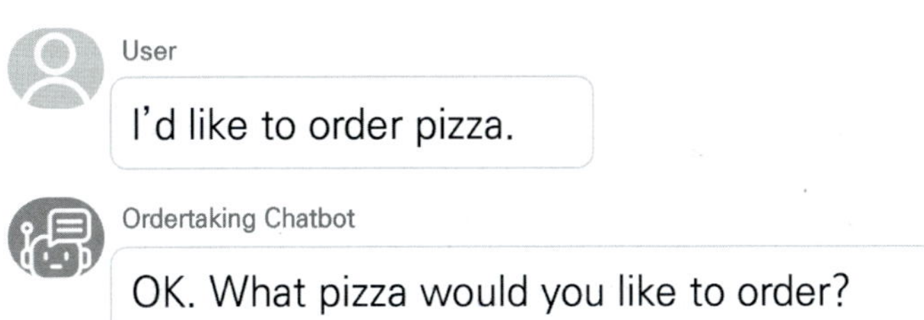


[그림 5-6] 식당 맥락의 규칙 기반 챗봇 대화 예시

위 대화를 보면 사용자(user)의 질문이 “피자 주문”이라는 시나리오를 작동시키고, 그에 따라 챗봇이 정해진 대답을 하였다. 만약 사용자가 햄버거 주문 의사를 밝힌다면, 그와 관련된

시나리오가 작동하며 챗봇이 “What hamburger would you like to order?”라고 물을 것이다. 정해진 시나리오가 있는 대화와 모델이다.

반면, 자연어 처리 기반 챗봇은 정해진 시나리오를 따르기보다는, 자신이 가지고 있는 언어 지식이나 통계 모델 등을 활용하여 사용자의 발화를 실시간으로 이해하고 이에 대한 응답을 생성하는 챗봇이다. 이를 위해 자연어 처리 기반 챗봇은 대화의 맥락과 상대방의 의도를 파악하고, 특정 언어 집단에서 일반적으로 통용되는 방식으로 대화할 수 있어야 한다. 자연어 처리 기반 챗봇의 대표적인 예로 ChatGPT와 같은 대규모 언어 모델 기반 인공지능이 있다.

자연어 처리 기반 챗봇은 일반적으로 미리 정해진 대사가 없으므로 자신의 언어 모델을 활용하여 이해한 바에 따라 대답을 생성한다. 여기에는 언어 확률 모델이 사용될 수도 있고, 챗봇과 연동된 지식 정보 데이터베이스가 사용될 수도 있고, 그 둘 모두 사용될 수 있다. 쉽게 말해, 챗봇이 가진 지식으로 말을 이해하고 생성하는데, 그 지식 체계와 작동 방식이 챗봇마다 다양한다. ChatGPT처럼 수백억 개의 변수를 고려하는 복잡한 언어 모델이 있을 수도 있고, 간단한 언어 처리 알고리즘으로 제한된 대화 과업을 수행하는 챗봇도 있다.

### 2) 플랫폼과 하드웨어

플랫폼과 하드웨어라는 분류 기준은 챗봇이 어디에서 구동하는지와 관련이 있다. 그 첫 번째 유형으로 웹사이트 챗봇이 있다. 우리가 특정 웹페이지에 접속하여 만날 수 있는 챗봇이다. 여기에는 두 가지 경우가 있는데, 그중 하나는 챗봇을 위한 별도의 웹사이트가 있는 경우이다. 즉, 챗봇이 매우 중요해서 이 챗봇을 위한 웹사이트가 있는 것으로, ChatGPT와 Kuki가 대표적인 예시이다. 다른 하나는 웹사이트가 챗봇보다 더 중요한 경우이다. 쇼핑 웹사이트 등 상업용 웹사이트의 구성에 부분적인 요소로 챗봇이 제시되는 경우에 해당한다. 상담 봇이 대표적인 예인데, 마치 유명한 홈페이지에 신규 사원으로 챗봇이 입사한 것에 비유할 수 있다.

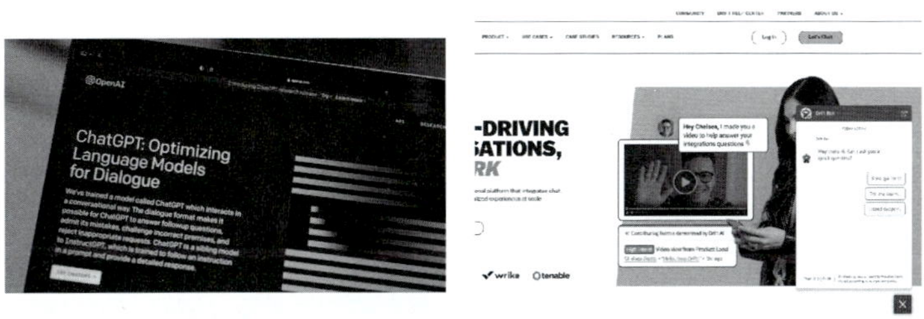


[그림 5-7] 웹사이트 챗봇: 챗봇을 위한 웹사이트(좌) vs. 웹사이트를 위한 챗봇(우)

두 번째 유형으로 메신저 챗봇이 있다. 여러분들도 카카오톡이나 페이스북 메신저와 같은 메신저를 많이 사용하고 있을 텐데, 그 안에서 챗봇과 대화를 나눌 수 있다. 메신저 앱을 열어보면 많은 친구들이 있는데, 그중에 챗봇이 있을 수 있다. 메신저에 한 명의 사용자처럼 존재하며 프로필 사진과 정보도 업데이트한다. 메신저에 상주하면서 개발 목적에 따라서 언제든지 대화 서비스를 제공한다. 예약을 유도할 수 있고 질의응답을 할 수도 있다.

마지막 유형으로는 음성 챗봇이 있다. 여러분들도 한 번쯤 "Siri야"라고 부르며 음성 챗봇과 대화한 적이 있을 것이다. 음성 챗봇은 기본적으로 음성 인식을 위한 하드웨어가 있어야 한다.

스마트폰이나 AI 스피커 등에서 구동을 하는 Siri, Alexa, Google Assistant가 대표적인 예이다. 우리가 이러한 챗봇과 말로 대화를 나누기 때문에 음성 데이터만을 처리하는 것처럼 보이지만, 사실은 그 속에 문자 처리가 동반된다. 즉, 대부분의 정보는 문자 기반으로 처리되기 때문에, 음성이 문자로, 문자가 음성으로 변환되는 프로그램이 그 안에서 실시간으로 작동하고 있다.

### 3) 사용 목적

사용 목적이란 "챗봇을 왜 사용하는가?"라는 질문과 관련이 있다. 사용 목적을 기준으로 [그림 5-8]과 같이 네 가지 유형의 챗봇을 구분할 수 있다.

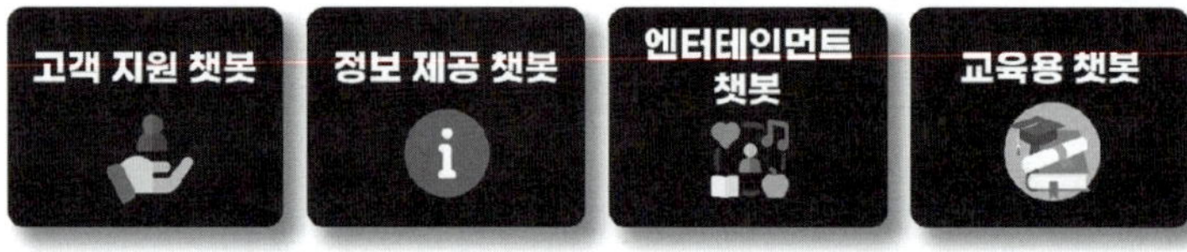


[그림 5-8] 사용 목적에 따라 챗봇 구분

먼저 고객 지원 챗봇이 있다. 기업이나 공공기관이 웹사이트나 앱을 통해 제공하는 챗봇 서비스이다. 여러분들도 한 번쯤은 사용해 본 적이 있는, 다소 익숙한 유형의 챗봇에 해당한다. 기업이나 기관은 고객 지원 챗봇을 활용하여 민원을 접수하거나 질의응답 서비스를 제공한다. 출퇴근이 정해져 있는 인간 상담자와 달리 이 챗봇은 퇴근하지 않고 24시간 동안 작동한다는 장점이 있다. 기업과 기관 차원에서는 AI 챗봇 서비스를 운영함으로써 미래 지향적 이미지를 전달하는 동시에 홍보비와 인건비를 아낄 수 있다.

사용 목적에 따른 두 번째 챗봇 유형으로 정보 제공 챗봇이 있다. 사용자의 관심 분야에 대해 실시간으로 뉴스나 데이터를 제공하는 챗봇이다. 날씨 챗봇, 스포츠 챗봇, 주식 챗봇 등이 있다. 정보 제공 챗봇은 사용자의 관심 분야에 집중하면서 정보 전달에 특화된 사용자 인터페이스(UI: User Interface)를 취한다. 정보 제공 챗봇은 대부분 스스로 정보를 생성하기보다는 외부의 데이터베이스에서 정보를 빌려 온다. 빌려 온 정보를 무상으로 사용자에게 제공하면서, 수익 창출을 위해 광고나 홍보 등의 사업을 병행하는 경향이 있다.

세 번째로 엔터테인먼트 챗봇이 있다. 정보 수집과 질의응답과 같은 구체적인 외재적 동기 없이, 대화 자체를 즐기기 위하여 사용되는 챗봇이다. 즉, 사용자와 재미있게 대화하는 것이 엔터테인먼트 챗봇의 주된 목적이다. 이때 챗봇의 정체성, 다시 말해 페르소나(Persona)가 중요한 요소로 작용한다. 도시적이고 냉소적인 성격의 챗봇도 있고, 매우 친절하고 상냥한 챗봇도 있다. 사용자는 자신의 감정 상태나 선호하는 대화 방식에 따라서 각기 다른 페르소나의 챗봇을 선택할 수 있다.

마지막으로 우리가 가장 관심이 있는 교육용 챗봇이 있다. 이 유형의 챗봇은 학습자의 질문에 응답하거나 학습자가 과업을 수행할 때 옆에서 보조해 주는 역할 등을 수행한다. 이는 모든 교과 교육에서 활용할 수 있으며, 응답 및 보조 기능에 맞게 교육 내용과 교육 활동을 잘 설명해 주는 것이 중요하다. 반면, 외국어 교육에서는 대화 경험 자체가 굉장히 중요하다. 외국어 대화 자체가 외국어 학습에 해당하기 때문이다. 그래서 유의미한 대화를 다양하고 지속적으로 지원하는 챗봇이 외국어 교육에서 많이 활용되고 있다.

이제 교육용 챗봇, 그중에서도 영어교육용 챗봇에 대해 보다 자세히 살펴보겠다.

SECTION

# 02 교육용 챗봇

## ① 교육용 챗봇의 특징

교육에서 대화는 매우 중요하다. 대화는 배움을 일으킨다. 또한 대화는 배움 과정에서 발생하는 다양한 어려움을 해결한다. 그렇다면 교육용 챗봇은 대화의 이러한 효능을 어떻게 활용하고 있을까?

Kuhail 외(2023) 연구에 따르면, 교육용 챗봇은 학습자 참여, 개별화 학습, 학습 지원, 교육 이론 개발 등의 측면에서 기여할 수 있다. 교육용 챗봇은 다양한 교과에서 웹사이트와 모바일 앱 등 여러 매체로 활용될 수 있다. 이때 교육용 챗봇은 다양한 역할을 수행할 수 있는데, Kuhail와 그의 동료들은 크게 네 가지 역할을 제시한다(그림 5-9 참고). 각 역할은 agent라는 표현으로 정의되며, 이는 챗봇의 주도적 역할을 강조한다.

[그림 5-9] 교육용 챗봇의 주요 역할

첫 번째 역할인 teaching agent는 교수자의 역할을 의미한다. 이러한 역할을 수행하는 챗봇은 교수자처럼 학생 수준과 선호도를 파악하고, 그에 맞게 설명과 활동을 제공한다. 나아가 학습 내용 관련 토론을 진행하거나 평가 활동을 실시할 수도 있다.

두 번째 역할인 peer agent는 학습 동료의 역할에 해당하며, 이 경우 챗봇은 가르치는 역할이 아닌 옆에서 도와주는 역할에 집중한다. 예를 들어, 학습자가 어려움을 겪는 개념이 있을 때 개념을 검색해 주거나, 학습자가 과업 수행을 위해 특정 프로그램을 활용할 때 그에 대한 팁을 제공한다. 또한 모둠 활동에서 챗봇이 그 모둠의 리더가 되어 여러 학습자들의 토론을 촉진하는 모습을 보이기도 한다.

세 번째 역할인 teachable agent는 사용자의 주도성을 강조하며, 한국어로 "나의 학습자"라고 번역될 수 있다. 즉, 챗봇이 나의 학습자가 되는 것인데, 이때 챗봇 사용자는 챗봇을 가르치는 과정에서 성장하게 된다. 여기에는 가르치며 배우기(learning by teaching)라는 원리가 적용되어 있다. 일반적으로 강의에서 듣거나 읽은 내용은 잘 잊혀지지만, 자신이 직접 가르친 내용은 기억에 오래 남는 경향이 있다. 이와 관련하여 아래의 학습 피라미드를 참고할 수 있는데, 각 단의 너비가 학습된 내용에 해당하며 남을 가르친 것(teach others)의 너비가 가장 크다.

마지막 역할은 motivational agent로, 챗봇이 동기 부여자의 역할을 수행하는 것이다. 동기를 부여하는 대표적인 방식이 칭찬인데, 교육용 챗봇은 학습 결과뿐만 아니라 시간과 집중도와 같은 학습 과정도 칭찬할 수 있다. 또한 많은 교육용 챗봇들이 시청각 효과로 성공적인 과업 수행을 축하하고 디지털 플랫폼에서 활용할 수 있는 포인트나 배지 등 다양한 동기 부여 도구를 사용하고 있다.

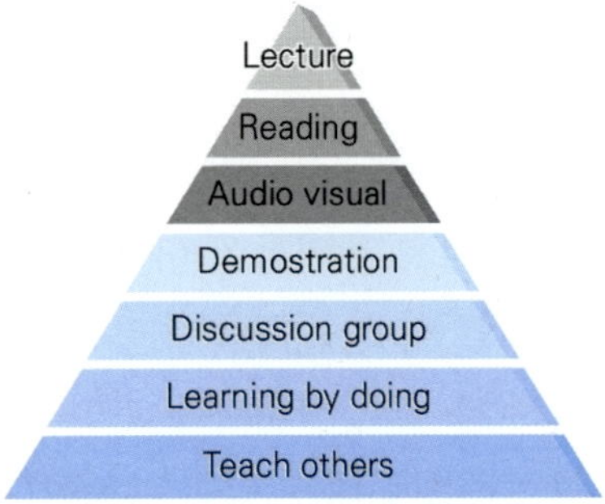


[그림 5-10] 학습 피라미드

교육용 챗봇이 이와 같은 다양한 역할을 효과적으로 수행하기 위해서는 교육학적 원칙에 입각하여 설계 및 활용될 필요가 있다. Kuhail 외(2023)에 따르면 교육용 챗봇 설계 원칙에는 크게 7가지가 있으며 주요 내용은 아래와 같다.

① Personalized Learning(개별화 학습): Chatbots adapt to individual students, enhancing learning through tailored instruction.

② Experiential Learning(경험 학습): Chatbots promote knowledge construction by reflecting on personal experiences.

③ Social Dialog(사회적 대화): Casual chat modes in chatbots enhance user engagement and trust.

④ Collaborative Learning(협동 학습): Chatbots facilitate group tasks, improving critical thinking and knowledge.

⑤ Affective Learning(정의적 학습): Chatbots provide empathetic feedback, maintaining learner motivation and interest.

⑥ Learning by Teaching(가르치며 배우기): Students instruct chatbots, reinforcing their understanding.
⑦ Scaffolding(비계): Chatbots offer incremental support, guiding students to independent learning.

*출처: Kuhail 외, 2023, pp. 995–997

첫 번째 원칙인 개별화 학습은 맞춤형 교육으로 학습 효과 증진이라는 내용을 포함한다. 두 번째 원칙은 경험 학습으로, 학습자의 대화 경험과 성찰 경험 등을 아우른다. 세 번째 원칙은 사회적 대화로, 어려운 개념을 더 어렵게 설명한 것이 아니라, 쉽고 편안한 대화로 사용자의 참여와 신뢰를 높이는 것에 해당한다. 네 번째 원칙은 협동 학습이다. 교육용 챗봇이 그룹 활동을 촉진하여 비판적 사고와 깊이있는 지식에 기여한다. 다섯 번째 원칙은 정의적 학습으로, 챗봇이 학습자의 입장에서 공감적 피드백을 제공하며 학습자의 동기와 관심을 유지시킨다. 여섯 번째 원칙은 가르치며 배우기로, 챗봇을 가르치는 과정에서 다소 부정확하고 단편적으로 알고 있었던 내용이 더욱 정확하고 유의미하게 이해되는 것이다. 마지막 일곱 번째 원칙은 비계로, 챗봇이 점진적 비계를 설정하여 학습자가 자신의 역량을 충분히 발휘하면서 과업을 완성할 수 있도록 도와주는 것이다.

이상의 내용을 요약하면, 교육용 챗봇은 대화라는 교육적 수단을 활용하며 다양한 교육적 역할을 수행한다. 이때 그 교육적 효과를 증진하기 위하여, 여러 가지 교육 원칙을 챗봇 설계 및 활용에 적용할 수 있다. 예를 들어, 개별화 학습 과정에서 학습자 요구에 맞는 적정 수준의 비계를 제공할 수 있다.

교육용 챗봇의 이러한 특징은 영어교육용 챗봇에게도 동일하게 적용되며, 동시에 영어 교수·학습의 특수성을 반영한 차별적 양상이 영어교육용 챗봇에서 나타난다. 그 구체적인 내용을 사례와 함께 소개한다.

## ② 영어교육용 챗봇의 효과성

우리나라처럼 영어 의사소통 기회가 매우 부족한 EFL (English as a Foreign Language) 환경에서는 영어교육용 챗봇이 제공하는 영어 대화 경험이 매우 소중하다. 영어교육용 챗봇은 효과적인 영어 학습을 위해 여러 가지 특징을 보인다.

Huang, Hew & Fryer(2022)에 따르면, 영어 학습에서의 챗봇의 효과성은 크게 사용성(usability)과 유용성(utility)으로 구성된다. 우선 사용성은 기술의 행동 유도성(technological affordances)과 관련이 있다. 즉, 어떤 챗봇의 기술이 '영어 학습 과업 수행'이라는 긍정적인 행동을 유도한다면, 그 챗봇은 사용성이 우수한 것이다.

다음으로 유용성은 두 가지의 행동 유도성과 관련이 있다. 하나는 교육적 행동 유도성(pedagogical affordances)이고 다른 하나는 사회적 행동 유도성(social affordances)이다. 교육적 행동 유도성이란 챗봇이 어떠한 영어 학습 행동을 결정하는지에 대한 내용이다. 예를 들어, 챗봇의 특성에 따라 모둠 학습 활동이 발생할 수도 있고 개인 학습 활동이 발생할 수도 있다. 반면 사회적 행동 유도성이란, 영어교육용 챗봇이 학습자 간의 사회적 상호작용을 촉진하는지와 관련이 있다. 우수한 영어교육용 챗봇을 사용하는 학습자들은 서로 상호작용을 많이 할 것이라는 평가에 해당한다.

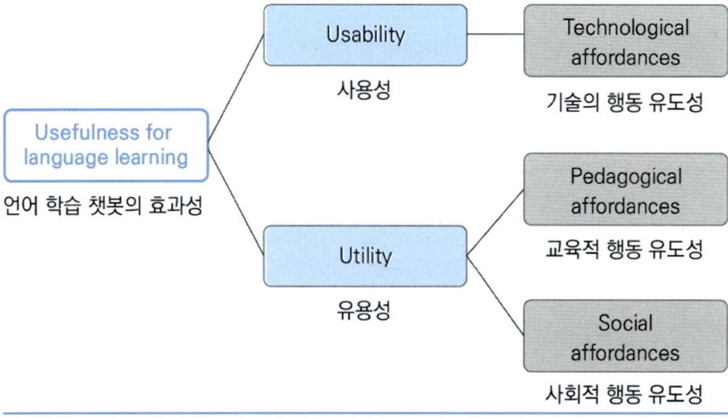


[그림 5-11] 영어교육용 챗봇 효과성의 구성 요소

[그림 5-11]과 이상의 논의를 요약하면, 효과적인 영어학습용 챗봇은 영어 학습 과업 수행을 유도하는 기술을 활용하고, 다양한 유형의 교육적 행동을 유발하며, 학습자 간의 상호작용을 촉진한다.

## ③ 영어교육용 챗봇의 실제

이제 보다 구체적이고 일반적인 수준에서 영어교육용 챗봇의 특징을 사례와 함께 살펴보겠다. 크게 세 가지 범주에서 9개의 특징이 있다(표 5-2 참고). 대화 운영(conversation management), 교수·학습 접근법(approaches to teaching and learning), 기술 구성(technological composition)의 범주별로 세 가지 특징을 주목할 필요가 있다.

〈표 5-2〉 영어교육용 챗봇의 일반적인 특징

| 범주 | 특징 |
|---|---|
| 대화 운영<br>(Conversation management) | • 실생활 시뮬레이션 (Real-life simulation)<br>• 매력적인 상호작용 (Engaging Interaction)<br>• 언어적 지원 (Linguistic assistance) |
| 교수 · 학습 접근법<br>(Approaches to teaching and learning) | • 가상 튜터 (Virtual tutors)<br>• 개별화 학습 (Personalized learning)<br>• 긍정적인 학습 환경 (Positive environment for  learning) |
| 기술 구성<br>(Technological composition) | • 플랫폼 가용성 (Platform availability)<br>• 다국어 지원 (Multiple language support)<br>• 특별한 기능 (Special features) |

대화 운영 범주의 첫 번째 특징인 실생활 시뮬레이션은 우리가 쉽게 상상할 수 있는 내용으로, 챗봇이 실생활을 모방한다는 의미이다. 영어교육용 챗봇은 실생활 상황을 사용자 인터페이스에 다양한 방식으로 구현하여, 학습자로 하여금 실제적인 영어 의사소통 연습을 하도록 지원한다. 예를 들어, 초등영어교육을 목적으로 개발된 AI 펭톡(그림 5-12 첫 번째 사진)은 초등학생에게 적합한 실생활 대화 상황을 제시한다. 부모님과 나누는 일상적인 대화나 등하교 길에 친구와의 대화 등이 활용된다. 또 다른 예시로 Babbel(그림 5-12 두 번째 사진)이라는 유명한 챗봇이 있다. 이 챗봇은 그림과 설명으로 대화 상황을 제시한 뒤에, 대화 활동을 진행한다.

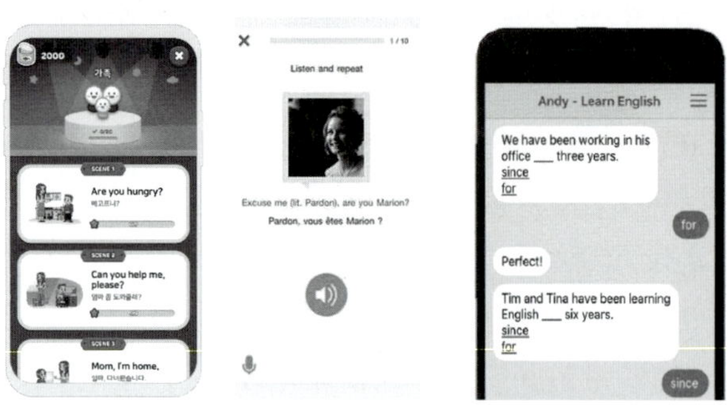


[그림 5-12] 영어교육용 챗봇의 대화 운영: AI 펭톡, Babbel, Andy

대화 운영의 두 번째 특징은 매력적인 상호작용이다. 상호작용이 매력적이어야 학습자가 계속 사용하지 않겠는가? 이를 위해 영어교육용 챗봇은 대화 상황과 내용, 그리고 대화 상대방을 재미있고 흥미롭게 구성하는 모습을 보여준다. 예를 들어, 듀오링고(Duolingo) 챗봇은 셰프 로베르토, 경찰관 에이다, 운전사 르네 등 각기 다른 개성의 페르소나와 대화할 수 있다는 매력이 있다.

대화 운영의 마지막 특징은 언어적 지원으로, 챗봇이 언어적인 도움을 제공한다는 뜻이다. 대표적으로 발음 지원이 있는데, 영어교육용 챗봇은 분절 요소(segmental features)와 초분절 요소(suprasegmental features)를 모두 다룰 수 있다. 즉, 자음과 모음을 인식하고 평가하는 기능뿐만 아니라, 억양과 강세와 같은 초분절 요소를 감지하는 기능이 다양한 영어교육용 챗봇에 내장되어 있다. 발음뿐만 아니라 어휘 및 문법에 대해서도 영어교육용 챗봇이 많은 도움을 주고 있다. 예를 들어, 챗봇 Andy는 단어와 문법을 설명해 주고 퀴즈를 내기도 한다(그림 5-12의 세 번째 사진).

다음으로 교수·학습 접근법과 관련하여, 우선 가상 튜터라는 특징이 있다. 영어교육용 챗봇이 영어 교사의 역할을 수행하며 학습 과정을 안내한다. 이때 활동 방법만을 안내하는 것이 아니라, 문법과 어휘를 함께 지도하면 더욱 효과적인 학습이 일어날 수 있다. 더불어 대화 중 학습자의 발화에 피드백을 제공하여, 부족한 부분을 보완하도록 지도할 수 있다.

교수·학습 접근법의 두 번째 특징인 개별화 학습은 영어교육용 챗봇을 사용하는 가장 중요한 이유 중 하나이다. 모든 학습자에게 동일한 영어 학습 경험을 제공하는 것이 아니라, 챗

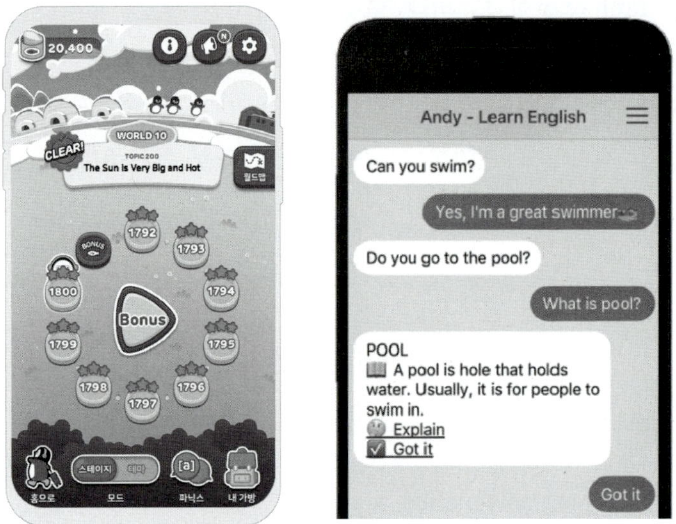


[그림 5-13] AI 펭톡의 개별화 학습 & 챗봇 Andy의 긍정적인 학습 환경

봇이 영어 학습자의 수준이나 학습 진도를 파악하고 그에 맞게 학습 활동을 조정하는 것이다. 예를 들어, AI 펭톡은 [그림 5-13]과 같이 수준별 스테이지를 제시하는데, 학습자는 자신의 수준에 맞는 스테이지를 통과해야 그다음 단계를 진행할 수 있으며, 스테이지 완료 과정에서 미흡한 부분은 재도전할 수 있다.

교수·학습 접근법의 세 번째 특징은 긍정적인 학습 환경이다. 영어교육용 챗봇은 학습자에게 부정적으로 반응하지 않고, 항상 격려하며 학생들의 성공에 함께 기뻐하는 모습을 보인다. 나아가 학습을 강요하지 않고, 학습자의 자율성을 존중한다. 예를 들어, 위 그림에 제시된 챗봇 Andy를 보면, 추가 설명의 필요성을 학습자가 결정한다. 여기서는 학습자가 "Got it"을 선택했기에 추가적인 설명이 제공되지 않았다. 이처럼 최소한의 설명만으로도 학습이 진행될 수 있게 함으로써 긍정적인 학습 분위기를 유지할 수 있다.

마지막으로 영어교육용 챗봇의 기술 구성 범주를 살펴보겠다. 그 첫 번째 특징으로 플랫폼 가용성이 있다. 영어교육용 챗봇이 여러 플랫폼에서 구동되도록 개발되고 있다(그림 5-14 참고). 예를 들어, AI 펭톡은 개인용 PC에 설치할 수도 있고 스마트폰에서 설치할 수도 있는데 IOS와 안드로이드 등 운영 체제에 맞게 앱이 개발되어 있다.

[그림 5-14] 다양한 플랫폼과 하드웨어에서 작동하는 챗봇

기술 구성의 두 번째 내용으로 다국어 지원이 있다. 현재 영어교육용 챗봇을 중심으로 논의하고 있으나, 영어교육용 챗봇에 사용된 우수한 기술을 다른 외국어 교육에도 접목할 수 있다. 실제로 대규모 외국어 홈페이지에서 개발한 챗봇은 다양한 외국어에 동일한 기술을 활용하는 경향을 보인다. 즉, 언어교육용 챗봇의 사용자 인터페이스와 교수·학습 방법 및 내용을 영어뿐만 아니라 다른 외국어에 동일하게 적용하는 것이다. 예를 들어, 유명한 외국어 학습 플랫폼인 Monldy는 약 30개의 외국어 학습을 지원하는 챗봇을 가지고 있다.

기술 구성의 마지막 특징으로 챗봇의 특별한 기능이 있다. 영어교육용 챗봇들은 경쟁력를 확보하기 위하여 다른 챗봇들과 차별화되는 기술과 활동을 보유하고 있다. 자연어 처리 기술, 사물 인식 기술, 복합 매체 활용 기술 등에서 차이가 있다. 예를 들어, Monldy 챗봇은 가상현실과 증강현실 기술을 통해 다양한 대화 경험을 제공한다. 또 다른 예로, Rosettastone 챗봇은 TruAccent speech engine을 통해 정확한 발음 처리를 지원한다. [그림 5-15]와 같이, 사용자 등록 단계에서 학습자는 자신의 목소리 유형을 성인 남성, 성인 여성, 아동 중 하나로 분류한다. 분류 결과에 맞게 스피치 엔진이 조정되어 학습자의 발화를 더 정확하게 인식하고 보다 적절한 피드백을 제공할 수 있게 된다.

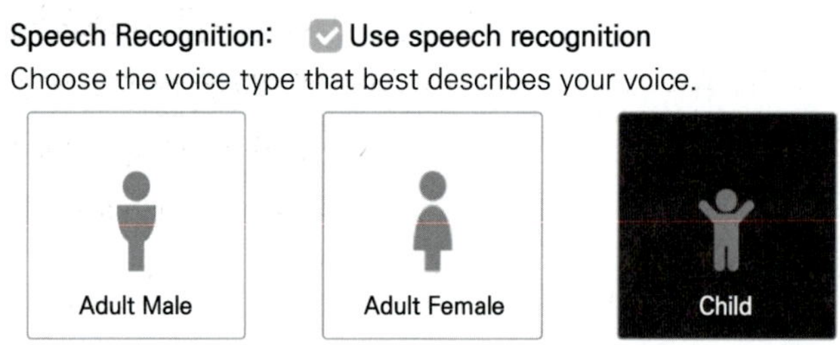


[그림 5-15] Rosettastone 챗봇의 TruAccent speech engine

챗봇 기술은 날로 발전하는 추세로, 앞으로도 영어교육 분야에 많은 변화를 가져올 것으로 기대되며, 진정한 의미의 개인화 학습이나 맞춤형 학습을 가능케 할 것으로 예상된다(성민창, 2024). 여러분도 지금부터 챗봇을 자주 사용하며 영어 교수·학습 방법의 변화를 시도해 보면 어떨까?

AI

CHAPTER 06

# 메타버스와 영어교육

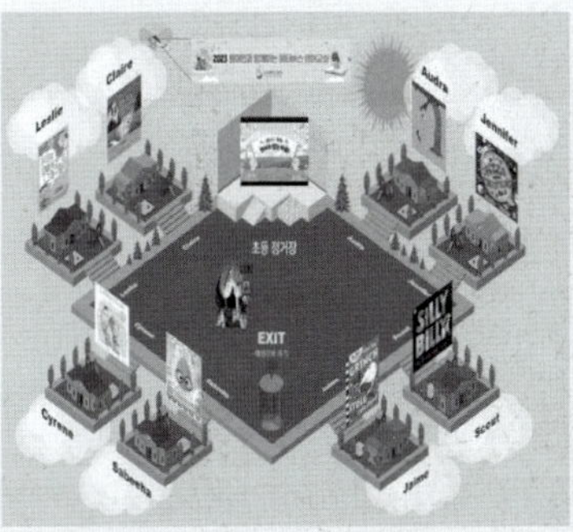

메타버스는 최근 디지털 기술의 혁신적 발전, 디지털 네이티브 세대 등장, 비대면 문화 확산에 따른 새로운 플랫폼에 대한 요구 등의 요인과 맞물려 급부상하였으며, 경제 · 사회 · 문화 활동 등 영역을 확장하며 새로운 공간과 기회를 제공하고 있다. 교육 영역에서도 메타버스는 교사, 학습자들 간 연결을 통한 활발한 상호작용을 가능하게 하고, 가상화에 따른 실재감과 몰입도로 학습자의 흥미와 능동적 수업 참여를 유도하는 장점이 있다. 특히 영어교육에서 메타버스는 우리나라와 같은 EFL 상황에서 목표어와 유사한 가상 환경을 제공함으로써 풍부한 언어 입력과 출력의 기회를 제공해 줄 것이다. 이 장에서는 메타버스를 효과적으로 영어 교수 · 학습에 활용하기 위해 메타버스에 대한 이론적 이해와 메타버스 활용 영어교육에 대해 살펴본다.

SECTION

# 01 메타버스의 이해

## 1 메타버스의 개념 및 특징

메타버스라는 개념이 처음 등장한 것은 1992년 닐 스티븐슨이 쓴 SF 소설 『Snow Crash』이다. 소설 속의 주인공은 현실에선 마피아에게 빚진 돈을 갚고자 피자를 배달하는 신세이지만, 컴퓨터가 만들어낸 가상세계 안에서는 '아바타'라는 가상의 대리인을 통해 현실과 전혀 다른 뛰어난 검객이면서 해커로 활동한다. 소설에서는 바로 이 가상의 공간을 '메타버스'라고 지칭하고 있다. 이때, 메타버스란 초월을 의미하는 '메타'와 세계를 의미하는 'universe'의 합성어로, '3차원의 가상세계'라는 의미로 사용되었다.

메타버스라는 개념이 첫 등장한 이후, 메타버스를 실현하려는 노력과 연구는 지속되고 있다. 대표적인 사례로 미국 기술연구단체 ASF(Acceleration Studies Foundation)는 2007년 메타버스 로드맵을 발표하였다. ASF는 메타버스를 단순한 가상세계가 아닌 가상과 현실이 결합된 복잡한 개념이라고 소개하면서 가상세계, 거울세계, 증강현실, 라이프로깅 등 4요소로 구분하였다. 따라서 메타버스의 개념은 "가상적으로 향상된 물리적 현실과 물리적으로 영구적인 가상공간의 융합"으로 발전되었다.

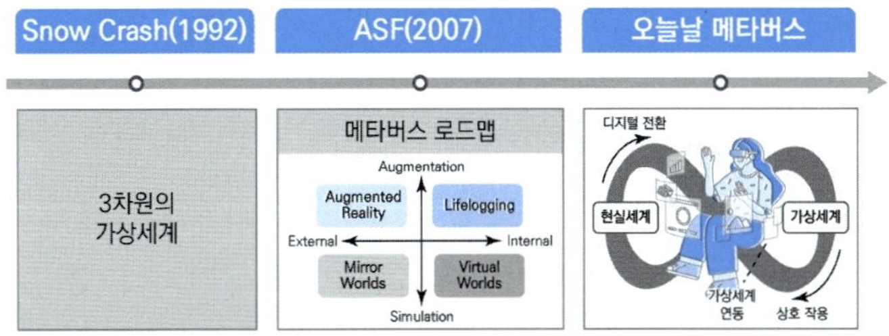


[그림 6-1] 메타버스의 개념 변화

최근 Roblox, ZEPETO 등이 인기를 끌고 코로나 팬데믹으로 인해 메타버스의 관심이 급증하면서 메타버스는 재조명되기 시작했다. 이 시기를 기점으로 많은 학자들이 메타버스에 대한 개념 정의를 내세웠다. 고진영 외 (2021)는 메타버스를 "현실의 나를 대리하는 아바타를 통해 일상 생활과 경제 생활을 영위하는 3D 기반의 가상세계"라고 정의하고 있다. 여기서 일상 활동과 경제 생활은 현실과 분리된 것이 아닌 "현실의 연장선상에서" 일어나는 행위를 나타낸다. 계보경 외(2021)는 전문가 19인을 대상으로 3차례 델파이조사를 한 결과, 메타버스는 "현실과 융합된 가상의 공간에서 사용자들이 아바타 등을 통해 상호작용하고 사회·경제적 가치를 생상·소비하며 자신의 삶을 확장하는 또 다른 세상"이라고 정의하였다. 여기서도 눈에 띄는 것은 메타버스는 더 이상 현실과 가상의 경계를 구분하지 않는, 현실과 융합된 가상의 공간이라는 것이다.

지금까지의 선행연구들을 종합해 볼 때, 오늘날 메타버스는 "가상과 현실이 융합된 공간에서 사람·사물이 상호작용하며 경제·사회·문화적 가치를 창출하는 세계(플랫폼)"로 정의할 수 있다(과학기술정보통신부, 2022, p.1). 여기서 가상과 현실이 융합된 공간이라는 것은 그 경계가 사라진 공간을 의미하며, 사람·사물이 상호작용한다는 것은 세계관을 공유하는 다양한 주체가 서로 소통하거나 경험을 공유하는 것을 나타낸다. 그리고, 가치를 창출한다는 것은 경제·사회·문화 활동을 통해 새로운 가치를 생산하고 소비하는 것을 일컫는다. 따라서 오늘날의 메타버스는 현실과 가상의 경계가 허물어지며 현실세계와 가상세계의 경제·사회·문화 활동이 상호 연결되는 개념이라고 볼 수 있다(과학기술정보통신부, 2022).

이렇게 확장된 개념의 메타버스는 기존 VR 등 실감형 콘텐츠와 차별화되는 메타버스만의 고유 특징을 가지고 있다. 이 특징들을 5C, 즉, Canon, Creator, Currency, Continuity, Connectivity로 요약할 수 있다(고선영 외, 2021).

첫 번째 특성은 canon(세계관)이다. 이때 세계관은 '콘텐츠나 작품이 묘사하는 세계'를 의미한다. 즉, 메타버스 시공간에서 이를 즐기는 디지털 세대는 콘텐츠나 서비스를 설계자가 의도한 대로 소비하는 수동적 사용자가 아니라 '능동적 사용자'이다. 따라서 사용자들은 그들 나름의 세계관을 형성하여 콘텐츠를 생산, 공유하고 즐기는 특성을 가진다.

두 번째 특성은 creator(창작자)이다. 메타버스는 디지털 콘텐츠로 구성되어 있으며, 이를 자유롭게 이용할 수 있다. 뿐만 아니라, 메타버스에서는 누구나 공간. 게임, 실감형 콘텐츠 등을 무한히 생산할 수 있기 때문에 이용자와 동시에 "창작자"의 특성이 있다.

세 번째 특성은 currency(디지털 통화)이다. 메타버스 내에서는 생산과 소비가 이루어지며, 가치를 저장하고 교환하기 위한 디지털 화폐가 사용된다. 현재의 메타버스 디지털 통화는 그 안에서만 통용되지만, 앞으로 통화로서 그 영향력을 키워 나갈 것이다.

네 번째 특성은 continuity(일상의 연장)이다. 메타버스에서 친구를 만나고 학교에 가고 쇼핑을 하는 등 일상, 여가, 경제활동이 가능하다. 이러한 활동들이 일회성으로 그치지 않고 지속적 행위로 축적되어지므로, 메타버스는 일상의 연속성을 보장하는 특성이 있다.

다섯 번째 특성은 connectivity(연결성)이다. 메타버스는 시공간, 서로 다른 메타버스 세계, 아바타, 그리고 현실과 가상을 연결하는 특성이 있다. 메타버스는 이러한 연결을 통해 또 다른 세계를 창조하고 확장해 나갈 수 있다.

## ② 메타버스의 유형

앞에서 살펴보았듯이, 미국 기술연구단체 ASF(2007)는 메타버스의 주요 기술을 다음 4가지로 구분하여 제시하였다. 제시된 틀은 크게 2가지 기준으로 구분하고 있으며, 그중 한 가지 기준은 증강(augmentation)기술에 가까운지 아니면 시뮬레이션(simulation)기술에 가까운지에 따른 구분이다. 여기서 증강기술은 물리적인 실제 현실에 정보를 구현한 것이며, 시뮬레이션은 가상의 세계에 정보를 구현한 것을 나타낸다. 다른 한 가지 기준은 외부 세계-내부 세계의 구분이다. 여기서 외부 세계는 사용자 주변 세계를 어떻게 보여주고 제어하는지와 관련이 있는 반면, 내부 세계는 개인이나 사물의 정체성과 행동에 초점을 맞추고 있다. 이렇게 메타버스는 2가지 기준에 따라 외부 세계를 증강시킨 증강현실, 내부 세계를 증강시킨 라이프로깅, 외부 세계를 시뮬레이션한 거울세계, 내부 세계를 시뮬레이션하는 가상세계 등 4가지 유형으로 분류되고 있다.

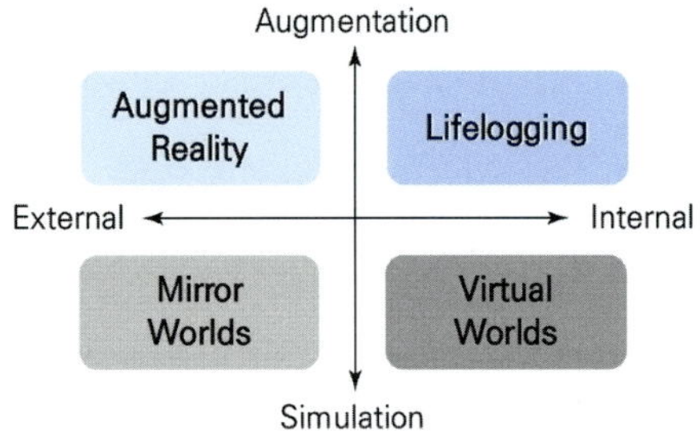


[그림 6-2] 메타버스의 주요 기술 분류(ASF, 2007)

좀 더 자세히 살펴보면, 증강현실(augmented reality)은 실제 영상이나 화면에 2D 또는 3D로 구현된 가상의 물체를 겹쳐서 보여주는 기술을 의미한다. 대표적인 예로는 출시 당시 크게 이슈가 되었던 '포켓몬고(Pokémon GO)'가 있다. 포켓몬고는 스마트폰의 GPS 시스템과 게임에 미리 설치된 지도를 사용하여 현실세계에 나타나는 가상의 포켓몬을 잡거나 포켓몬 세계를 탐험하는 게임이다. 또 다른 예로, 가구 구매 방식을 변화시킨 AR앱이 있다. 이 앱은 소비자들이 가구를 사기 전, 집안에 가상으로 가구를 배치해 볼 수 있게끔 가구를 3D로 나타내어 실제 가구 크기, 디자인을 적용해 볼 수 있는 AR 기능을 구현하고 있다.

라이프로깅(lifelogging)은 개인이 일상생활을 하면서 경험하는 모든 정보를 가상공간에 기록, 저장, 공유하는 기술로서, 대표적인 예로는 페이스북, 인스타그램 등이 있다. 사람들은 SNS를 포함한 소셜미디어에서 개인의 생각과 경험, 일상생활 등을 생산하고 타인과 공유하는 활동을 하고 있다. 최근 웨어러블 기기 센스를 통해 저장된 생체정보나 운동량 등을 기록하여 활용하는 서비스도 라이프로깅에 해당된다.

거울세계(mirror worlds)는 실제 세계를 거울에 비춘 듯이 가상공간에 구현하면서 동시에 효율적으로 확장된 정보를 제공하는 기술을 의미한다. GPS에 기반한 지도 정보, 현실세계의 각종 데이터들, 그리고 이들을 연결하는 맵핑 기술이 거울세계를 가능하게 한다. 따라서 거울세계에 해당하는 대부분의 서비스들은 구글 지도나 네이버 맵 등과 연동되어있다고 볼 수 있다. 대표적인 예는 Google Earth로 지구의 지형을 인공위성으로 촬영한 3차원 이미지를 제공하고 있으며, 사용자는 전세계 또는 특정 위치를 3차원 이미지로 볼 수 있다. 일상생활에서도 배달 앱 또는 택시 호출하는 앱 등 현재 위치를 확인할 수 있는 거울세계를 쉽게 찾아볼 수 있다.

가상세계(virtual worlds)는 실제와 유사하거나 다른 대안적 세상을 디지털 데이터로 구축한 것으로, 3D 그래픽 기술을 적용하여 사용자가 온전히 가상의 세계에 존재한다는 느낌이 들게 하는 세계이다. 대표적인 예로 360도 이미지의 VR은 몰입형 경험을 제공함으로써 실제인 것처럼 느끼게 해줄 뿐만 아니라 그 공간에서의 경험을 다시 떠올리게 해준다. 또한 다양한 3D 온라인 게임도 가상세계에 해당된다. 예를 들면, Roblox는 가상세계에서 레고 모양의 아바타를 통해 서로 소통하며, 게임과 놀이뿐만 아니라 '로벅스'라는 자체 화폐로 돈을 벌거나 소비할 수도 있다.

지금까지 살펴본 메타버스의 4가지 유형은 초기에는 각각 독립적인 형태로 생겨났지만, 메타버스 기업들이 투자를 늘리고 기술력을 발전시키면서 점차 여러 유형이 상호 융합하며 기능이 통합된 형태로 발전되고 있다. 특히 메타버스에서 가장 많은 관심을 보이고 있는 유형은 AR(증강현실)과 VR(가상현실)이며, 기술의 발전에 따라 AR과 VR의 장점을 결합한 MR(Mixed

Reality, 혼합현실)이 등장하였다. AR, MR, VR 등은 모두 통칭하여 XR(Extended Reality, 확장현실)로 명명되고 있다.

각각 구분해 보면, VR의 경우, VR 기기를 착용하게 되면 사용자의 시야가 완전히 차단되어 오로지 가상으로 만들어진 세계만 보이므로 완전한 몰입이 가능하며, 마치 실제처럼 가상세계의 대상물들과 상호작용할 수 있다. 반면 AR은 현실 공간에 실제 세계에 존재하기 어려운 가상의 대상물을 3D기술로 증강시켜 나타낸 것이다. 사용자는 단지 디지털 대상물에 의해 강화된 현실 공간을 보게 되므로, 몰입도는 VR에 비해 다소 떨어진다고 할 수 있다. 이처럼 AR에서는 가상적인 요소가 있지만 현실세계와 분리되어 존재하므로 서로 상호작용을 할 수 없다. 한편 MR은 실제 환경에 가상 물체를 혼합하여 단일 디스플레이에 함께 보여주기 때문에 실제 공간과 가상의 환경이 상호작용할 수 있으며, 가상의 대상이 실제처럼 느껴지게 된다. 이와 같이 MR은 AR, VR과 유사하지만 몰입하고 인지하는 과정에서 차이가 있다.

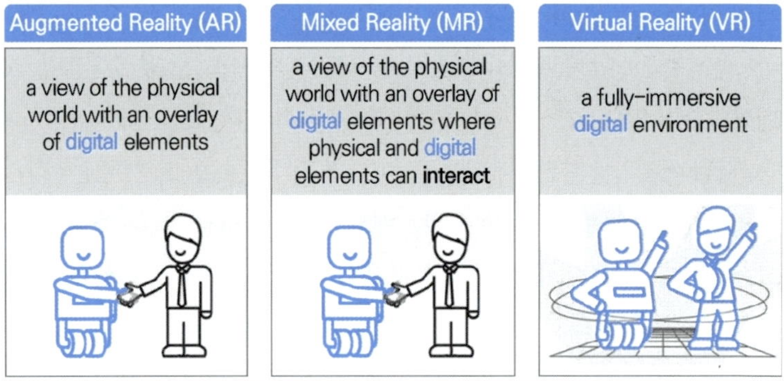


[그림 6-3] AR vs. MR vs. VR

## ③ 메타버스 주요 기술의 교육적 시사점

교육 분야에서 메타버스는 실시간 플랫폼을 활용한 수업의 부작용을 보완할 새로운 대안으로 떠오르게 되었다. Zoom 수업에서는 교사-학생, 학생-학생 간 상호작용이 사라지고, 학생들의 흥미나 수업 몰입도도 낮아졌으며 오히려 피로도가 올라가는 등 부작용이 점차 커져갔다. 반면 메타버스는 아바타를 통해 소통할 수 있는 공간을 제공하고 기존 물리적 공간에서 이루어져 왔던 다양한 활동들을 가상공간으로 확장해서 실현 가능하게 하며 학습의 몰입도를 높이는 차별화된 교육적 효과를 가진다. 여기서는 메타버스의 4가지 주요 기술이 갖는 각각의 특성이 어떤 교육적 가치를 가지는지 살펴보기로 한다.

증강현실(AR)은 현실세계에 가상 물체를 겹쳐 보여주는 기술로서, 첫 번째 특성은 실재감이다. 3차원 영상을 통해 현실감 있는 정보를 제공하는 방식은 다감각에 기반하므로 시각적, 입체적 학습을 하게 해준다. 또한 실제와 가깝게 표현된 기술은 학습 맥락에 대한 정보를 증폭시킴으로써 학습자가 맥락에 몰입된 학습을 경험할 수 있게 해준다.

두 번째 특성은 정보를 효과적으로 강조하여 제시한다는 것이다. 입체적으로 강조된 요소는 학습자의 지각력을 높임으로써 직접 관찰이 어렵거나 텍스트로 설명하기 어려운 학습 내용을 심층적으로 이해하는 데 도움을 준다. 예를 들면, 아마존에서 판매하는 Virtuali-Tee는 인체의 내부를 해부하듯 살펴볼 수 있게 해주는 AR 셔츠다. 원래 사람의 몸 기관을 이해하기 위해서는 직접 관찰해야 하지만, 고비용 및 고위험으로 인해 실습이 어렵다. 이처럼 실습 및 체험이 어려운 분야에서 AR은 학습자의 직관적 이해를 돕기 위해 활용될 수 있다.

세 번째 특성은 현실에 판타지를 더함으로써 학습 흥미를 북돋을 수 있다는 점이다. AR은 현실에 존재할 수 없는 것을 감각적으로 체험할 수 있게 하므로 학습자들의 판타지를 충족시키며 재미있게 학습할 수 있게 해준다.

우리 주변에 AR을 교육에 적용시킨 예시로 AR Book을 들 수 있다. 현재 초·중·고에서 사용하는 디지털교과서가 바로 AR Book에 해당된다. 디지털교과서에 표시된 AR 마커를 실감형 콘텐츠 앱에 비추면 다양한 3D 수업자료를 증강시켜 볼 수 있다. 이러한 실감형 콘텐츠는 학생들의 흥미와 적극적인 참여를 유도하고 있으며, 특히 사회, 과학 교과에 활용도가 높다. AR 교육적 적용의 또 다른 예시로는 시뮬레이션이 있다. 시뮬레이션은 현실세계의 맥락과 가상 객체와의 연결을 통해 추상적 개념을 시각화해서 구체물로 보여준다. 예를 들면, LandscapAR은 평면상에 그려진 등고선을 3차원 입체 영상으로 보여주는 앱으로서, 사회과 수업에서 등고선에 대한 개념 이해를 도움으로써 학생들의 능동적 참여를 높이고 흥미를 증가시킬 수 있다. 또 다른 예시로 위치 기반 AR 콘텐츠를 들 수 있다. 최근 박물관들이 소장자료와 관련된 AR 콘텐츠를 제공하는 사례가 늘고 있는데, 그중 하나가 영국 런던 박물관의 Street Museum AR 앱이다. 이 앱은 스마트폰으로 특정 장소를 비추고 3D 뷰어 기능을 실행하면, 현재의 런던 모습 위에 런던의 과거 영상과 사진이 나타나면서 런던 시내 주요 유적지의 옛 모습을 보여준다. 또한 특정 장소에서는 역사적 정보도 제공함으로써 생생한 역사 체험을 할 수 있게 한다.

[그림 6-4] AR의 교육적용 예시

라이프로깅은 일상을 디지털화하여 기록, 저장, 공유하는 기술이다. 라이프로깅의 특징이 갖는 교육적 효과를 살펴보면, 첫째, 라이프로깅은 SNS를 통해 자신의 일상과 생각을 콘텐츠로 생산하고 공유한다. 이러한 특성은 학습자들이 다양한 정보를 접하면서 그중에 무엇이 중요하고 필요한지 비판적으로 탐색하고, 기존 콘텐츠를 바탕으로 새로운 콘텐츠를 창조적으로 재구성할 수 있게 해준다. 둘째, 라이프로깅은 온라인 상에서 타인과 관계를 형성하며 빠르게 소통하게 해준다. 이러한 특성으로 인해 교수·학습 네트워크 상에서 이루어지는 타인의 피드백, 즉 교사 또는 동료 학습자들의 피드백은 강화와 보상으로 연결되어 학습자들에게 긍정적 영향을 미치게 될 것이다. 셋째, 라이프로깅은 센스를 통해 개인 활동 정보를 누적하여 기록할 수 있도록 한다. 이러한 특성은 학생들이 자신의 학습 과정 및 결과 기록을 보고 지금까지의 학습을 성찰하고 개선하도록 도울 것이며, 교사는 맞춤화된 교육을 제공할 수 있을 것이다.

라이프로깅의 교육적 적용 예시로는 이미 많은 학교에서 도입해서 활용하고 있는 학습관리시스템(Learning Management System, LMS)이 있다. LMS는 각종 학습 관련 데이터를 자동 기록한다. 이러한 데이터는 학생들로 하여금 학습과정을 성찰하고 개선할 수 있는 기회를 제공하며, 교사에게는 분석을 통해 학습자에게 효과적인 피드백 제공하고 다음 수업을 어떤 방향으로 설계할지에 대한 정보를 제공한다. 국내 온라인 학급 커뮤니티 앱인 Classting AI도 학습지원 라이프로깅에 해당된다. 이 앱에서는 학급 공지를 전달하고 게시글, 사진, 영상을 학생, 학부모와 공유하며 학급을 관리하기도 한다. 뿐만 아니라 학생의 학업성취도를 분석하여 전과목 수준별 맞춤형 학습을 제공한다.

거울세계는 현실세계를 확장하는 기술로 정의된다. 거울세계의 특징 및 교육적 시사점을 살펴보면, 첫째, 거울세계는 현실세계를 그대로 복제하기보다는 효율적으로 확장함으로써 재미와 놀이, 집단 지성을 증대시킨다. 이러한 특성은 교수·학습에서 직접 가 볼 수 없는 공간적 물리적 한계성을 극복하고 거울세계 메타버스 안에서 학습이 가능하도록 해준다. 두 번째, 거울세계는 일상생활에서 숙소, 배달 정보 등 특정 목적을 위해 사용되고 있으며, 덕분에 현재의 삶을 좀 더 편리하게 만들어주고 있다. 교육에서도 수업, 협업이라는 특정 목적을 위해 다양한 메타버스 플랫폼이 교실의 공간을 가상 공간으로 옮겨 놓았으며, 우리는 그러한 거울세계 메타버스 안에서 온라인 실시간 수업을 진행할 수 있다.

거울세계를 교육에 적용한 대표적 예시로 Google Earth를 들 수 있다. Google Earth는 지구의 지형을 인공위성으로 촬영한 3차원 이미지 제공하므로, 세계 주요 랜드마크를 탐험하는 활동을 해 보게 할 수 있다. Google Earth Education 웹페이지에 교육용으로 자체적으로 개발된 다양한 수업 모델들이 pdf로 제공되고 있다. 또한 Google Earth의 창작 도구를 사용하여 자신만의 프로젝트를 직접 만들어 공유해 볼 수 있게 할 수도 있다.

뿐만 아니라 거울세계는 교사와 학생이 만나 실시간 상호작용하며 협업할 수 있는 가상의 교육공간으로도 활용될 수 있다. 대표적인 사례로, 코로나 팬데믹 시기에 많이 사용했던 Zoom, Google Meets 등의 플랫폼이 있으며, Roomkey와 같은 가상 콘퍼런스 서비스도 있다. Roomkey는 가상현실 공간에서 학생들 자신이 원하는 모습의 아바타를 만들고 다양한 형태의 수업과 학교 행사를 할 수 있도록 한다.

가상현실(VR)은 디지털 기술을 통해 제공되는 실제와 유사한 환경이나 대안적 세계를 의미한다. VR은 몰입감 정도에 따라 몰입형, 반몰입형, 데스크탑형 등 3가지 유형으로 구분할 수 있다. 몰입형 VR은 HMD(Head Mounted Display) 같은 특수 장비를 통해 현실과 완전히 다른 3D를 구현한 것으로서, 가상세계에 완전 몰입될 수 있으나 고가의 장비가 필요하다는 단점이 있다. 반몰입형 VR은 대형 스크린에 가상현실을 투사하여 몰입감을 제공한다. 다수가 동시 체험 가능하며 설치가 편리하다는 장점이 있지만, 몰입감은 몰입형보다 떨어진다. 데스크탑형은 PC의 모니터 영상을 통해서 시각적 입체감을 제공한다. 구동이 용이한 장점이 있으나, 몰임감이 가장 떨어진다는 단점이 있다.

VR의 특징 및 교육적 시사점을 살펴보면, 첫째, VR은 3D 기술로 구현된 가상 환경을 제공하며, 이러한 특성은 실제 경험할 수 없는 과거, 미래 등의 시공간에 몰입하여 체험할 수

[그림 6-5] VR의 유형

있게 하고 고비용, 고위험 문제로 실현하기 어려운 실습을 가능하도록 한다. 둘째, VR은 현실과 다른 모습의 아바타로 활동하며 다른 아바타들과 서로 소통하고 협력하게 한다. 이러한 특성은 학생들이 과업을 수행하기 위해 상호작용하며 관계를 강화하는 협업 활동을 하도록 하여, 그 결과 전략적·종합적 사고력, 문제 해결력 등을 향상시킬 수 있다.

VR의 교육적 적용 예시로는 360도 영상 체험을 들 수 있다. 360도 영상은 실제 모습을 360도 카메라로 촬영한 것으로, 카드보드만 있어도 몰입적 체험을 할 수 있기 때문에 가장 간편하게 VR을 교육에 활용할 수 있다. YouTube에서 다양한 VR용 360도 영상 자료를 제공하고 있으므로, 이를 활용하여 지형, 환경, 과학 등 교과 내용을 탐험할 수 있고 직업도 체험할 수 있다. 또한 VR을 시뮬레이션으로 활용한 교육 사례도 있다. 시뮬레이션은 직접 체험하기 어려운 대학 생물 실험 또는 의료 실습에 많이 활용되고 있으며, 학습자가 직접 조작하기 때문에 이해되지 않는 부분을 학생 스스로 반복해서 연습해 볼 수 있어 자기주도학습을 유도할 수 있다.

SECTION

# 02 메타버스 활용 영어교육

## ① AR 활용 영어교육

언어 교수·학습에서 AR의 활용 사례들은 상황학습, 자기주도학습, 개인화 학습 등의 환경을 제공함으로써 긍정적 교육효과를 보여준다(Cai 외, 2022). 언어적 효과는 언어수행과 학업성취로 살펴보았으며, 특히 어휘, 읽기, 쓰기 영역이 중점적으로 다루어졌다. 정의적 효과로는 학습 동기, 주의집중, 불안감소 등 긍정적 영향이 있다. 학교급 중 초등학생들에게서 가장 큰 효과가 나타났으며, 처치 기간은 1주간 적용이 가장 효과적인 것으로 나타났다. 반면 AR 활용의 장애물로는 센서 오작동, 느린 인터넷 속도로 인한 기술적 문제, 학생들 간 테크놀로지 능력의 불균형, 지나친 사용으로 인한 건강과 사회적 문제 등이 있으므로, 수업 활용 시 이러한 문제들을 고려하고 개선할 필요가 있다.

언어교육에서 목표어 교수·학습을 지원하고자 다양한 AR 애플리케이션이 사용되고 있다. 예를 들면, Aurasma AR 앱[5]은 제작 방법이 간단하여 교육적 활용도가 높다. 먼저 앱을 다운받은 후에, 수업에 활용하고자 하는 사진을 촬영하고 그 위에 덧입힐(overlay) 영상을 선택한다. 이때 앱에서 제공하는 3D 영상을 다운로드하거나 직접 생성할 수 있다. 마지막으로

5) 이후 이 앱은 HP Reveal로 이름이 바뀌었으나 2020년에 서비스가 중단되었으며, 현재는 Halo AR이나 WallaMe 소프트웨어가 유사한 기능을 제공하고 있다.

사진을 3D 영상과 연결시키거나 또는 사진 대신 마커를 설정하여 3D 영상이 실행되게 할 수 있다. 하지만 언어학습용으로 사용될 수 있는 AR앱이나 소프트웨어는 다소 제한적이다.

AR기반 영어교육 사례는 언어 학습의 효용성을 높이기 위해 AR기반 교수 시스템 또는 AR기반 모바일 게임을 활용하고 있다. 먼저 AR기반 교수 시스템 활용은 언어교육을 목적으로 AR 시스템을 개발·적용한 것이다. 예를 들면, Jalaluddin 외(2020) 연구는 어휘 학습을 위한 2가지 종류의 앱을 개발하였으며, 학생들이 마커 인식으로 생성된 3D 디지털 영상을 직접 조작하게 함으로써 어휘 학습의 향상을 도왔다. 개발된 앱 중 하나는 물건을 나타내는 알맞은 어휘를 찾는 활동이며, 다른 하나는 학생들이 학습한 물건들로 채워진 방을 탐험하는 활동으로 구성되었다(그림 6-6 참조). 연구자들은 시뮬레이션 기반 개념 학습을 위한 시스템을 설계하기 위해 UNITY라는 플랫폼을 사용하였으며, AR 콘텐츠를 제작하고 이를 IOS와 안드로이드 기반 장치로 연결될 수 있도록 하였다.

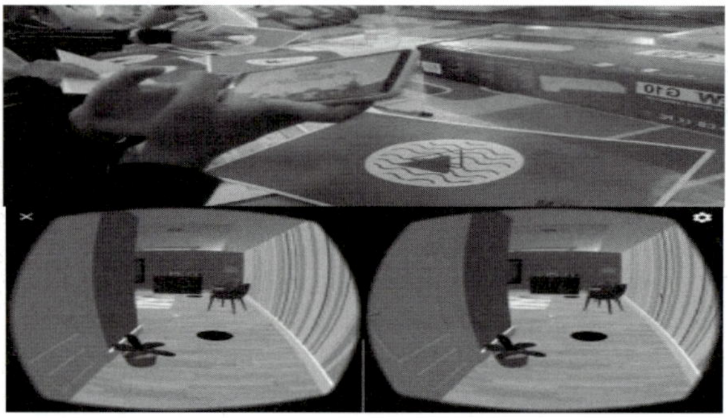

[그림 6-6] 수업용으로 제작된 AR 자료(Jalaluddin 외, 2020, p.816)

두 번째, AR기반 모바일 게임 활용은 게이미피케이션(gamification), 즉 교수·학습에 대한 참여와 동기를 높이기 위해 다양한 학습 형태에 게임 요소를 적용한 것이다. 예를 들면, 기존 게임(예: 포켓몬고)과 결합하거나 영어학습을 위한 AR 게임을 자체적으로 개발하여 활용할 수 있다. 언어학습을 위한 게임 개발은 도전, 보상, 경쟁 등의 게이미피케이션의 요소를 포함하여 학생들이 도전 미션에 적극적으로 참여하여 포인트를 얻고 난이도에 따라 성취욕을 갖도록 설계한다. 또한 언어학습은 반복을 통한 연습이 중요하지만, 정해진 순서대로 진행되는 게임은 자칫 지루함을 줄 수 있으므로 학습자 수준에 따라 자율적으로 단계를 선택할 수 있는 유용성을 허용하도록 개발한다.

한편 대부분의 AR 활용 연구는 휴대폰이나 태블릿과 같은 모바일을 사용하여 접근성을 더 확장시키고 있으나, 몇몇 사례는 다른 도구를 사용하여 AR 기술을 구동하기도 하였다. 예를 들면, 홀로렌즈를 끼고 플래시 카드에서 증강된 이미지를 보게 되면, 스마트폰이나 태블릿에서 보던 증강현실보다 더 정교한 성능과 압도적인 퍼포먼스를 볼 수 있다.

Dalim 외(2016) 연구는 AR과 음성 인식 기술을 통합한 TeachAR 앱을 개발하였다. 이 앱에서는 음성 인식을 위한 Microsoft Kinect, AR 마커, 이미지 캡처를 위한 웹캠, AR 장면을 보기 위한 모니터 등이 사용되었다. TeachAR은 어린 학습자들에게 색깔, 모양, 공간 관계를 가르치기 위한 데스크탑형 AR 앱으로 크게 2가지 모듈로 구성되어 있다. 첫 번째 모듈에서는 색깔(red, green, blue, yellow, white, and black)과 모양(cube, cuboid, cone, pyramid, sphere, and cylinder)에 대한 어휘를 학습하고, 두 번째 모듈에서는 공간 관계에 기반하여 전치사(on, beside, in front of, behind, and, under)를 학습한다. 이 연구는 AR 활용, 음성지원 등의 2가지 측면에서 조건을 달리하여 언어학습 효과를 살펴보았다.

연구목적에 따라 TeachAR은 다음과 같은 방식으로 설계되었다. 먼저 AR을 활용하는 경우, 학생들은 마커를 사용하여 가상 물체의 색깔, 모양, 위치 등을 바꾸도록 하였다. 또한 첫 번째 모듈에서 음성지원이 안 되는 경우, 총 12개의 마커를 사용하여 6개의 색깔과 6개의 모양에 해당되는 어휘를 각각 학습하도록 하였다(그림 6-7 (a)). 반면 음성지원이 되는 경우, 단 1개의 마커만 사용되었으며, 3D 물체는 학습자의 음성 명령에 따라 색깔과 모양이 변하도록 하였다(그림 6-7 (b)). 두 번째 모듈에서는 화면의 표에 나타나는 것과 같이, 가상 물체의 위치를 바꾸면서 전치사를 학습하도록 하였다(그림 6-7 (c)). 반면 AR을 활용하지 않는 경우, 학생들은 TeachAR에서 마커대신 마우스 클릭을 사용하여 가상 물체의 색깔, 모양이 변화되도록 하였다(그림 6-7 (d~f)).

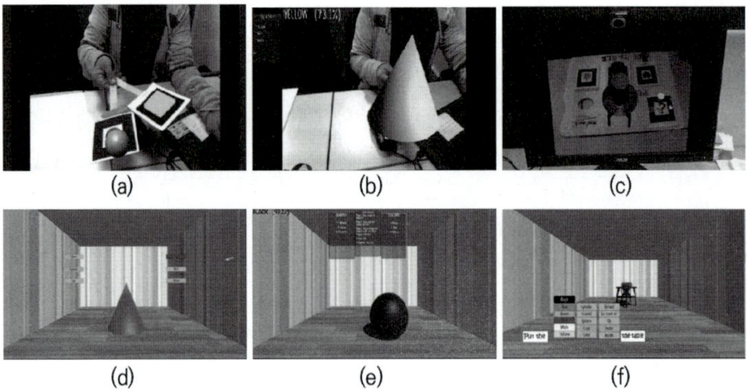

[그림 6-7] TeachAR (위) vs. non-AR (아래) 학습 모드(Dalim 외, 2016, p. 83)

우리나라 연구들에서 활용된 AR 애플리케이션들을 살펴보자. AR 콘텐츠 개발은 2005년 한국교육학술정보원(KERIS)에서 AR 기술을 활용하여 학습자 중심의 체험형 학습과 학습자 간 상호작용을 가능케 하는 학습 시범 콘텐츠 개발·보급을 목적으로 시작되었다. 이후 2006년 정보통신연구원(ETRI)과 공동으로 영어와 과학 교과의 서책 기반 증강현실 콘텐츠를 개발하고 그 효과성을 검증하였다.

한동안 주춤했던 AR 활용은 2021년 메타버스 인기와 더불어 다양한 증강현실 앱을 활용한 시도들이 쏟아져 나왔다. Quivervision은 AR 컬러링 앱으로서, Quiver Education에서 제공하는 다양한 주제의 활동지를 수업 차시에 맞게 선택하여 활동을 구성할 수 있다. 학생들은 활동지에 색칠한 후 모바일 앱으로 증강현실을 구동시켜 볼 수 있다.

Tagme3D는 파닉스 어휘학습용 교재로서, 책 4권과 책의 그림을 스캔해서 증강현실(보고 듣고 만지면서 단어 체험)을 볼 수 있는 4가지 앱으로 구성되어 있다. 학습 단계를 살펴보면, 먼저 스캔 태그 개수를 선택한 후, 각 스티커를 해당 사물 또는 벽에 부착한다. 다음 단계는 3D 입체물들을 스캔하여 회전, 줌인/아웃, 이동하며 상호작용한다. 이때 학생들은 사물과 어휘를 연결하는 색다른 방식에 재미를 느끼며 효과적인 학습을 한다. 이후 학생들은 낱글자 및 어휘를 따라 읽으며 색칠하고, 3D 입체물을 클릭하면서 해당 어휘의 철자, 발음, 파닉스를 확인할 수 있다. 또한 자신의 발음을 녹음하고 음성을 직접 들어볼 수 있으며 워크북을 사용하여 쓰기를 할 수 있는 등 다양한 활동이 가능하다.

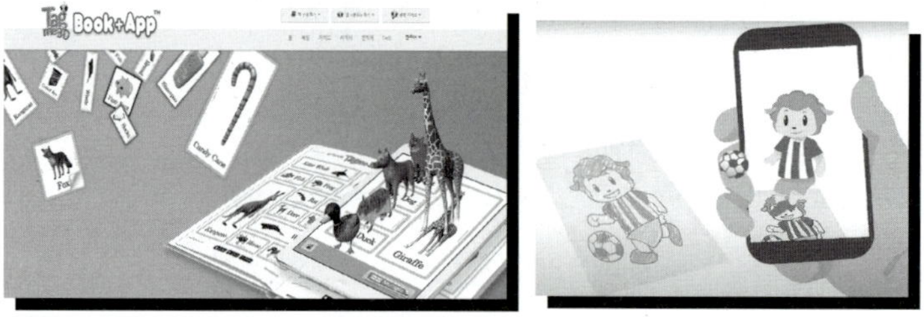

[그림 6-8] Quivervision 앱과 TageMe 3D 앱

## ② VR 활용 영어교육

언어교육에서의 VR 활용 사례들 또한 3D 가상공간에서의 몰입적 학습이 언어적, 정의적 영역 향상에 효과적임을 보여준다(Chen 외, 2022; Wang 외, 2020). 언어적 영역의 경우, 듣기, 말하기, 읽기, 쓰기, 어휘, 문법 등 모든 언어기능에서 유의한 효과를 나타냈다. VR 유형별 효과를 살펴보면, 게임형 VR이 사회관계형 VR보다 더 큰 효과를 나타냈으며, 몰입 장치는 장기간 사용 시 어지럼증을 유발한다는 이유로 반몰입 장치보다 효과가 낮은 것으로 나타났다. 정의적 영역의 경우, 학습자 태도 및 자기효능감이 향상되었으며, 대학생들에게서 유의미한 큰 효과가 나타났다. 초·중등 학교급에서는 활용 사례가 적었으며, 효과 또한 작은 것으로 나타났다. 이는 어린 학습자들의 언어 경험 부족이 VR 환경에서의 학습 동기를 이끌어내지 못했거나 자기평가 능력 부족 때문인 것으로 추론된다.

다음은 언어교수·학습으로 활용되고 있는 VR 애플리케이션을 살펴보자. Mondly VR은 다양한 환경에서 가상 캐릭터와 함께 대화하며 외국어를 재미있게 배울 수 있는 학습환경을 제공한다. 학습 절차를 살펴보면, 먼저 학습하고자 하는 언어를 선택하고 VR 기기를 착용한다. 다음으로 대화 상대방의 발화를 듣고(듣기), 3지 선다형의 퀴즈 형태로 적절한 대답을 고르며(읽기), 답을 소리 내서 말하면(말하기), 학습자 음성 인식을 통해 빠른 피드백을 제공하며 대화하는 방식으로 구성되어 있다. 특히 학습자가 제시한 어휘가 적절하지 못한 경우, 어휘 제안으로 어휘력을 풍부하게 해준다. 학습 콘텐츠는 외국 여행에서 부딪힐 수 있는 상황(예: 파리에 있는 호텔에 체크인하기)들로 구성되어 있으며, 이와 같은 실생활 회화 연습을 통해 말하기 자신감을 향상시킨다. 반면 아바타 캐릭터 사용과 실제와 다른 인위적 배경으로 인해 몰입감이 떨어지고, 정해진 내용만 학습할 수 있다는 단점이 있다.

[그림 6-9] Mondly VR

또한 Mondly VR에서 경험하는 시뮬레이션은 문맥 기반 학습을 통한 이해가능한 입력을 제공하며 내용 이해를 돕는 장기기억을 효과적으로 활성화한다. 아바타·3D 오브젝트와의 상호작용은 적기에 피드백을 주고받음으로써 듣기 이해에 도움을 준다. VR 기기를 착용하고 Mondly VR을 체험한 집단은 Mondly를 컴퓨터로 시청한 집단보다 듣기 평가, 회상(recall) 시험의 사후 검사와 지연된 사후 검사에서 모두 더 높은 점수를 보였다. 마찬가지 방식으로 Mondly VR은 어휘 학습에도 긍정적 영향을 미치는 것으로 나타났다. 학생들은 VR앱에서 오브젝트, 이미지, 주변 환경들과 상호작용하며 어휘 의미를 더 잘 이해할 수 있었으며, 대화·조작·검색 등 다양하고 활발한 상호작용이 가능한 것이 VR의 장점이라고 언급하였다.

ImmerseMe는 가상의 캐릭터가 아닌 현지인과의 1:1 대화를 연습할 수 있는 상호작용적인 VR로 9개 언어, 3,000개의 대화형 시나리오를 제공한다. 학습 방법으로는 국가와 대화 상황을 선택한 후, VR 영상을 통해 여행 목적의 대화를 연습한다. ImmerseMe는 현장감 있는 영상을 제공하여 실제 장소에서 발생가능한 심리적 긴장감을 낮춰주고 개연성 있는 대화를 미리 연습해 봄으로써 학습 효과를 높일 수 있다. 또한 오류 발생에 대한 두려움 없이 원하는 만큼 스스로 말하기 반복 연습을 해 볼 수 있다는 장점이 있다.

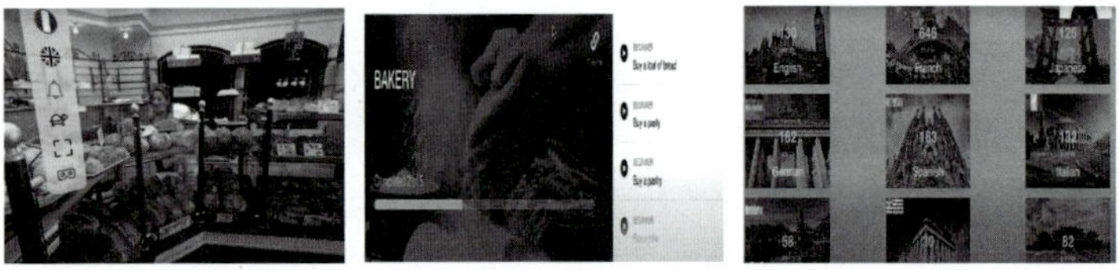


[그림 6-10] ImmerseMe

Google Expedition은 예술 및 문화, 풍경, 과학, 환경, 세계이슈, 직업, 대학 등 1,000개의 VR 영상(360도 뷰어)을 제공한다. VR 키트를 사용하여 3D 영상을 체험할 수 있으며, 음성 및 텍스트도 지원하고 있다. 특히 Google Cardboard는 저렴하고 조립하기 간편하여 교실에서 활용도가 높다. 2021년 6월 Expedition 서비스는 중단되었으나, Google Arts & Culture 앱에서 예술, 문화, 세계

유산 등 다양한 VR 영상을 활용하여 가상 현장학습(virtual field trip)을 할 수 있다. 예를 들면, 대학 교양영어 수업에서 유명한 지역이나 세계적 도시를 VR 영상으로 시청한 뒤 토론학습을 할 수 있으며, 중학교 친환경 랜드마크 프로젝트 수업에서 친환경 랜드마크에 대해 조사하고(사회 교과), 카드보드 만들어 해당 지역을 360도 영상으로 시청(정보 교과)한 내용을 바탕으로 영어 교과에서는 친환경 건물에 대한 홍보글을 작성하도록 지도할 수 있다.

[그림 6-11] Google Expedition과 Google Cardboard

하루한번 ABC VR [6]은 알파벳 파닉스 학습용 VR로서 알파벳 대소문자, 각 철자의 기본 음가 및 관련 철자 단어 학습 등을 제공한다. 철자 및 어휘에 대한 이미지를 입체적으로 보여줌으로써 흥미를 유발하며, 다양한 원어민의 음성을 듣고 따라 하게 하고, 학습 활동은 3D 게임으로 몰입감을 증대시킨다. 또한 현실에서의 주택 내부 환경을 활용하고 어린 학습자들이 좋아하는 캐릭터를 사용함으로써 친숙함을 주고, 학습 결과에 대한 보상 효과를 제공하며, 복습 활동은 학습 활동과 다른 새로운 환경에서 실시함으로써 지루함을 방지한다.

6) 2016년 모바일 무료 앱 '하루한번 ABC'이 출시되었으며, 2017년 VR 버전인 '하루한번 ABC VR'이 출시되었다. VR 버전은 모바일(Google 카드보드 사용)에서 또는 VR기기 환경에서 제공된다.

[그림 6-12] 하루한번 ABC VR

Trace Effects는 미 국무부 교육문화국(Bureau of Educational and Cultural Affairs)에서 영어 학습자를 위해 제작한 3D 가상현실 교육용 게임이다. 총 7개 chapter와 28개 연습 활동으로 구성되어 있으며, 주인공 Trace가 자신이 살던 2045년으로 되돌아가기 위해 도전적 미션을 완수해야 하는 게임 기반 학습이다. Trace가 미국의 여러 도시(예, 샌프란시스코, 뉴욕, 워싱턴 DC)를 가상으로 방문하고 가상의 미국인 게임 캐릭터들과 영어로 의사소통하며 다양한 주제의 미국 문화를 배우고 언어 및 화행 기술(요청, 공손, 거절)을 익히는 내용이다. 예를 들면, 대학 교양영어 수업에서 어휘 및 문화 지도를 위해 학생들에게 미국 재래시장 Farmers' market에서 필요한 식재료를 사는 문화 체험과 미국 대학 캠퍼스의 학생 센터를 방문하여 학생증을 발급받는 등의 가상 체험을 제공할 수 있다.

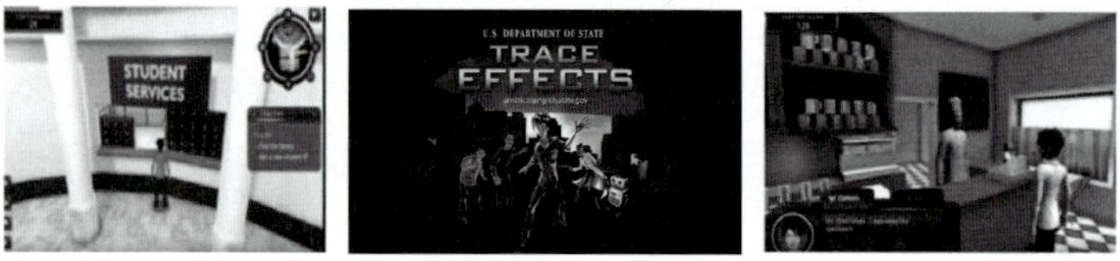


[그림 6-13] Trace Effects

우리나라의 메타버스 활용 영어교육 사례들(이혜진, 이제영, 2023; 최재호, 2022)은 메타버스가 급부상한 2021년을 기점으로 폭증하였으며, 4가지 주요기술 중 VR과 AR 활용이 대부분이었으며 VR 활용이 가장 많은 것으로 나타났다. 활용된 앱으로는 교육용 앱뿐만 아니라 대중적 인지도와 프로그램의 안정성 및 용이성에서 장점을 가진 일반용 앱도 사용되고 있다. 각 사례들은 전통적 영어 학습 방법과 비교하거나 서로 다른 앱들의 차이를 탐색하는 등의 방법으로 메타버스의 언어적·정의적 효과 및 학습자들의 인식을 살펴보았다. 하지만 주로 양적 효과들을 다루고 있으며 짧은 시기와 특정 범주에 한정되어 있으므로, 추후 사례들에서는 실제 현장 적용 가능성과 학습자 반응, 학습자 변인에 따른 효과 등에 대해 살펴볼 필요가 있다.

## ③ 메타버스 기반 교육 교류 및 협력

국제화는 세계를 초연결화시킴으로써 인종·언어·문화적 배경이 다양한 세계인들과 협력하며 교류하는 일이 보편화되었다. 국내에서도 외국인 유입과 다문화 가정의 수가 기하급수적으로 증가하고 있다. 세계화로 인한 변화는 다문화 수용성, 글로벌 시민의식 육성, 이주 학생 및 학부모 맞춤형 역량 개발 등 글로벌 역량(global competency)의 필요성을 강조한다. 글로벌 역량을 강화하기 위해 교육분야에서는 국제화교육 및 국제교육협력에 대한 요구가 높아지고 있다. 그중 국제교육협력 활동은 해외 학교와의 온라인 공동 협력 수업. 해외 초·중등학교와 학생 교류, 해외 학교·기관과 행사 개최 등을 포함한다.

국제교육협력 활동의 일환인 온라인 국제공동수업은 화상회의(video conferencing)를 기반으로 추진되어왔으며, 영어의 사소통 능력뿐만 아니라 타문화에 대한 지식·태도·이해 능력을 증진시키는 데도 기여한다. 코로나 시기를 기점으로 비대면 수업이 확산됨에 따라 5G 보급의 확산 및 테크놀로지 기술 혁신은 다양한 비대면 플랫폼을 활용한 국가 간 수업 교류를 확산시키고 있다. ZOOM을 활용한 국제교류수업은 학생들 개인 태블릿으로 ZOOM에 접속하여 자국의 문화 및 특징에 대해 발표하고 서로 대화하는 시간을 가짐으로써 글로벌 시민성을 함양하도록 돕는다. 이전 화상수업과 달리 ZOOM과 같은 비대면 플랫폼은 채팅 및 음성 지원이 가능하고, 발표자료를 손쉽게 업로드하여 사용할 수 있으며 주제별 소모둠 회의도 가능하여 국제교류수업 프로그램을 확대하는 데 기여하고 있다.

최근 메타버스 플랫폼을 활용한 국제교류 프로그램도 진행되고 있다. 메타버스는 새로운 사회적 소통 공간을 제공하며, 아바타 간 활발한 상호작용을 통해 상호 이해를 돕고 학습목표 달성을 위한 지식을 협력적으로 구성하는 장점을 가진다. 경북 이서고등학교는 메타버스 플랫폼 ZEP을 기반으로 2022년부터 대만 타이베이 남호시립고급고등학교와 실시간 교과융합수업을 추진해오고 있다(한국교육문화뉴스, 2023). 교과융합수업은 교육과정에 맞춰 정보·영어, 과학·영어, 수학·영어를 융합하여 월 1회, 2시간씩 양국의 교사가 동시에 협동수업을 진행한다. 뿐만 아니라 성탄절에는 음악 공연을 함께 실시간으로 진행하며 현장감 있는 학생들의 무대를 보여준다.

또한 메타버스는 국외뿐만 아니라 국내에서도 지리적 격차를 해소하고 타학교 학생들 간 교류를 가능하게 하며 접하기 어려웠던 교육의 접근성을 확대한다. 한국교육학술정보원(계보경 외, 2022)은 메타버스 기반 교수·학습모델을 개발하고 다양한 수업 사례를 제안하였다. 소개된 영어수업 사례중 하나는 타학교와의 팀티칭으로 이루어진 프로젝트 수업으로서, 원어민 교사수업이 제한적인 초등학교 3학년 학생들에게 원어민 교사와 만날 수 있는 기회를 제공하기 위해 기획되었다. 수업은 게더타운(GATHERTOWN) 플랫폼에서 이루어졌으며, 게더타운 조작법이 간단하여 초등학교 학생들도 쉽게 사용할 수 있고 플랫폼 내 자유도가 높아 활동별로 공간을 구분해서 수업을 진행한다. 예를 들면, 정보차 활동에서는 각 학교 학생들에게 서로 다른 정보를 나눠준 뒤, 서로 묻고 답함으로써 주어진 문제를 공동으로 해결하도록 한다. 보물찾기 활동에서는 학생들이 3명의 선생님과 관련된 정보를 가진 특별한 물건을 찾은 뒤, 정리 단계에서 간단한 퀴즈를 풀기도 한다. 이와 같이 메타버스는 학생들이 가상공간에서 원어민 교사를 실제로 만날 수 있는 특별한 경험과 실제와 유사한 의사소통을 할 수 있는 기회를 제공한다.

메타버스는 시·공간의 제약을 넘어 새로운 공간에서 다감각적 형태의 정보를 습득하고 자유롭고 창의적으로 의사소통할 수 있는 실제적인 언어 학습 환경을 제공한다. 메타버스 내 가상 체험은 능동적인 참여와 활발한 상호작용을 유도하며 자신의 학습과정을 탐색하면서 자기주도적 학습이 이루어지도록 한다. 이러한 메타버스의 교육적 장점은 영어학습의 언어적, 정의적 측면의 향상을 도우며, 메타버스의 교육적 활용은 우리나라와 같은 EFL 환경의 제약을 보완할 수 있는 대안이 될 수 있다. 또한 메타버스 활용 온라인 수업은 국내뿐만 아니라 국외 영역까지 확장하여 다양한 학습자들을 연결하여 서로 협력적으로 상호작용하게 함으로써 학생들의 영어의사소통 역량과 글로벌 역량을 키울 것이다. 메타버스의 교육적 적용 확대를 위해서는 메타버스 기술의 유형별 특징을 이해하고, 교수·학습 목적 및 단계에 부합되는 플랫폼과 앱 선택할 수 있는 교육적 안목을 갖추어야 할 것이다.

AI

CHAPTER 07

# 디지털 스토리텔링과 영어학습

디지털 스토리텔링(digital storytelling)은 온라인과 디지털 매체를 통해 스토리를 재현하는 것을 통칭한다. 이런 이유로, 디지털 스토리텔링을 원만히 수행하려면 스토리를 숙지하고 비판적으로 이해하는 것 이외에도 다양한 매체들의 특징을 파악하고 활용하는 기술 역시 필요하다. 디지털 스토리텔링은 화려한 동영상 자극으로 학습자의 흥미 유발에 유리하지만 그만큼 자기주도성을 끌어내기 위해 모둠 구성, 스토리 선정과 개작을 통한 스토리보드 작성, 매체 선정과 제작 및 발표와 같은 적절한 학습코칭 단계를 거쳐야 한다. 디지털 스토리텔링의 장단점이 명확한 만큼, 교수자는 사전에 어떤 절차를 거쳐 학습자들이 콘텐츠를 접하고 그 과정에서 무슨 언어를 주로 사용하면서 익힐지 머릿속으로 이리저리 따져봐야 원만하게 디지털 스토리텔링을 이용하여 영어수업을 진행할 수 있다. 이 장에서는 디지털 콘텐츠 제작에 필요한 스토리 구성 방식을 짚어보면서 다중모드 리터러시(multimodal literacy)가 반영된 디지털 스토리텔링의 구성 알고리즘을 짚어보면서 효과적인 영어교육 방안에 대해 살펴보는 시간을 갖도록 한다.

SECTION

# 01 디지털 스토리텔링의 의미와 특징

## ① 디지털 스토리텔링과 영어교육

디지털 스토리텔링을 교육적으로 유의미한 콘텐츠라는 시각으로 들여다보면, 관련 자료와 이론이 본격적으로 소개되기 시작한 시기는 1990년대이다. 멀티미디어 기술 발달로 이전까지 빅북을 펼치며 진행하던 전통적 스토리텔링은 시청각을 활용한 온라인 기반 스토리텔링으로 옮아가면서 디지털 스토리텔링으로 변하게 되었다. 초창기 디지털 스토리텔링 학습은 학습 편의를 위해 활자를 온라인으로 옮겨와 화면을 보고 읽는 것에 주안점을 두었다. 그러다 2000년대로 들어서면서, 스토리 낭독 파일이나 어휘 풀이 하이퍼링크(hyperlink)에 읽기 평가 문제를 덧붙여 데이터베이스를 구축함으로써 온라인 다독 프로그램이 제공되기 시작하였다. 시간이 흐르면서 스토리에 간단한 플래시 애니메이션 기능이나 관련 영상물을 연결하는 방식도 추가되었다.

이와 더불어, 하이퍼링크로부터 시작된 디지털 상호작용은 2010년대에 들어서서 캐릭터 터치를 통한 상호작용을 거쳐 모바일 장치로 QR코드를 스캔하여 새로운 스토리로 이동하거나 인쇄물 이미지에 특정 애니메이션을 입힌 증강현실로 진화하였다. 2010년대 후반부터는 캐릭터 외양, 시공간 꾸미기 등의 기능이 추가된 디지털 스토리텔링 플랫폼이 생겨났고, 여기에다 3차원 메타버스 기능까지 더해지면서 개인들도 플랫폼 사용방법을 익혀 간단한 애니메이션까지 제작할 수 있게 되었다. 생성형 인공지능 기반 스토리 생성도구에 TTS(Text-To-Speach)라 불리는 문자언어의 다양한 음성변환 기능까지 결합하면 실감형 콘텐츠로 거듭나게 된 것이다.

무엇보다 생성형 인공지능은 디지털 스토리텔링의 비약적 발전에 결정적 역할을 하였다. 이전까지 디지털 콘텐츠의 품질이 높을 수 없던 이유는 제작자가 기술적 세련미를 더할지라도 스토리 전문가와 협업하지 않는 이상 창의적이거나 정교하게 스토리를 꾸밀 수 없었기 때문이다. 생성형 인공지능에서는 키워드를 넣을 때마다 일정 수준의 완성도를 갖춘 콘텐츠를 매번 새롭게 생성하므로 기술이 콘텐츠 전문성을 뛰어넘는 전례없던 현상이 생겨났다. 심지어 기술력이 부족해도 여러 플랫폼의 도움으로 양질의 콘텐츠를 만들 수 있게 된 것이다. 상황이 이렇다 보니, 아마추어 제작자의 기술력이나 스토리 전문성으로 만들 수 없을 것 같아 보이는 콘텐츠들이 대거 쏟아져 나오게 되었다.

위와 같은 디지털 스토리텔링 활용 영어교육은 다음과 같은 장단점을 지니고 있다.

첫째, 언어와 비언어적 메시지들을 이야기 플랫폼에 통합함으로써 교육과 재미를 결합하지만, 집중적으로 언어 정확도 훈련을 하는 것에 소홀한 나머지 고급 수준에 필요한 능숙도 향상에 도움을 주지 못할 수 있다.

둘째, 이야기에 공감하여 몰입함으로써 의식하지 않아도 언어사용 경험이 증가하지만(Kim, 2014), 깊은 몰입과 감상이 사유와 침잠으로 치우치다보면 자칫 언어 표현 학습을 등한시 할 수 있다.

셋째, 사고의 연쇄를 통한 지속적인 상호작용과 창조적 사고 함양에 도움을 주지만, 스토리의 시청각 자극이 언어능력 개발과 무관한 말초적 흥미 자극으로 치달아 그 속에 담긴 총체적 메시지를 놓칠 수 있다.

디지털 스토리텔링에서는 매체 특성을 이해하여 통일성 있는 전체 의미를 간파하거나 구성하지 못한다면 말초적 자극에만 관심을 기울이는 부작용을 수반한다. 따라서 수동적으로 스토리를 감상하는 독자 역할에서 벗어나 멀티미디어 매체들을 활용하여 스토리를 감상하고 스토리의 주체로서 창작 과정을 경험토록 하는 것이 디지털 스토리텔링을 영어학습과 성공적으로 연결하는 열쇠이다.

〈표 7-1〉 디지털 스토리텔링의 장점과 단점

| 장 점 | 단 점 |
|---|---|
| • 언어와 비언어적 메시지를 스토리 플랫폼에 통합하여 교육과 재미를 결합 | • 언어 정확도 훈련과 능숙도 향상에 소홀해짐 |
| • 스토리에 공감하고 몰입함으로써 긍정적 언어사용 경험 증가 | • 몰입과 감상에 과도하게 치중하여 언어학습을 등한시함 |
| • 지속적 상호작용과 창조적 사고 함양에 기여 | • 언어학습과 무관한 말초적 자극에 치중하여 총체적 의미에서 멀어짐 |
| • 매체 특성을 이해하여 복합적 의미를 이해하고 표현함으로써 언어 장벽을 극복 | • 언어나 내용학습보다 매체의 기술적 활용에만 매몰됨 |
| • 학습자의 경험을 반영한 스토리 창작으로 자기효능감 증대 | • 학습자의 경험을 지나치게 강조하여 스토리 학습으로부터 이탈함 |

## ② 디지털 스토리텔링의 구성 유형

일반적인 디지털 스토리텔링에서는 장면과 장면을 이어가며 모종의 플롯을 구성할 때 5가지 유형의 알고리즘을 활용할 수 있다.

첫째, 산 모양(the mountain) 알고리즘을 떠올려 볼 수 있다. 이런 방식에서는 캐릭터와 공동체의 갈등이 고조되다가 해결책을 찾은 후 정리되면서 마치 산 모양처럼 정서와 갈등의 강도가 올라갔다 내려가는 궤적으로 사건이 진행된다. 이런 흐름은 가장 단순하고 전형적인 구성 알고리즘으로 볼 수 있다.

둘째, 문 이동(the door) 알고리즘은 캐릭터가 사건 해결에서 진퇴양난 상황에 빠졌을 때 앞으로 되돌아가거나 하이퍼링크라는 문을 통해 다른 상황으로 이동하여 새롭게 시작하는 방식이다. 이런 방식은 사건의 순환고리를 만들어 언어적 반복 훈련에 활용하거나 특정한 단서를 통해 참신한 방향으로 스토리를 끌고 가는 장점을 지니고 있다.

셋째, 문 이동 방식이 하나의 질서에 속하는 둘 이상의 시공간을 이어주는 플롯에 사용된다면, 창문 이동(the window) 방식은 하나의 이야기가 특정한 모티프나 사물을 통해 가상 세계로 들어가는 것과 같이 전혀 다른 두 질서를 연결하는 보다 급진적인 알고리즘에 속한다. 마법 지팡이를 두드려 지금까지와 전혀 다른 캐릭터와 질서로 구성된 세계로 들어가는 판타지 구성이 창문 이동 방식의 대표적 사례에 해당한다.

넷째, 수레바퀴(the wheel) 알고리즘은 하나의 핵심 플롯이 전개될 때 캐릭터들이 연쇄적으로 사건에 휘말리면서 사건의 본질과 문제 해결 방안이 자연스럽게 소개되는 방식으로 구성된다. 별 관련이 없어 보이는 이야기가 사슬처럼 이어지는 옴니버스 형식일지라도 어느 시점에서 공통분모를 지닌 하나의 완결된 스토리의 일부에 속하거나 대단원의 결말에 이르는 것으로 밝혀지는 구성도 이런 알고리즘에 속한다.

다섯째, 부메랑(the boomerang) 알고리즘은 순환고리에 입각하여 특정 시공간으로 캐릭터가 일련의 사건을 거쳐 출발했던 시간이나 장소로 복귀하는 방식이다. 캐릭터가 중간 과정에서 거치는 시공간과 그 속에서 경험하는 내용이 다를지라도 최종 단계에서 동일한 결말이나 시공간으로 모이는 구성을 취하면 콘텐츠를 접하는 입장에서 통일감을 느끼면서 몰입할 수 있다.

위와 같은 알고리즘들은 하나의 스토리에 둘 이상의 알고리즘이 함께 사용되는 경우가 대부분이다. 알고리즘이 약간씩 변형된다거나 둘 이상이 섞이는 방식은 마블 히어로물(Marvel Heroes)만 떠올려봐도 쉽게 짐작할 수 있다. 닥터 스트레인지(Dr. Strange)가 시공간을 자유롭게 이동하면서 문제를 해결하다가 특정한 해결단서를 발견하여 문제를 해결하고 모든 일상이 회복되는 방식만 하더라도 위의 다섯 가지 알고리즘과 연관지어 생각해 볼 수 있다.

[그림 7-1] 디지털 스토리텔링 알고리즘들의 통합 이미지

상승과 하강이라는 스토리의 기본 플롯을 경험할 때, 디지털 세계에서는 전체적으로 통일감을 주는 나름의 완결성을 지니지만, 다양한 문을 통해 들락거리며 원위치로 돌아오기도 하고, 창을 통해 새로운 스토리 전개도 엿볼 수 있다.

## ③ 디지털 스토리텔링 활용 영어교육의 유의사항

다중모드 기반 디지털 스토리텔링 활용 영어 수업을 조직할 때는 다음과 같은 유의사항들을 점검해야 한다.

첫째, 영어로 쓰인 스토리 구조에 대한 이해가 선행되어야만 핵심내용 파악과 관련된 언어 표현이 무엇인지 식별하고 숙지할 수 있다. 교수자는 디지털 콘텐츠 제작으로 넘어가기 전에 질문하기나 정리하기 등을 포함한 다양한 교수기법으로 학습자가 글 혹은 글과 그림이 결합된 그림책 스토리를 정확히 이해했는지 체크해야 한다.

둘째, 수업을 설계할 때 디지털 콘텐츠의 완결성보다 제작 과정에서 학습자의 자발적 상호작용이 최대한 활발한 방향을 우선적으로 고려해야 한다. 배우들이 드라마 촬영이나 연극 공연 전에 모여서 대사 리딩을 해보는 것처럼, 교수자는 온라인 과업에서 최종결과물보다 중간 단계의 지도가 효과적임을 인식하면서 학습자들이 스토리보드 제작 과정에서 언어입력과 출력 기회를 많이 갖도록 지도한다(Murtafi'ah & Putro, 2019).

셋째, 비언어 매체를 축으로 삼아 기본 작업을 먼저 수행한 다음에 스토리의 언어표현에서 목표 구문이나 어휘를 선정하여 비언어 온라인 콘텐츠의 적절한 위치에 집어넣을 필요가 있다. 비언어 매체들은 글에 비해 암시적 의미 전달과 정보의 압축에 유리하다고 알려져 있다(Dreon et al., 2011; Nelson, 2006; Robin, 2008). 언어보다 비언어 매체가 디지털 스토리텔링 전개의 중추 역할을 하면 다양한 학습자들이 각자의 관심과 수준에 맞는 역할을 부여받아 협력하며 과업에 몰입할 수 있을 것이다. 학습자들은 이 과정에서 비언어 메시지가 제공하는 풍부한 언어사용 맥락에 오랜 시간 노출됨으로써 콘텐츠에 삽입한 언어표현의 의미를 충실히 배울 수 있다.

넷째, 학습자들이 스토리 내용 중에서 무엇을 골라 어떤 디지털 매체에 변형하여 담을 것인지 절차적 사고를 거쳐 결정하도록 해야 한다. Kress(2003)는 다중모드 리터러시 기반 언어 수업에서 비언어 매체로의 창의적 변환(transduction)과 디지털 콘텐츠에 담을 언어표현을 골라 내용을 변형하는 것(transformation)을 구분한다. 디지털 콘텐츠 제작에서는 위의 둘 중에서 어느 하나라도 누락하거나 소홀히 하지 않도록 해야 한다. 우선, 텍스트를 선별하고 때때로 변형하여 크기, 모양, 색깔, 위치, 애니메이션 효과 등을 어떻게 할지 정해야 한다. 또한, 캐릭터 정서 변화를 반영하여 TTS 목소리 변조나 장면 이해와 몰입에 도움을 주는 동영상 제작이나 삽입처럼 사용할 비언어 매체들 역시 섬세하게 따져봐야 한다.

다섯째, 어린 학습자들일수록 범용성이 높은 디지털 스토리텔링 플랫폼을 활용하여 디지털 기술에 과다한 노력을 투입하지 않도록 해야 한다. 교수자는 학습자들이 활발한 상호작용을 거쳐 문제 상황 탐색(problem/tension), 캐릭터 변화(transformation), 해결책((re)solution)이라는 스토리의 3가지 핵심 층위(story core)를 중심으로 디지털 콘텐츠에 핵심내용과 목표 언어표현을 담는 것에 주의를 기울이도록 안내해야 한다(Moradi & Chen, 2019; Ohler, 2013). 디지털 스토리텔링에서 디지털 매체를 기술적으로 다루는 것에 몰두하여 자칫 스토리텔링의 본질을 잃지 않도록 균형을 잡아야 한다(Mantiri, 2019). 특히, 디지털 스토리텔링 플랫폼들을 사용할 때 캐릭터 디자인과 배경 꾸밈에 과다한 시간을 투여한다면 공교육에서 보편적으로 활용할 수 없다. 기술

장벽 해소는 교수자가 감당할 것이 아니라 전문 개발자들의 몫으로 보아야 한다(Liang & Lim, 2021).

〈표 7-2〉 디지털 스토리텔링 활용 영어교육의 유의사항 요약

- 가장 먼저 스토리 구조에 대한 이해와 핵심내용을 숙지
- 콘텐츠 완결성보다 제작 과정에서 학습자의 상호작용을 최대로 끌어내는 것이 중요
- 비언어 매체들로 짜임새를 잡아 맥락을 구성한 다음에 어울리는 언어표현을 삽입: 비언어 매체들을 창의적으로 변환한 후 어울리는 언어표현으로 변형
- 매체 활용 기술 숙련도 향상에 과도한 에너지를 소진하지 않도록 유의

SECTION

# 02 다중모드 리터러시의 의미와 특징

## ① 다중모드 리터러시와 디지털 스토리텔링의 상관관계

다중모드 리터러시(multimodal literacy)는 언어와 비언어를 망라하여 둘 이상의 매체가 결합하여 생성된 메시지를 이해하고 이러한 방식으로 원하는 메시지를 구성하여 상대방에게 효과적으로 표현하는 능력을 지칭한다. 디지털 스토리텔링도 애니메이션 효과, 이미지, 동영상, 음성 및 읽기 자료 등을 결합한 콘텐츠이기 때문에 다중모드 리터러시와 연관성을 지니고 있다. 따라서 디지털 스토리텔링의 특징은 다중모드 리터러시와 연관성을 살펴봄으로써 뚜렷하게 드러날 수밖에 없다.

다중모드 리터리시와 디지털 스토리텔링의 상관관계는 두 가지 차원으로 이해할 수 있다.

첫 번째로, 디지털 스토리텔링은 여러 매체들을 조직적으로 결합하여 정교한 메시지를 담았기 때문에 다중모드 리터러시를 효과적으로 배울 수 있는 학습자료로 볼 수 있다. 둘 이상의 매체의 결합으로 메시지가 생성되다보면, 의미가 단순하지 않고 중의적이거나 복합할 가능성이 높다. 즉, 다중모드 리터러시 능력은 소통 맥락과 매체의 특성을 이해하여 숨은 의미를 짚어냄으로써 향상되는 것이다. 이런 맥락에서, 디지털 스토리텔링을 통해 스토리 안과 밖의 배경지식을 익히면서 깊이 의미를 파악하는 훈련은 자연스럽게 다중모드 리터러시 능력 향상으로 이어진다.

두 번째로, 디지털 매체 발달은 문학적 은유를 일상적 맥락에 손쉽게 사용하는 환경을 제공하여 디지털 스토리텔링과 다중모드 리터러시를 긴밀히 연결한다. 일상 언어가 은유적으로 사용되는 사례가 많아질수록 스토리텔링을 통한 메시지 해석 능력은 순수한 문학연구 차원을 뛰어 넘어 언어생활의 핵심 소양으로 간주될 가능성이 높아진다. 일례로, 경전 전문가가 아니더라도 갈등이 생겨 디지털 공간에서 언쟁을 벌일 때 하고 싶은 말과 유사한 의미를 담은 논어, 탈무드, 성경의 유명한 구절을 빠르게 검색하여 자신의 계정에 올리는 사례를 떠올려 볼 수 있다. 이를 통해 우리가 유식하다는 사실을 암묵적으로 어필하여 다툼에서 우위에 서는 동시에 상대방을 직접 비난하는 위험부담도 피하게 된다. 은유가 다양하게 해석되는 이상, 상대방에게 자신의 생각을 전달하면서도 겉으로는 그런 의도가 아니라고 비켜나갈 수 있기 때문이다.

둘 이상의 매체들이 합쳐져 원하는 메시지를 분명하게 산출하는지 일일이 따져보아야 캐릭터의 특징과 같은 스토리의 기틀을 세울 수 있다. 이런 과정을 거쳐야만 디지털 스토리텔링 콘텐츠가 형식적 완결성을 갖출 수 있다. 총체적인 메시지를 구성하는 과정에서 매체들 사이의 충돌이 발생하지 않도록 정교하게 다듬어 배열하려면 일정 수준 이상의 다중모드 리터러시 역량이 필요하다.

여기서, 외국어로 된 음성과 문자언어만으로도 정보의 양이 적지 않은데 비언어 이미지나 음향 효과처럼 매체까지 복잡해지면 학습자가 버거워할 수 있다는 의구심이 들 수 있다. 온라인 콘텐츠의 정보 밀도를 높일 때 제작에 투자하는 노력이 기하급수적으로 늘어나는 현실도 교육적으로 디지털 스토리텔링을 활용할 때 망설이게 하는 요소로 작용한다. 그럼에도 불구하고, 교육의 디지털 대전환이라는 흐름을 감안할 때, 디지털 스토리텔링과 다중모드 리터러시는 영어교육의 대세로 자리하게 될 가능성이 높다.

## ② 다중모드 리터러시 활용 영어교육의 장점

다중모드 리터러시는 다음과 같은 이유로 영어교육에서 유익하다.

첫째, 감각을 직접 자극하는 방식으로 실제적 맥락을 생생하게 제공하여 정서적 몰입 경험에 이르도록 하기 때문에 흥미진작과 동기 유발에 유리하다(Hobbs, 2017; Jones & Hafner, 2012; Lotherington & Jensen, 2011). 다양한 매체에 녹아 있는 수많은 정보는 대부분 비언어적으로 구성되어 있어서 학습자의 외국어능력과 무관하게 직관적으로 많은 정보를 단시간에 파악할 수 있게 한다. 이때, 디지털 콘텐츠의 정보 밀도가 높기는 하지만 그렇다고 해서 여기에 담긴 모든 정보를 학습자가 일일이 짚으며 이해할 필요는 없다.

둘째, 다양한 매체들 중에서 학습자 본인의 경험과 속내를 표현하기 유리한 방식을 택할 수 있어서 언어표현 의지를 고취시키기 적합하다(Chung, 2021). 특히, 이미지 검색과 변형 배치를 잘하는 학습자는 자신이 알고 있는 영어표현과 결합하여 창의적으로 메시지를 조직할 수 있다. 이 과정에서 학습자의 표현 동기를 고취시킬 수 있다.

셋째, 다중모드 콘텐츠 제작은 일종의 예술작품과 같은 특징을 띠기 때문에 학습자가 자신의 자아가 투영된 결과물로 인식하여 책임감을 갖고 과업에 임하도록 한다. 학습자는 자동번역이나 생성형 인공지능의 도움을 받으면서 자신이 의도한 바에 따라 메시지가 구성되는 경험을 거치면서 자기효능감을 키우게 된다.

넷째, 다양한 매체를 적재적소에 이용하여 파편화된 정보들을 총체적으로 재구성하기 유리하다. 어떤 경우에는 다중모드 콘텐츠에 학습자 본인도 미처 알지 못하는 속뜻이 담기기도 한다. 따라서, 다중모드 콘텐츠 제작을 평가할 때는 결과물의 완성도만 들여다보지 말고 결과물에 담긴 의미를 학습자가 논리적으로 설명하는 능력까지 점검해야 한다. 즉, 학습자는 자신이 만든 결과물을 의미있는 총체로 해석하는 역량을 지니고 있어야 하는 것이다.

다섯째, 다중모드 콘텐츠는 언어의 4가지 기능을 실제적인 맥락에서 통합하여 제시하기 때문에 총체적 언어학습에 도움을 준다. 이런 언어자료는 영어과 교육과정의 보기(viewing)와 제시(presenting)에서 강조하는 언어와 비언어·디지털 매체까지 포함하기 때문에 창의적으로 언어와 내용학습을 담기 유리하다. 학습자가 궁금한 언어표현과 문화적 배경지식을 곧바로 검색하여 확인하기 때문에 언어 학습과 내용 이해가 자연스럽게 통합될 수 있는 것이다.

여섯째, 다중모드 콘텐츠 제작 과정은 시간과 노력이 많이 소요되기 때문에 협력 과업으로 수행하는 경우가 많다는 점에서 공동체 의식, 상황대처능력, 다양한 수단을 활용한 소통능력 향상에 도움을 준다(Garcia & Wei, 2014). 매체 다양성이 늘어날수록 협력 과업을 통해 각자가 잘하는 매체 중심으로 협업을 하게 될 가능성이 높고, 이 과정에서 협력적 태도와 연관된 공동체 역량이나 상황대처 및 소통 역량이 자연스럽게 향상된다.

일곱째, 다중모드 콘텐츠 제작은 디지털 인공지능 앱 등의 도움을 받을 수 있어서 영어능력이 부족한 학습자들의 능동성을 끌어냄으로써 언어 학습에 효과적이다. 기계번역이나 이미지 자동 제작 기능 등을 활용할 줄 알면 부족한 언어능력을 메울 수 있기 때문에 의사소통 역량 중에서도 비언어 매체로 원하는 메시지를 효과적으로 전달하는 '전략적 능력'을 키우기 유리하다.

여덟째, 발화 매체를 자유자재로 바꾸면서 표현해 보는 기회를 갖기 때문에 미디어 리터러시 향상에 기여한다. "It's okay"를 이모티콘, 관련 이미지, 동영상 숏폼 콘텐츠 등으로 변환하거나 의미유사성이 높은 콘텐츠를 검색하다보면 자연스럽게 미디어마다 의미를 구성하는 방식을 익힐 수 있다. 이렇게 다중모드 리터러시를 활용하면 외국어라는 인지/정의적 장벽을 낮출 수 있어서 영어학습에 유익하다.

SECTION

# 03 디지털 스토리텔링 활용 수업의 실제

## ① 디지털 스토리텔링 제작 5단계 절차

일반적으로, 디지털 스토리텔링 제작은 크게 다섯 단계를 거치게 된다.

1단계에서는 어떤 아이디어를 조직해서 무슨 플롯으로 꾸밀지 결정한다. 원작이 있는 경우라면 무엇을 삭제하고 새로 반영할지 내용 측면에서 먼저 정해야 한다. 아무리 작품 분량이 적더라도 새로운 매체로 변환하다보면 분량은 자연스럽게 늘어날 수밖에 없기 때문에 가장 불필요하다고 의견이 모아진 몇 장면은 삭제해야 디지털 콘텐츠의 전체 분량을 맞출 수 있다. 『백설공주 이야기』를 현대 뉴욕으로 바꿔서 각색한 Fiona French의 『뉴욕의 백설공주』(*Snow White in New York*, 1990)를 예로 들면, 백설공주의 아빠가 재혼하는 대목은 가계도를 그리고 엄마가 돌아가신 후 계모가 그 자리를 차지하는 간단한 이미지로 대체할 수 있다. 백설공주가 칵테일을 마시고 나서 쓰러진 장면도 "She didn't move"라는 간단한 문장과 더불어 장례식 삽화만 잠시 보여주고 곧바로 관이 흔들려 깨어나는 상황을 보여주는 방식으로 디지털 매체를 이용하여 원작을 단순화할 수 있다.

2단계에서는 작품 배경지식을 조사하여 무엇을 디지털 콘텐츠에 반영할지 판단한다. 여기에서는 자료 조사를 위해 교과 내용을 과도하게 파고들면 플롯과 거리가 멀어질 수 있다는 점을 유의해야 한다. 『뉴욕의 백설공주』를 예로 들면, 1917년 4월 17일에 Clara Bell Walsh가 뉴욕에서 개최한 칵테일 파티 신문기사를 찾아 디지털 스토리텔링 콘텐츠에 반영하는 방식을 생각해 볼 수 있다. 중등학습자라면 사교계에 칵테일 파티가 신선한 충격을 주었다는 1917년 신문기사 내용을 관련 사진 정보와 같이 제시하는 정도로도 충분할 것이다. 과도하게 사실 정보를 역사와 연결지어 해설하다보면 스토리텔링과 영어학습에서 멀어질 수 있기 때문이다. 만일 백설공주가 억울하게 죽임을 당하는 상황을 고발하는 방향으로 디지털 콘텐츠를 제작하고 싶다면 재즈 중에서 흑인의 억울한 죽음을 고발하는 빌리 할리데이(Billie Holiday)의 「스트레인지 프룻」(*Strange Fruit*)과 같은 노래를 배경음악으로 삽입할 수 있을 것이다. 백설공주가 가까스로 죽음의 위기에서 벗어나 재즈 클럽의 객원 가수로 자립하는 장면에서 위 노래를 사용한다면 자신의 죽음이 억울했음을 간접적으로 고발하는 효과로 이어지면서 디지털 콘텐츠를 문학성을 갖춘 작품으로 승격시킬 수 있다.

Cocktail Parties Are New Society Stunt

(Special to The Times.)

ST. LOUIS, April 17.—Positively the newest stunt in society is the giving of "cocktail parties."

The cocktail party is a Sunday matinee affair which originated here.

Mrs. Julius S. Walsh, jr., a leader in social activities, is responsible for the innovation.

Mrs. Walsh introduced it last Sunday, with the first cocktail party in society's history. Invitations were issued to 50.

The guests were divided into two classes, those who went to church in the forenoon and those who devoted their time to a motor promenade of the boulevards. Then at high noon they gathered at the Walsh home on Lindell boulevard.

An Instant Hit.

The party scored an instant hit. Mrs. Walsh's home is equipped with a private bar. Around this the guests gathered and gave their orders to a white coated professional drink mixer who presided behind the polished mahogany.

If a woman guest who had been driving all forenoon in her limousine, and was a little chilled in consequence, felt the need of a drink with an extra kick in it, she ordered a Sazarac cocktail. Others, of course, preferred a Bronx or a Clover Leaf, and a few who had been to church were old fashioned enough to order a Martini or a Manhattan.

And as long as the professional drink mixer was there to fill all orders, other beverages than cocktails were in demand. Highballs, some with Scotch and some with rye or Bourbon whisky, gin fizzes—ordered because the spring morning hinted of coming summer—and at least one mint julep for a former gentleman of Virginia, were handed out over the private bar.

Comes to Stay.

That the cocktail party already is a St. Louis institution, filling a long felt Sunday want in society circles, and that the party at which Mrs. Walsh was hostess was so merry and so jolly as to approach in hilarity the famous early morning eggnogg parties popular a decade ago, is vouched for by the newspapers.

In the meantime Mrs. Walsh, because of her innovation, has become more of a social celebrity in St. Louis than ever.

IN FIVE MINUTES

BERLIN TIED UP BY STRIKE

(United Press Leased Wire.)

AMSTERDAM, April 17.—Berlin's general strike is crippling the

[그림 7-2] 뉴욕의 칵테일 파티 신문기사(1917년 4월 17일)

3단계에서는 수정 또는 삭제할 내용을 확정하여 글을 작성하고 삽화까지 포함하여 흔히 콘티라 부르는 스토리보드를 작성한다. 스토리보드에서는 화면의 어디에 글과 삽화를 배치하는 것 이외에도 음향 효과나 동영상 삽입 등을 언제 어떤 방식으로 제시할지에 관한 계획도 기재한다. 이를 위해, 모둠원이 역할을 분담하여 구할 수 있는 시청각 자료들을 모두 모은 후 몇 번째 장면에 배치할지 정하는 작업을 동시에 수행하면서 스토리보드를 짜야 한다. 필요하다면, 모둠원들이 시청각 자료를 포함한 디지털 콘텐츠 자료를 만들 수도 있다. 목소리 더빙이나 음원을 구하기 어려운 특정한 음향 효과 등은 학습자들이 목소리와 표정 연기를 하면서 디지털 콘텐츠 제작에 더 깊숙이 참여할 수 있다. 녹음 혹은 녹화 과정은 언어표현을 반복 연습하기 때문에 자연스럽게 영어학습에 도움을 준다.

4단계에서는 완성한 스토리보드의 각 장면을 학습자들이 실제로 제작한다. 모둠원들은 각자가 맡은 장면이나 디지털 콘텐츠 삽입 등의 임무를 충실히 수행해야 하고, 이 과정에서 특정 모둠원에게 과도하게 많은 업무가 쏠리지 않도록 해야 한다. 이 단계에서는 콘텐츠가 계획한 대로 만들어지는지 수시로 점검하지 않으면 모둠원 개인의 취향이나 자의적인 스토리보드 해석에 따라 콘텐츠의 통일성이 흐릿해지는 문제가 생길 수 있다. 누군가는 A폰트를 크게 하고, 또 다른 누군가는 동일 인물의 유사한 감정톤을 발화함에도 불구하고 B폰트를 작게 다른 색깔로 표시할 수 있기 때문이다. 이런 문제를 해결하기 위해서, 모둠원 중의 일부 혹은 모둠원끼리 역할을 나누어 사전에 준비한 점검표를 보면서 제대로 통일된 방식으로 디지털 콘텐츠를 제작하고 있는지 체크해야 한다.

마지막 5단계에서는 디지털 스토리텔링 공유와 피드백 주고받기를 실시하고, 필요에 따라 결과물을 수정하여 최종본을 완성한다. 지정된 플랫폼에 올린 결과물을 살펴보면서 더 나은 방향으로 콘텐츠를 개선하는 아이디어를 답글 형식으로 달아

주면, 해당 모둠에서 이를 반영하여 결과물을 수정하는 절차를 거칠 수 있다. 앞서 언급한 『뉴욕의 백설공주』에서 계모가 그림형제 동화책 원작처럼 빨갛게 달군 쇠로 만든 신발을 신고 펄쩍펄쩍 날뛰는 벌을 받는 장면을 디지털 콘텐츠에 넣었을 때, 누군가는 CCTV로 계모의 범죄가 밝혀지고 체리가 해독에 탁월하여 범죄가 미수에 그치고 때 아닌 체리 열풍이 부는 아이디어를 제안할 수 있다. 또 다른 누군가는 TV 방영 애니메이션 시리즈 『꼬마히어로 슈퍼잭』의 「다 함께 댄스 댄스 댄스」 에피소드를 소개하면서 사람들에게 빨간 구두를 신긴 악당 레오박사가 똑같이 춤추는 벌을 받는 장면처럼 꾸며보라고 주문할 수도 있다.

## ② 디지털 스토리텔링의 비언어 매체들

디지털 스토리텔링에서 활용 가능한 비언어 매체들의 종류로는 일반적으로 다섯 가지를 들 수 있다(Shin & Cimasko, 2008).

첫째, 시각 이미지는 사실적 정보의 전달이나 보완에 효과적이다. 그림, 사진, 선, 도형 등을 예로 들 수 있다.

둘째, 시각 이미지에 속하지만 인물의 감정 정보를 압축적으로 쉽게 전달할 수 있는 이모티콘의 경우에는 MS오피스 등의 기호나 문자표에서도 다양한 사례를 쉽게 찾을 수 있을 정도로 워낙 자주 사용되므로 별도로 분류할 수 있다.

셋째, 정보와 감정을 강조하면서 때때로 간단한 애니메이션 효과와 연동되는 문자꾸밈도 빼놓을 수 없다. 색깔, 크기, 폰트, 배열 변화를 포함하여 글자가 360도 커졌다 작아지며 회전하는 PPT 기능 등을 예로 떠올려 볼 수 있다.

넷째, 스토리 내용 확장과 흥미 유발이 도움을 주는 짧은 동영상을 불러오면 배경지식 확장에 도움이 된다. 단, 이런 영상이 과다하게 많으면 콘텐츠 분량이 커져서 제대로 구동하지 않을 가능성이 있을 뿐 아니라, 일일이 클릭하여 스토리와 무관한 번잡한 정보들의 무한 검색 알고리즘에 빠질 우려 또한 염두에 두어야 한다.

다섯째, 주의 환기, 흥미 유발, 스토리의 특정 국면 암시와 같은 음향 정보와 음성 녹음은 디지털 콘텐츠에서 유용한 정보이다. TTS 사이트를 통해 다양한 성별과 말투로 캐릭터들의 발화를 녹음하면 학습자 입장에서 구연동화 느낌으로 콘텐츠를 실감나게 감상할 수 있다.

〈표 7-3〉 디지털 스토리텔링의 비언어 매체 유형

| 유형 | 활용 방식과 효과 | 예시 | 빈도 |
|---|---|---|---|
| 시각 이미지 | • 사실적 정보 전달과 보완<br>• 맥락 재구성<br>• 예: 그림, 사진, 선, 도형 등 |  | ☆☆☆☆☆ |
| 아이콘 | • 인물의 심리 상태<br>• 감정 정보 압축 전달<br>• 예: 이모티콘, 심볼, 말풍선 등 |  | ☆☆☆ |
| 문자 꾸밈 | • 정보와 감정 강조<br>• 애니메이션 효과와 연동<br>• 예: 색깔, 크기, 폰트, 배열 등 변화 |  | ☆☆☆☆ |
| 짧은 동영상 | • 이야기 내용 확장과 흥미 유발<br>• 생생한 목표언어 제시<br>• 1–2개(제작 혹은 검색) |  | ☆☆ |
| 소리 | • 정보와 감정 강조<br>• 주의 환기와 흥미 유발<br>• 문제 해결과 상황 변화 | • 음성 녹음(변조 포함)<br>• 효과 음향 | ☆☆☆☆☆ |

예를 들어, Eric Carle의 『배고픈 애벌레』(*A Very Hungry Caterpillar*) 원전을 디지털로 변환한다면 애벌레가 "I'm sick!" 이라고 말하거나 먹고 싶은 음식이 애니메이션 효과로 제시되는 방식으로 구성해 볼 수 있다. 애벌레가 과식하여 배가 아프다는 원문 정보는 "I'm sick!"에서 마지막 단어를 다른 색깔로 크게 처리한 후 이를 반영한 녹음자료로 변환될 수 있다. 또한, 애벌레가 좋아하는 원문의 음식 정보를 실제로 어린 학생들이 좋아하는 다른 음식으로 교체할 수도 있을 것이다.

[그림 7-3] 『배고픈 애벌레』의 디지털 변형 사례

각각의 장면마다 어떤 방식으로 언어 텍스트와 비언어 매체를 반영하고 있는지 한 눈에 조감하려면 제시한 표처럼 정리해 볼 수 있다. 하나의 장면에 많은 종류의 비언어 매체들을 사용할 경우에는 정보 밀도가 너무 높아서 학습자에게 혼란을 줄 가능성은 없는지 짚어보아야 한다.

〈표 7-4〉『배고픈 애벌레』의 디지털 매체 사용 사례 분석

<table>
<tr><td colspan="2">장면 예시<br>(2/17, 15/17 장면)</td><td>
</td><td>
</td></tr>
<tr><td colspan="2">텍스트</td><td>(음성) On Monday, Eddie eats one apple, I'm hungry<br>(문자) Monday, I'm hungry, 1 apple</td><td>(음성) On Sunday, Eddie eats one nice green leaf.<br>(음성/문자) Umm, I'm full</td></tr>
<tr><td rowspan="5">비언어매체</td><td>시각 이미지</td><td>○</td><td>○</td></tr>
<tr><td>아이콘</td><td></td><td>○</td></tr>
<tr><td>문자 꾸밈</td><td>○</td><td>○</td></tr>
<tr><td>짧은 동영상</td><td></td><td></td></tr>
<tr><td>소리</td><td>○</td><td>○</td></tr>
</table>

## ③ 디지털 스토리텔링 스토리보드 점검

디지털 스토리텔링 콘텐츠는 한 번 만들면 수정과정이 번거롭기 때문에 제작 전에 내용 구성이 제대로 되었는지 꼼꼼히 짚어보아야 한다. 언어와 비언어 매체 모두에 해당하는 9가지 기본 점검항목을 살펴보면 다음과 같다.

### 1) 내용과 정서 초점(Content *vs.* Emotional focus) 비중

내용과 정서 중에 어떤 점에 초점을 맞추어 전체 틀이 잡혀 있는지 살펴보는 가운데 애초에 의도한 바대로 내용과 정서의 비중이 디지털 콘텐츠에 반영되었는지 짚어 본다. 디지털 콘텐츠를 감상하는 시청자는 스토리를 읽는 독자와 달리 감각적 자

극을 기대하는 경향이 있다. 이를 감안하여, 디지털 콘텐츠에 유용한 언어 표현이나 비판적 메시지를 담을 때 말초적 흥미와 공감을 유발하는 요소와 조화를 이루고 있는지 들여다보아야 한다.

### 2) 극적 순간과 질문(Dramatic moments and questions)

시청자를 사로잡는 인상적인 순간이나 질문이 디지털 콘텐츠에 반영되어 있는지 살펴본다. 시청자의 관심과 수준에 맞는 무언가가 스토리 초반부에 제시되어야 몰입하며 다음 장면의 사건 전개를 감상할 수 있다. 여기에서 시청자의 눈과 귀를 사로잡는 것이란 시청각적 차원의 말초적 자극이라기보다 이어지는 디지털 스토리텔링에서 곱씹어 볼 중요한 질문이나 단서를 제시했느냐는 의미이다.

### 3) 스토리와 정보 초점(Story *vs.* Information style) 비중

캐릭터에 공감이입하는 스토리로 짜여있는지, 아니면 사회적 문제의식이나 비판적 사고가 강조된 정보 전달 콘텐츠 성격이 강한지 짚어본다. 『뉴욕의 백설공주』에서 백설공주가 부당하게 계모에게 핍박당하는 상황을 강조하는 방향으로 개작하면 극적 상황이 강조되는 문학작품에 가까운 것처럼 느껴질 것이다. 이와 달리, 물질적으로 화려하지만 인간에 대한 진정한 관심이 부재한 뉴욕의 도시문화를 시청각적 메시지로 보여주는 것에 집중한다면, 시청자의 입장에서 스토리를 양념으로 삼은 정보 전달 콘텐츠처럼 보일 것이다.

#### 4) 의도한 관점(Point of view)의 반영

누구의 관점으로 디지털 콘텐츠를 감상하도록 할 것인지 계획한 바대로 구현되어 있는지 점검한다. 가령, 『뉴욕의 백설공주』를 계모의 관점에서 억울함을 호소하는 방향으로 디지털 스토리텔링을 재구성하였다면, 모든 장면 구성에서 이런 점이 명확하게 드러나는지 따져보아야 한다. 시청자의 입장에서 장면 전환에 따라 특정 캐릭터로 공감이입이 옮겨가게끔 구성하였다면 이 역시 원안대로 반영되었는지 살펴야 할 것이다.

#### 5) 시청자 자율성(Viewer autonomy)

시청자가 주어진 콘텐츠를 수동적으로 수용하는 것과 비판적으로 들여다보는 것 사이에서 어떤 입장을 취하도록 의도하였는지 따져보고 스토리보드에 이런 점이 제대로 담겼나 짚어본다. 가령, 『뉴욕의 백설공주』의 디지털 스토리텔링 콘텐츠의 경우에 백설공주가 재즈싱어로 변신한 후 죽을 위기에서 살아나 결혼에 이르는 과정을 두고 수동적인 여성상의 재탕으로 볼지, 아니면 능동적으로 사회생활을 해나가는 모습이 부각되었는지 분석해 볼 수 있다.

#### 6) 제작자 의도(Maker voice)

디지털 콘텐츠에 모둠원 각자의 캐릭터와 플롯 해석을 반영하여 창의적으로 재구성하려던 의도(목소리)가 제대로 반영되는지 짚어본다. 누군가가 백설공주가 결혼 대신 재즈싱어로 대성하고 계모가 가난한 체리장수가 되도록 권선징악을 반영하고 싶어한다면, 필요에 따라 이런 점을 반영한 결과물을 만들어 낼 수 있을 것이다.

### 7) 매체 다양성(Media diversity)

무슨 디지털 매체를 얼마나 어디에 가미할 것인지에 대한 스토리보드의 원안이 디지털 스토리텔링을 매력적으로 재구성하는 것인지 최종적으로 점검한다. 디지털 스토리텔링에 사용하는 일반적인 도구와 매체는 녹화와 녹음 장치, 멀티미디어와 각종 소프트웨어, 모바일과 컴퓨터 단말기이다. 『뉴욕의 백설공주』에서 계모가 결혼하는 장면의 음흉한 눈빛이나 백설공주에게 건넨 칵테일의 독이 묻은 체리를 강조하는 애니메이션 효과를 삽입한다면 계모가 나쁜 사람이라는 정보를 부각시키는 효과로 이어질 것이다. 다만, 이렇게 콘텐츠를 만드는 과정에서 지나치게 많은 노력을 요하거나, 스토리가 과도하게 길어지거나 내용과 무관하여 몰입을 반감시키는 문제가 생기지 않을지 등을 따져보아야 한다. 둘 이상의 다중모드 매체로 재구성하려면 과도한 매체 사용이 선명한 의미파악에 간섭효과를 일으켜 언어와 내용학습에 역효과를 내지 않을지 세심히 들여다봐야 하는 것이다.

### 8) 길이와 속도(Length and pacing)

스토리보드에서 의도한 길이와 속도가 적정한지 꼼꼼하게 살펴본다. 디지털 콘텐츠 치고 글자의 수가 너무 적거나 많지 않은지, 수정한 문형구조가 너무 단순하거나 복잡하지 않은지, 언어 표현에 덧입힌 TTS 기능이나 모둠원이 직접 녹음한 음성 재생 시간이 너무 짧거나 길지 않은지 등을 짚어 보아야 하는 것이다. 예를 들어, 『뉴욕의 백설공주』에서 독이 묻은 체리가 몸 밖으로 나오는 애니메이션을 삽입한다면 원문의 “The poisoned cherry that had been stuck in her throat was gone. She was alive"라는 내용을 서술자가 굳이 발화하지 않아도 된다. 만약 언어학습의 필요로 인해 위 표현을 사용하고 싶다면, "The poisoned cherry was gone. She was alive"라고 간단한 문형을 사용할 수도 있다. 화려한 디지털 효과에 치중하여 러닝 타임이 과하게 길어진다거나 하이퍼링크 기능을 너무 많이 삽입하여 모둠마다 콘텐츠 경험 시간 편차가 날 가능성도 면밀히 따져야 한다. 시청자들, 그러니까 다른 모둠원들이 빠른 속도로 콘텐츠를 즐기게 할 의도라면 음향 효과나 화면 전환 속도를 빠르게 설정하는 방향으로 스토리보드를 수정해야 할 것이다.

### 9) 예측가능성(Predictability)

디지털 콘텐츠를 감상하면서 다음 내용을 어느 정도로 예측가능하게 구성할지 여부도 유심히 짚어본다. 시청자는 스토리가 너무 식상하게 흘러가 다음 상황이 예측가능하다고 느끼면 자세히 보지 않고 화면 구석구석에 함축적 의미를 담아 배열한 여러 다중모드 메시지들을 빠르게 대충 보고 넘어가려고 할 것이다. 더군다나 『뉴욕의 백설공주』처럼 원작을 누구나 알고 있다면 약간의 단서만으로도 다음 상황을 쉽게 추측할 수 있기 때문에 학습자의 주의집중을 흩뜨릴 우려가 커질 수 있다. 이럴 경우에, 의도적으로 원작을 창의적으로 비틀어 다음 장면에서 예측한 상황이 제시되지 않도록 하면 시청자들의 디지털 스토리텔링 감상 속도를 늦추는 동시에 호기심을 갖고 몰입토록 유도할 수 있다.

〈표 7-5〉 디지털 스토레틸링 스토리보드 점검표

| 항목 \ 평가 | 매우 그렇다 | 그렇다 | 보통이다 | 아니다 | 매우 아니다 |
|---|---|---|---|---|---|
| 점수 | 5 | 4 | 3 | 2 | 1 |
| 내용과 정서 초점 비중 | | | | | |
| 극적 순간과 질문 | | | | | |
| 스토리와 정보 초점 비중 | | | | | |
| 의도한 관점의 반영 | | | | | |
| 시청자 자율성 | | | | | |
| 제작자 의도 | | | | | |
| 매체 다양성 | | | | | |
| 길이와 속도 | | | | | |
| 예측가능성 | | | | | |

위에서 살펴본 9가지 점검항목들을 5분위 척도로 체크해 보면 어느 부분이 상대적으로 우리 모둠이 제작한 콘텐츠에서 부족한지 한 눈에 파악할 수 있다. 여기에서 각 항목의 점수가 전체적으로 고르게 높다면 스토리보드의 완성도가 일정 궤도에 올랐다는 의미로 보아야 할 것이다.

이 과정에서 모둠원의 총점과 항목별 점수 차이를 유심히 들여다볼 필요가 있다. 모든 모둠원이 각 항목마다 유사한 점수를 부여했다면 서로 논의한 바에 따라 스토리보드가 구성되었다는 의미이고, 반대로 점수가 상이하면 해당 항목과 관련된 장면들을 어떻게 다듬을지 논의하면서 모두가 만족스러운 방향으로 정리할 필요가 있다는 의미로 받아들여지기 때문이다. 디지털 스토리텔링 제작 직전에 스토리보드의 완성도를 점검하여 문제점을 시정하였으면 본격적으로 디지털 스토리텔링 제작 단계로 넘어가게 된다.

## ④ 디지털 스토리텔링 평가: 원작 이해와 변환

디지털 스토리텔링 콘텐츠를 공유하고 최종 결과물로 완성하였다면, 해당 콘텐츠의 특징을 살피는 평가 단계로 넘어가야 한다. 우선, 디지털 스토리텔링 콘텐츠를 원작 이해와 디지털 변환에 집중하여 평가하는 준거로는 다음 항목들을 생각해 볼 수 있다.

1) 스토리(Story)

스토리의 주요 캐릭터, 사건, 상황을 제대로 반영했는지 짚어보아야 한다. 이를 통해 스토리를 정확히 이해한 상태에서 디지털로 변환하였는지 판단할 수 있다.

2) 프로젝트 계획(Project planning)

학습자들이 마련한 스토리맵, 스크립트, 스토리 관련 도식들이 디지털 스토리텔링 제작을 위해 얼마나 탄탄하게 조직되었는지 살펴보는 동시에 실제 디지털 콘텐츠에 계획된 내용이 제대로 반영되었는지 평가해야 한다.

3) 매체 개발 절차(Media development process)

다양한 디지털 매체들을 스토리 콘텐츠에 활용하는 과정에서 학습자들이 기술적 특징을 제대로 이해하면서 메시지를 효과적으로 담으려 했는지 확인해야 한다. 경우에 따라, 교수자는 스토리보드에 적힌 내용만으로 학습자들이 매체들을 얼마나 제대로 이해하고 작업에 임했는지 일일이 체크하기 어려울 수도 있다. 이럴 때를 염두에 두면서, 자신과 주변 동료들이 각각의 매체들의 사용방식, 매체 특성 등을 어느 정도 이해하는지 세밀한 5분위 척도를 만들어 온라인 설문 방식으로 동료평가를 실시하면 수월하게 양적 지표를 확보할 수 있다.

### 4) 자료 조사(Research)

학습자들이 그림책 스토리에 대해 조사한 배경지식이나 자료가 얼마나 정확하고 충실한지 여부도 따져보아야 한다. 이때, 교수자는 부실한 지점을 확인하는 것 못지않게 과도하게 지엽적인 정보를 디지털 콘텐츠에 반영하였는지 여부에도 관심을 가져야 한다.

### 5) 내용 이해(Content understanding)

학습자들이 교사가 설정한 학습목표에 맞도록 디지털 콘텐츠를 만들고 협력 작업의 결과물에 담긴 의미를 제대로 이해하고 있는지 살펴야 한다. 교수자는 학습자들이 다양한 매체를 이용하여 협력한 끝에 훌륭한 결과물을 제작하였을지라도, 생성형 인공지능의 결과값을 맹목적으로 수용한 나머지 콘텐츠에 담긴 의미를 스스로 짚어내지 못하는지 여부를 면밀히 따져야 한다.

〈표 7-6〉 교사의 디지털 스토레틸링 평가 준거(원작 이해와 변환)

| | |
|---|---|
| 스토리 | 스토리가 얼마나 효과적으로 작동하는가? 이야기의 핵심(문제, 도전, 캐릭터 변화, 해결)이 잘 표현되었는가? |
| 프로젝트 계획 | 확고부동한 계획을 스토리맵, 대본, 스토리표 등의 형태로 세운 근거자료가 있는가? |
| 매체 개발 절차 | 학생이 얼마나 잘 매체 개발 절차를 따랐는가? |
| 자료 조사 | 학생의 프로젝트가 제대로 자료를 조사하고 문서화했는가? |
| 내용 이해 | 학생이 과제의 학술적 목표를 얼마나 잘 달성하였으며, 다룬 자료에 대해 얼마나 잘 이해하고 전달하는가? |

## 5 디지털 스토리텔링 평가: 디지털 콘텐츠 구성

디지털 콘텐츠 고유의 속성에 집중하여 평가하는 준거로는 다음과 같은 항목을 들 수 있다.

### 1) 콘텐츠 구성 준거 제시(Assignment criteria)

교수자는 대강이나마 모둠별 결과물이 통일성을 갖추도록 하기 위해 제작 과정에서 장면 개수, 이미지와 음성 제시 시간, 한 장면 당 사용가능 매체 종류와 개수 등을 구체적으로 요구하고 이를 평가할 수 있다. 구체적인 지침은 학습자들의 수준이나 가용시간처럼 수업 환경을 보면서 결정해야 한다.

### 2) 영어 쓰기 자료(Writing)

교수자는 스토리보드와 최종결과물에 담긴 영어 쓰기 자료의 수준이나 그 속에 필요한 배경지식을 제대로 조사하여 담았는지 짚어보아야 한다. 교수자는 사전에 작문 과정에서 인공지능의 도움을 받되, 결과값을 판단하고 최종 단계의 쓰기로 완성하는 것은 학습자의 책임이라는 사실을 분명하게 인식시킬 필요가 있다. 필요하다면, 어떤 식으로 영어 쓰기 결과를 내놓을 것인지와 무관하게 몇 개 이상의 어휘나 어구를 익혀야 한다는 구체적 언어 학습 목표를 요구할 수도 있을 것이다.

### 3) 독창성(Originality)

디지털 콘텐츠에 원작을 새롭게 해석하는 신선함이나 창의성이 얼마나 녹아있는지 판단해야 한다. 창의적 작업을 장려해야만 학습자들의 동기를 유발하여 디지털 스토리텔링에 몰입하도록 할 수 있기 때문이다. 다만, 창의성의 수준을 과도할 정도로 높게 설정한다면 자칫 학습자들이 부담을 느껴 탈동기화되거나, 혹은 인공지능에게 의존하여 스스로도 함의를 이해하지 못하는 결과물을 내놓을 수 있다.

### 4) 경제성(Economy)

최종 결과물이 선택과 집중을 통해 원작을 간결하고 압축적으로 구성함으로써 제한된 시간에 디지털을 통해 스토리를 충실히 경험하도록 구성하였는지 여부도 짚어보아야 한다. 디지털 스토리텔링의 목적은 어디까지나 학습경험의 다양성을 확보함으로써 영어능력과 내용지식 확장에 있다. 따라서, 교수자는 학습자들이 말초적 감각만 자극하는 최신 디지털 기술 자체에 매몰되어 에너지를 빼앗기거나, 혹은 기술 전문성을 지닌 소수의 학습자들의 놀이터로 영어수업이 전락토록 방치하지 않아야 한다. 교수자는 수행평가 방식으로 이런 문제가 생기지 않는지 모니터링해야 한다.

### 5) 유려한 구성과 속도(Flow, Organization, Pacing)

교수자는 기술적으로 무난하게 진행되는지 여부도 평가해야 한다. 하이퍼링크가 제대로 구동하여 목적한 정보를 나타내는지, 애니메이션을 비롯한 다양한 매체 효과가 일관된 논리에 따라 배치되고 제대로 작동하는지, 모든 매체 기술이 어우러져 학습자들이 디지털 스토리텔링을 원만하게 감상하는지 등을 짚어보아야 하는 것이다.

〈표 7-7〉 교사의 디지털 스토레틸링 평가 준거(디지털 콘텐츠 구성)

| | |
|---|---|
| 콘텐츠 구성 준거 제시 | 스토리에 2분 이내, 10개 이상의 이미지, 30초 이내의 음악을 사용하고 인용을 달도록 지도했는가? |
| 영어 쓰기 자료 | 계획 문서와 자료 조사 등에서 학생이 작업한 글이 어느 정도의 양질인가? |
| 독창성 | 결과물이 얼마나 창의적인가? 학습자가 독창적인 목소리와 새로운 시각을 보여주었는가? |
| 경제성 | 스토리를 통해 제시된 정보가 체계적으로 선별되고, 우선순위를 매기고, 간극이 있거나 에둘러 표현되지는 않았는가? |
| 유려한 구성과 속도 | 스토리가 잘 조직되어 있는가? 스토리가 부분끼리 충돌하거나 방향성을 상실하지 않고 순조롭게 흘러가는가? |

## 6 디지털 스토리텔링 평가: 콘텐츠 감상과 공유

디지털 콘텐츠 구성에 대해 짚어보았다면, 디지털 스토리텔링이 시청자 혹은 다른 모둠원들의 입장에서 훌륭한 콘텐츠로 받아들여지는지에 대해 짚어보는 작업도 필요하다.

### 1) 제시와 수행(Presentation and performance)

디지털 콘텐츠 유형에 따라 모둠원이 앞으로 나와서 콘텐츠를 구동하면서 역할극 공연처럼 별도의 제시활동을 해야 하는 상황이라면, 콘텐츠 구동과 모둠 공연이 조화를 이루는지 평가해야 한다. 만약 디지털 콘텐츠를 각자의 단말기로 감상하는 경우라면 업로드한 콘텐츠가 어떤 환경에서도 제대로 작동하는지 확인해야 한다.

### 2) 시청자 요구에 부합(Sense of audience)

디지털 스토리텔링이 시청자(다른 모둠원)가 필요로 하거나 흥미를 느끼게 하는지 여부를 점검함으로써 정서에 호소하는 스토리 콘텐츠의 특성을 디지털 매체들을 통해 제대로 구현했는지 짚어볼 수 있다. 예를 들어, 화려한 시청각 효과를 구사했음에도 불구하고, 백설공주 이야기를 그림형제 동화 원작에 충실하게 구성한다면 중고등학생의 시각에서 유치하게 느껴질 수 있다.

### 3) 내용과 어울리는 매체(Media application)

스토리 플롯이나 주제 초점을 살리는 방향으로 매체 사용이 적절했는지 살펴보는 것도 중요하다. 여기에서 의미하는 매체 적용이란 디지털 콘텐츠 제작을 계획하는 단계에서 스토리보드나 토의 과정에서 드러나는 매체 특성 이해 점검이 아니라, 최종 결과물에서 사용된 매체들이 어떤 상호관계로 연결되어 스토리와 관련 내용이 제대로 충실하게 담았는지 종합적으로 평가한다는 뜻이다.

### 4) 매체 특성을 고려한 사용(Media grammar)

만약에 각각의 매체의 특징을 제대로 이해하여 실제로 콘텐츠에 구현했는지 확인할 요량이라면 세부 준거를 잡아 평가해야 한다. 색깔, 모양, 폰트, 크기, 화면 내 배치, 여백 활용, 동영상이나 음향 효과 삽입 등의 준거를 잡아서 모둠별 결과물의 특정 장면을 샘플로 잡아 해당 준거를 정확히 이해하고 활용했는지 미시적으로 점검할 수 있다.

### 5) 인용과 저작권(Citations, Permission)

교수자는 학습자들이 사용한 자료, 기술, 매체들이 저작권에 저촉되었거나 부당하게 원작을 왜곡하지 않았는지 짚어보아야 한다. 국내 저작권법 상으로 초중등학교에서 교육 현장 밖으로 유출되지 않은 교육 목적의 자료 활용에 대해 폭넓게 인정하기는 하지만, 학습자들에게는 올바른 정보윤리를 심어줄 필요가 있다.

〈표 7-8〉 교사의 디지털 스토레틸링 평가 준거(콘텐츠 감상과 공유)

| 준거 | 내용 |
|---|---|
| 제시와 수행 | 동영상, 웹사이트 게시, 청중 앞 공연을 포함하여, 실제로 학생이 얼마나 효과적으로 제시하고 수행하는가? |
| 시청자 요구에 부합 | 스토리가 시청자의 요구에 얼마나 존중하고 이를 잘 반영했는가? |
| 내용과 어울리는 매체 | 신중한 매체 선정과 사용으로 스토리를 균형있게 뒷받침하고 있는가? |
| 매체 특성을 고려한 사용 | 인쇄 매체의 페이지 크기, 글꼴, 색상, 크기, 간격, 구두점처럼 매체마다 지닌 고유한 특성을 잘 이해하고 사용하였는가? |
| 인용과 저작권 | 저작권이 있는 원본 자료의 출처가 제대로 명시되었는가? |

교수자 입장에서는 온라인 협력 과업 결과물을 점검할 때 누가 어느 정도로 성실히 임하고 얼마나 영어와 내용지식이 향상되었는지 가늠하기 어려울 수 있다. 학습자가 작업과정에서 얼마나 많은 영어입력에 노출되었는지 계수화하기란 거의 불가능하기 때문이다. 이런 어려움에도 불구하고, 교수자는 디지털 스토리텔링 콘텐츠 완성 이후에 학습자에게 언어표현, 내용지식 등에서 무엇을 새롭게 알게 되었는지 학습일지(learning log) 양식을 만들어 작성하여 제출토록 할 수 있다. 이렇게 하면 간접적으로나마 배움에 얼마나 진전이 있었는지 짐작하는 것에 도움이 된다. 통계적으로 디지털 스토리텔링이 영어능력 향상에 미친 효과를 확인하려면, 온라인 과업 사전사후에 영어시험을 보고 대응표본 t검정이나 비교군을 설정한 독립표본 t 검정을 실시하여 통계적으로 유의미한 영어능력 향상이 엿보이는지 짚어볼 수도 있을 것이다.

## 7 디지털 스토리텔링 활용 영어수업 절차

다중모드 기반 디지털 스토리텔링 활용 수업은 앞서 언급한 디지털 스토리텔링 제작 단계와 유사한 5단계 절차를 거쳐 수행될 수 있다.

### 1) 의미생성(Meaning-making)

첫 번째 단계에서는 학습자가 목표 구문이나 어휘와 연관된 스토리를 접한 후 스토리의 문제 상황, 캐릭터 변화, 그리고 해결책을 중심으로 내용을 파악한다. 이렇게 선정한 스토리를 해석하고 플롯 구조를 정리하는 의미 생성은 스토리맵 형식으로 정리한다. 여기에서 말하는 스토리맵은 목표로 한 영어표현과 스토리 핵심 내용이 조화를 이루게끔 정리한 문서를 뜻한다. 학습자들은 브레인스토밍을 거쳐 디지털 콘텐츠에 스토리와 관련하여 무엇을 수정 또는 삭제할 것인지 생각을 자유롭게 주고받으면서 필요한 정보를 스토리맵에 반영한다. 필요에 따라, 교사는 학습자들이 디지털 기술에 서툴다고 판단하면서 스토리맵의 일부 내용을 선별하여 매체 간 모드 변환 연습을 시킬 수 있다. 즉, 의미 생성 과정에서는 스토리맵을 통해 스토리의 핵심 내용, 목표 구문과 어휘, 그리고 학습자의 의도가 반영된 내용과 언어적 확장을 시도하고 경우에 따라 디지털 스토리텔링에서 요구하는 매체 변환을 연습하는 것이다.

### 2) 다중모드 처리(Multimodal processing)

두 번째 단계는 디지털 스토리텔링 제작을 준비하기 위해 다음과 같은 순서에 따라 다중모드를 처리한다. 우선, 스토리맵의 주요 정보들을 무슨 디지털/비언어 매체들로 어떻게 창의적으로 재구성할지 구상하는 다중모드 변환(multimodal transduction) 계획을 수립한다. 그 다음에는 비언어 매체들을 구조화하여 만들어낸 풍부하면서도 미묘한 의미 맥락 위에 언어 표현을 덧대어 디지털 스토리텔링을 탄탄하게 조직하는 텍스트 변형(textual transformation) 계획을 세운다. 즉, 디지털 매체 반영 방식을 정리하고 나서 스토리맵의 언어 표현을 어떤 디지털 메시지로 제시할 것인지 정하는 것이다. 이를 통해, 언어표현의 반복 회수, 등장 간격, 글자 크기, 색깔, 모양, 위치, 애니메이션 효과 등을 세밀하게 정리하게 된다.

### 3) 스토리보드 제작(Storyboard)

세 번째 단계인 스토리보드 작업에서는 디지털 스토리텔링의 장면 개수, 장면 당 정보 밀도와 우선 주목 요소, 장면마다 담길 언어표현이나 비언어 매체들의 구체적 적용 양식 등과 같이 디지털 콘텐츠 제작에 필요한 모든 사항을 결정한다. 이런 의미에서, 스토리보드는 디지털 콘텐츠의 세부 작업지시서로 볼 수 있다. 스토리보드의 매체 삽입 순서와 관련하여, 비언어 매체 중에서도 이미지부터 시작하여 애니메이션과 음향 효과 순서대로 작업을 진행하면서 스토리 맥락을 디지털에 담고 나서 다음에 언어표현을 삽입한다(Tanrikulu, 2021). 언어보다 비언어 메시지들을 각 화면에 배치하여 대강의 흐름을 잡은 다음에 언어를 배치해야만 디지털 콘텐츠에서 비언어와 언어 매체의 비율이나 구도가 조화를 이루기 쉽기 때문이다. 언어를 임의로 화면에 배치하면 자칫 이미지를 비롯한 비언어 메시지의 구도와 비율이 어긋나 갈 길을

장면 13/17

| 이야기 요소 | 비언어 매체 | | 언어 표현 | 제작프로그램, 활용기자재 | 역할 분담 |
|---|---|---|---|---|---|
| 인물/문제/해결<br>음식을 많이 먹은 애벌레가 아픔 | 이미지 | 애벌레 | • I'm sick. | PPT<br>녹음 프로그램<br>그림 편집<br>프로그램 | |
| | 이모티콘 | 아픈 얼굴 | | | |
| | 특수문자<br>말풍선 | 애벌레 대사 | | | |
| | 음성<br>음향 | 나레이션, 애벌레 목소리,<br>배탈 난 소리 효과음 | | | |

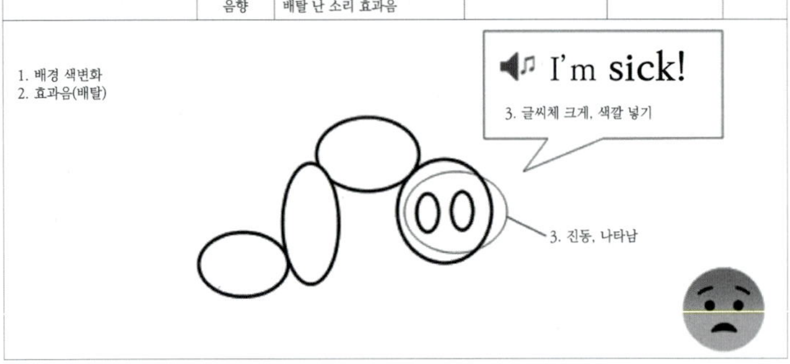


[그림 7-4] 스토리보드 제작 예시

잃을 수 있다. 적정한 장면 개수를 정하는 것도 중요한 논점 중 하나이다. 디지털 콘텐츠에서는 활자매체처럼 매체 종류가 단순하지 않고 다양한 매체들이 공존하는 정보 집약적 속성을 지니고 있다. 일반적으로, 그림책 페이지의 평균 분량의 절반에 해당하는 17개 정도가 적합하다는 연구결과(Korat & Falk, 2019)를 고려할 때 대략 15개 장면 내외가 무난한 분량일 것으로 생각된다.

#### 4) 디지털 콘텐츠 개발(Digital contents development)

네 번째 단계에서는 디지털 스토리텔링을 제작한다. 교수자는 학습자들의 시간과 노력을 절약하기 위해 유용한 온라인 자료들을 제공하거나 관련 사이트를 안내해야 한다. 이와 동시에, 교수자는 학습자마다 스토리보드에 정리한 것을 디지털에 구현하기 위해 나누어 수행하기로 한 역할을 제대로 하고 있는지 모니터링해야 한다. 디지털 콘텐츠 완성에 시간이 걸릴 것으로 예상되는 경우에는 사전에 약속한 개별 과업을 완료한 후 온라인 혹은 오프라인 협력 과업을 수행토록 한다. 최종 완료 단계에서는 오프라인으로 만나 각자의 단말기를 켜고 동시에 작업하며 완성도를 높이는 편이 일반적이다. 자신의 역할이 아닌 부분에 대해 교차점검하는 것처럼, 모둠 내에서 콘텐츠가 원하는 대로 만들어지는지 스스로 점검하는 계획을 사전에 수립하여 결과물의 완성도를 높이는 것도 잊지 말아야 한다.

#### 5) 공유와 수정(Share and modification)

마지막으로 다섯 번째 단계에서는 모둠의 결과물을 공유하고 수정하는 상호작용을 통해 결과물의 완성도를 끌어 올린다.

다른 모둠원의 코멘트를 반영하여 언어표현과 비언어 디지털 매체들을 수정하는 과정은 자연스럽게 추가적인 언어입력과 출력 기회를 제공하는 동시에 스토리를 깊이 다시 들여다보며 음미하도록 한다. 교수자는 어떤 피드백을 할지에 대한 준거를 사전에 제시하여 학습자들이 편향된 의견을 제공하지 않도록 해야 한다. 또한, 동료평가를 통해 디지털 스토리텔링 콘텐츠 제작 과정에서 모둠원의 기여도가 어떠한지와 전체 최종결과물의 완성도에 관한 양적 자료를 확보할 수 있다. 인공지능 기술이 허락한다면, 모둠의 온라인 토의와 제작 과정을 녹화한 자료를 토대로 학습자 참여도를 기계적으로 분석할 수도 있다.

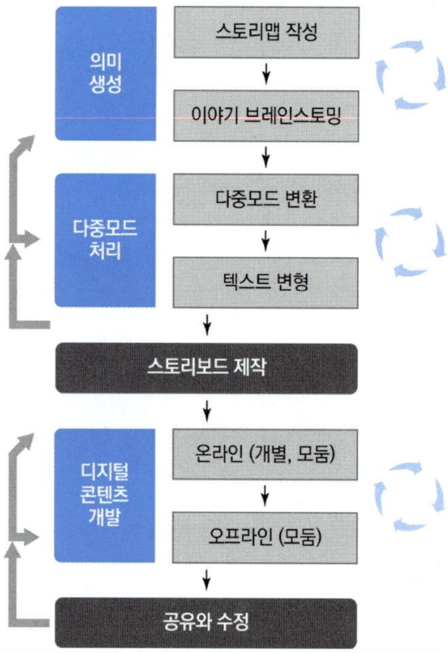


[그림 7-5] 디지털 스토리텔링 활용 영어수업 절차

앞에서 논한 디지털 스토리텔링 콘텐츠 제작 과정을 총정리하면 다음과 같다. 의미 생성 단계에서는 스토리 핵심 정보와 목표언어 표현을 결합하여 스토리맵을 완성한 후, 모둠원들의 아이디어를 덧붙이거나 디지털 매체들의 사용 기법을 훈련하는 브레인스토밍을 실시한다. 다중모드 처리에서는 스토리맵 정보 중에서 비언어 매체로 어떻게 변환할지에 대해 확정한 다음에 목표언어 표현의 제시 방식을 결정한다. 스토리보드 제작에서는 콘텐츠의 장면 개수를 비롯하여 각 장면별로 비언어와 언어 매체의 선정과 배치 계획을 확정하여 정리한다. 디지털 콘텐츠 개발 단계에서는 교사와 모둠원의 피드백을 지속적으로 반영하면서 디지털 콘텐츠를 만든다. 이 과정에서 자료 검색, 이미지나 동영상 제작과 편집, 녹음 등의 개별 과업을 수행하여 콘텐츠 플랫폼에 탑재하고, 이를 토대로 모둠원이 토의하면서 공동의 결과물을 제작한다. 공유와 수정 단계에서는 1차 완성본을 온라인에 게시하고 피드백을 받아 최종결과물을 완성한다. 마지막으로, 교실수업 적용 과정에서 학습자들이 스토리를 해석하는 과정에 공을 들여야 할 뿐 아니라 콘텐츠 제작에 적지 않은 시간이 들 가능성이 크기 때문에 첫 번째 “의미 생성” 단계와 네 번째 “디지털 콘텐츠 개발” 단계에 차시를 더 할애하는 것이 일반적일 것이다.

AI

CHAPTER 08

# 자연어 처리와 영어교육

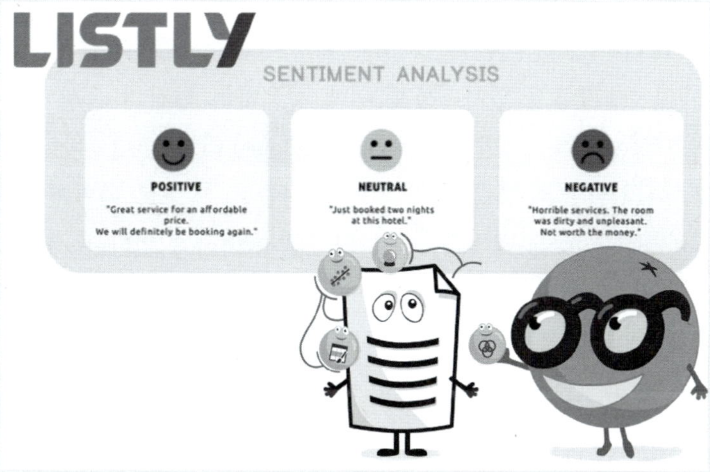


오늘날 영어교육 영역과 인공지능을 비롯한 에듀테크 분야의 접목이 그 어느 때보다 도 활발하다. 그 가운데 의사소통 챗봇, 자동 평가, 기계 번역 등 최근의 영어교육과 에듀테크 융합 영역의 핵심 기술인 자연어 처리(Natural Language Processing: NLP)가 영어교육 관계자의 많은 주목을 받고 있다. 자연어 처리가 영어교육에 어떻게 적용되고 있으며, 또 영어 교사와 연구자들은 자연어 처리 기술을 어떻게 활용할 수 있을까? 본 장에서는 먼저 자연어 처리의 개념과 특징, 그리고 영어교육과 연구 영역에서 자연어 처리 활용 사례에 관해 알아본다. 이를 바탕으로 웹 스크래핑 도구 LISTLY를 활용해 텍스트 자연어를 수집하고, 직관적인 드래그앤 드롭 인터페이스로 자연어 처리를 할 수 있는 오픈 소스 Orange 3 프로그램을 활용해 텍스트 자연어 감성 분석을 중심으로 자연어 처리를 실습해보도록 하겠다. 이 과정을 통해 독자가 영어교육 및 연구 영역에서 교사 또는 연구자로서 지녀야 할 안목을 키워가기를 기대한다.

SECTION

# 01 자연어 처리와 Orange 3

## ① 자연어 처리(Natural Language Processing)의 기본 개념

### 1) 자연어(Natural Language)란 무엇일까?

인간은 일상생활에서 타인과의 소통을 위해 언어를 사용한다. 그리고 그 언어는 음성 또는 텍스트의 형태를 취한다. 이렇게 일상생활에서 의사소통을 위해 사용하는 인간의 음성 또는 텍스트 언어를 '자연어(natural language)'라고 한다. 바로 지금, 여러분이 본 책을 펼쳐 저자가 산출한 '텍스트 자연어(text natural language)'를 읽고, 그 의미를 이해하고 있다는 사실을 상기한다면 자연어가 무엇인지에 대해 쉽게 이해할 수 있을 것이다.

이러한 자연어를 활용해 인간은 자신의 사고, 감정, 행동 등을 표현한다. 즉, 음성 또는 텍스트로써 우리의 생각이나 마음을 드러내고, 타인에게 전달한다. 그리고 자연어는 지역과 문화에 따라 형태와 규칙이 다양하다. 한국어와 영어가 특정 국가 사람들이 공유하는 언어이고, 문장의 기본 성분으로서 주어와 술어가 있는 등의 공통점이 있으나, 두 언어 세부 문법 구조에는 차이가 있을 뿐만 아니라 음성 표현과 문자 표기 방법 또한 상당히 다른 것은 자연어 다양성의 좋은 예가 될 것이다.

이러한 다양한 종류의 자연어는 그것의 세부 구조 또한 매우 폭넓고 복잡하다. 그리고 한국어처럼 한 국가와 사회가 공유하는 같은 종류의 자연어라고 하더라도 상황에 따라 그 형태와 의미가 달라질 수 있다. 또한 인간은 다양한 의미와 감정 전달을 위해 매우 창의적으로 자연어를 생산한다. 즉, 자연어는 고정된 형태나 불변의 구조를 가지지 않는 유연하고, 다양하고, 비선형적인 특징을 갖고 있다. 그러므로 우리는 분석 대상 데이터로서 자연어를 취급할 때 '자연어는 비정형적(unstructured)이다'라고 말한다(Gharehchopogh & Khalifelu, 2011).

자연어 데이터의 비정형성은 정형적(structured) 데이터와의 비교를 통해 쉽게 이해할 수 있다. 아래 Microsoft Excel 스프레드시트의 행과 열에 잘 정리된 숫자 데이터와 별다른 정리 없이 Notepad 흰 바탕에 보이는 텍스트 데이터를 비교해 살펴보면 자연어 중에서도 텍스트 자연어 데이터의 비정형성을 직관적으로 파악할 수 있을 것이다.

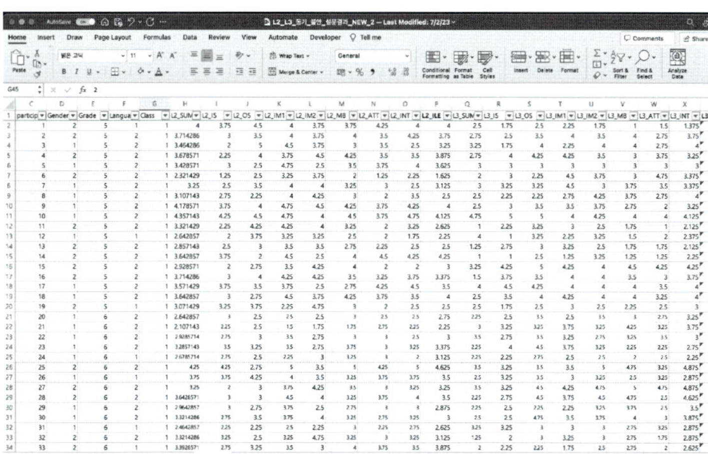


[그림 8-1] 정형 데이터: 숫자

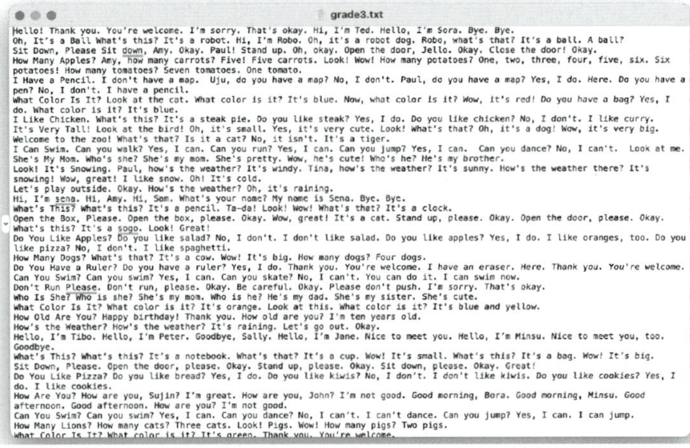

grade3.txt

Hello! Thank you. You're welcome. I'm sorry. That's okay. Hi, I'm Ted. Hello, I'm Sora. Bye. Bye.
Oh, It's a Ball What's this? It's a robot. Hi, I'm Robo. Oh, it's a robot dog. Robo, what's that? It's a ball. A ball?
Sit Down, Please Sit down, Amy. Okay. Paul! Stand up. Oh, okay. Open the door, Jello. Okay. Close the door! Okay.
How Many Apples? Amy, how many carrots? Five! Five carrots. Look! Wow! How many potatoes? One, two, three, four, five, six. Six potatoes! How many tomatoes? Seven tomatoes. One tomato.
I Have a Pencil. I don't have a map.  Uju, do you have a map? No, I don't. Paul, do you have a map? Yes, I do. Here. Do you have a pen? No, I don't. I have a pencil.
What Color Is It? Look at the cat. What color is it? It's blue. Now, what color is it? Wow, it's red! Do you have a bag? Yes, I do. What color is it? It's blue.
I Like Chicken. What's this? It's a steak pie. Do you like steak? Yes, I do. Do you like chicken? No, I don't. I like curry.
It's Very Tall! Look at the bird! Oh, it's small. Yes, it's very cute. Look! What's that? Oh, it's a dog! Wow, it's very big.
Welcome to the zoo! What's that? Is it a cat? No, it isn't. It's a tiger.
I Can Swim. Can you walk? Yes, I can. Can you run? Yes, I can. Can you jump? Yes, I can.  Can you dance? No, I can't.  Look at me.
She's My Mom. Who's she? She's my mom. She's pretty. Wow, he's cute! Who's he? He's my brother.
Look! It's Snowing. Paul, how's the weather? It's windy. Tina, how's the weather? It's sunny. How's the weather there? It's snowing! Wow, great! I like snow. Oh! It's cold.
Let's play outside. Okay. How's the weather? Oh, it's raining.
Hi, I'm sena. Hi, Amy. Hi, Sam. What's your name? My name is Sena. Bye. Bye.
What's This? What's this? It's a pencil. Ta-da! Look! Wow! What's that? It's a clock.
Open the Box, Please. Open the box, please. Okay. Wow, great! It's a cat. Stand up, please. Okay. Open the door, please. Okay.
What's this? It's a sogo. Look! Great!
Do You Like Apples? Do you like salad? No, I don't. I don't like salad. Do you like apples? Yes, I do. I like oranges, too. Do you like pizza? No, I don't. I like spaghetti.
How Many Dogs? What's that? It's a cow. Wow! It's big. How many dogs? Four dogs.
Do You Have a Ruler? Do you have a ruler? Yes, I do. Thank you. You're welcome. I have an eraser. Here. Thank you. You're welcome.
Can You Swim? Can you swim? Yes, I can. Can you skate? No, I can't. You can do it. I can swim now.
Don't Run Please. Don't run, please. Okay. Be careful. Okay. Please don't push. I'm sorry. That's okay.
Who Is She? Who is she? She's my mom. Who is he? He's my dad. She's my sister. She's cute.
What Color Is It? What color is it? It's orange. Look at this. What color is it? It's blue and yellow.
How Old Are You? Happy birthday! Thank you. How old are you? I'm ten years old.
How's the Weather? How's the weather? It's raining. Let's go out. Okay.
Hello, I'm Tibo. Hello, I'm Peter. Goodbye, Sally. Hello, I'm Jane. Nice to meet you. Hello, I'm Minsu. Nice to meet you, too. Goodbye.
What's This? What's this? It's a notebook. What's that? It's a cup. Wow! It's small. What's this? It's a bag. Wow! It's big.
Sit Down, Please. Open the door, please. Okay. Stand up, please. Okay. Sit down, please. Okay. Great!
Do You Like Pizza? Do you like bread? Yes, I do. Do you like kiwis? No, I don't. I don't like kiwis. Do you like cookies? Yes, I do. I like cookies.
How Are You? How are you, Sujin? I'm great. How are you, John? I'm not good. Good morning, Bora. Good morning, Minsu. Good afternoon. Good afternoon. How are you? I'm not good.
Can You Swim? Can you swim? Yes, I can. Can you dance? No, I can't. I can't dance. Can you jump? Yes, I can. I can jump.
How Many Lions? How many cats? Three cats. Look! Pigs. Wow! How many pigs? Two pigs.
What Color Is It? What color is it? It's green. Thank you. You're welcome.

[그림 8-2] 비정형 데이터: 자연어 텍스트

그렇다면 오늘날 우리 주변에는 정형 데이터와 비정형 데이터 중 어떤 것이 더 많이 있을까? 정답은 [그림 8-2]와 같은 비정형 데이터이다. 이는 정보와 데이터가 생성되고 사용되는 방식에 기인한다. [그림 8-1]과 같은 정형 데이터는 명확하게 정의된 형태와 구조를 갖고 있으므로 전통적인 데이터베이스 시스템에서 처리, 저장, 검색이 가능한 형태의 데이터이다. 그러나 [그림 8-2]와 같은 텍스트 자연어 비정형 데이터는 구조화되지 않은 데이터로서 일반적인 데이터베이스나 스프레드시트의 형과 열 형태로 쉽게 분류 또는 정리될 수 없다. 비정형 데이터에는 앞서 언급한 텍스트로 구성된 도서, 소셜 미디어(SNS) 게시물, 이메일, 문자 메시지뿐만 아니라 비디오, 오디오, 웹페이지 내용, 이미지 및 사진 등으로 그 종류와 형태가 매우 다양하다. 특히, 이러한 비정형 데이터의 유형과 양은 인터넷, 스마트폰, 디지털 기술의 발달에 따라 급격히 증가하고 있으며, 현재 생성되는 데이터의 대부분을 차지한다. [그림 8-3]을 살펴보자.

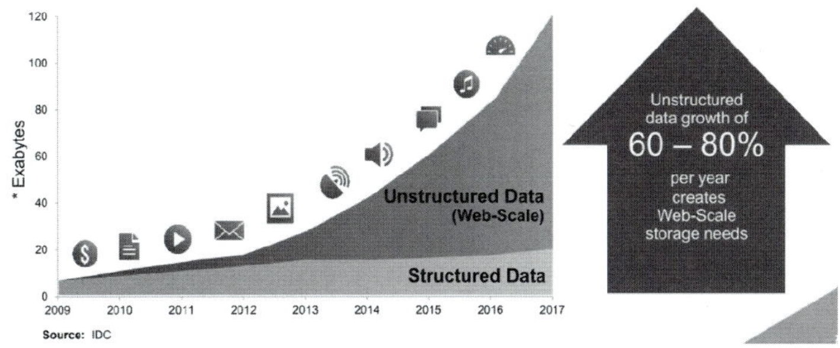


[그림 8-3] 비정형적 데이터의 증가 양상(출처: IDC)

IDC(International Data Corporation)에 따르면 2012년을 전후로 비정형 데이터의 양이 정형 데이터에 비해 폭발적으로 증가하였다. 이는 스마트폰, 태블릿 PC 등의 보급, 소셜 미디어의 성장, 멀티미디어 콘텐츠의 증가 등에 따라 다양한 형태의 비정형 데이터가 매우 쉽고 빠르게 생성될 수 있음에 따른 것이다. 그리고 그 양이 아주 방대한 비정형 데이터 내에서 자연어 데이터가 차지하는 비중을 수치적으로 정확히 따져보기는 어려우나, 음성 및 텍스트 자연어가 그 유형적 측면에서 비정형 데이터의 중요한 부분을 차지한다는 사실은 명확하다.

정형 데이터와 비정형 데이터는 데이터 분석의 관점에서 또한 그 차이가 분명하다. 정형 데이터는 숫자 등으로 구성되었기 때문에 정해진 통계 공식을 적용할 수 있는 SPSS(Statistical Package for the Social Sciences) 등과 같은 컴퓨터 프로그램을 활용하여 그 데이터가 갖고 있는 통계적 유의미함을 분석해 볼 수 있다. 그러나 자연어와 같은 비정형 데이터는 그 내용과 형식이 매우 복잡하고 다채롭기 때문에 정형 데이터만을 다룰 수 있는 프로그램으로는 자연어를 분석할 수 없다. 즉, 앞서 언급한 SPSS 프로그램으로는 자연어를 분석할 수 없는 것이다.

따라서, 숫자와 같은 정형 데이터를 분석하는 '통계' 기법이 있는 것과 마찬가지로 자연어 비정형 데이터를 분석하는 '자연어 처리' 분야가 최근 많은 주목을 받고 있다(Khurana 외, 2022).

### 2) 자연어 처리란 무엇일까?

컴퓨터 기술의 비약적인 발전에 따라 인간과 컴퓨터 간 효과적인 의사소통의 필요성이 대두되었다. 그리고 이는 인간이 컴퓨터의 언어를 이해하고, 또한 컴퓨터가 인간의 언어를 이해해야 할 필요성으로 심화되었다. 전자는 인간이 컴퓨터의 언어를 사용하여 컴퓨터에게 특정한 작업을 지시하는 프로그래밍으로, 후자는 컴퓨터가 인간의 텍스트나 음성 언어를 이해하고 처리하는 자연어 처리로 정의할 수 있다. 이 가운데 본 장에서 다루고 있는 자연어 처리는 비정형 데이터인 인간 자연어에 대한 기술적이고 체계적인 분석을 기반으로 자연어를 컴퓨터가 이해할 수 있는 형태로 처리하거나, 반대로 컴퓨터의 언어를 인간이 이해할 수 있는 언어로 생성할 수 있도록 하는 컴퓨터 과학의 한 분야이다. 즉, 자연어 처리는 인간이 사용하는 음성 및 텍스트 자연어를 분석, 이해, 생성을 탐구하는 분야라고 할 수 있다. 그리고 최근 인터넷과 멀티미디어 자료를 중심으로 자연어의 종류와 양이 매우 방대하게 증가하고 있음에 따라 자연어 처리 기술의 종류와 활용 방안 또한 아주 빠르게 발전하고 있다. 이러한 자연어 처리 분야의 세부 기술과 그것이 활용되는 예를 음성과 텍스트 자연어로 구분해서 살펴보면 <표 8-1>과 같다.

〈표 8-1〉 자연어 처리 활용 분야: 음성 자연어 및 텍스트 자연어

| 종류 | 기술 | 내용 | 예시 |
|---|---|---|---|
| 음성 자연어 | 음성 인식 | 인간의 음성을 인식하고 분석하여 텍스트로 변환한다. | Speech to text, Apple Siri, Google Assistant, Samsung Bixby, 자동 자막 생성 |
| | 음성 합성 및 생성 | 텍스트 데이터를 자연스러운 음성으로 변환한다. | Text to speech, 오디오북, 문자 기반 음성 안내 시스템 |
| | 음성 감정 분석 | 인간 음성의 톤, 강세 등을 분석하여 화자 감정 상태를 파악한다. | 고객 서비스 통화 분석 |
| 텍스트 자연어 | 텍스트 분류 | 텍스트 데이터를 분석하여 특정 카테고리나 라벨로 분류한다. | 스팸 이메일 필터링, 뉴스 기사 유목화 |
| | 기계 번역 | 한 언어로 된 텍스트를 다른 언어로 번역한다. | Google Translator, DeepL translator |
| | 감정 분석 | 텍스트에서 긍정적, 부정적, 중립적 감정 상태를 분석한다. | 소셜 미디어의 대중 감정 분석, 사용자 제품 리뷰 분석 |
| | 텍스트 생성 | 대형 언어 모델 기반 AI 알고리즘을 활용해 사용자 요구에 맞는 텍스트를 생산한다. | ChatGPT, Google Gemini 등 생성형 AI |
| | 텍스트 요약 | 빅 텍스트 데이터에서 핵심 정보를 추출한다. | 뉴스 요약, 연구 논문 요약 |

〈표 8-1〉과 같은 음성 및 텍스트 자연어 처리 기술 활용 사례들은 해당 기술이 어떻게 일상 생활, 비즈니스, 교육 등 다양한 분야에 걸쳐 광범위하게 적용될 수 있는지를 보여준다. 즉, 음성 자연어 처리와 텍스트 자연어 처리 모두 기술적으로 인간과 컴퓨터 간의 상호작용을 더 자연스럽고 효율적인 방향으로 발전하면서 그 활용 범위 또한 확장되고 있다.

최근에는 이러한 자연어 처리 기술의 교육적 활용이 주목받고 있다(진성희, 2022). 예를 들어, 학습자는 음성 인식과 생성 기능을

갖춘 교육용 챗봇과의 대화를 통해 개별화된 학습에 참여할 수 있다. 그리고 다양한 언어 배경을 가진 학습자들은 텍스트 번역 기술을 활용해 여러 교육 자료에 쉽게 접근할 수 있다. 나아가 학습자들은 교수자의 강의 내용을 분석 및 요약하여 학습의 주요 정보를 더 빨리 이해할 수도 있다. 교사의 입장에서 또한 학습자 자연어 분석을 통해 학습자의 학습 수준을 파악하여 개인화된 학습 경험을 제공해 줄 수 있다. 그리고 학습자의 학습 결과에 관한 자연어 처리를 통해 자동화된 평가와 피드백을 제공할 수도 있다.

한편, 위와 같은 자연어 처리 기술의 특징이 영어교육의 고유한 성격과 잘 맞닿아 있음에 주목할 필요가 있다. 영어교육은 목표어 습득의 복잡성, 의사소통 능력의 중요성, 개인화된 학습의 필요성, 실용적 응용의 중요성이 타 교과보다 비교적 더 두드러지는 영역이다. 실제로, 자연어 처리 기술이 이러한 영어교육의 특성에 부합하는 다양한 기능으로 구현될 수 있음을 〈표 8-1〉을 통해 먼저 추측할 수 있다. 보다 구체적으로, 영어교육에서의 자연어 처리를 활용해 학습자 언어 및 교재 언어 분석, 실시간 영어 의사소통 연습, 개인화된 영어 학습 지원 등을 구현할 수 있다. 나아가 해당 자연어 처리의 결과를 학습자 영어 습득 과정 및 사용 양상 분석, 교재 언어의 구조 분석, 새로운 교수·학습 방법 개발 등과 같은 영어교육 연구에서 또한 적극적으로 응용할 수 있다. 즉, 최근 계속해서 발달하고 있는 자연어 처리 기술은 영어교육 및 영어교육 연구 영역에서 매우 유용하게 활용될 수 있는 이상적인 도구가 될 수 있다.

## ② 영어교육 및 연구 영역에서의 자연어 처리 활용

### 1) 영어교육에서의 자연어 처리 활용

영어 수업 상황에서는 학습자의 목표 자연어(영어)가 음성과 텍스트 형태로 자연스럽게 산출된다. 그리고 의사소통역량 함양이라는 우리나라 영어교육과정 맥락에서 제작된 교재는 대화(dialog)가 핵심 언어 재료가 되며, 해당 대화가 일상생활 소재를 기반으로 하고 있음을 고려하였을 때 그것은 또 다른 형태의 자연어로 볼 수 있다. 이렇게 영어 수업 상황과 교재 등에서 필연적으로 자연어가 다루어진다는 점을 생각하면 영어교육 영역에서 자연어 처리 기술의 활용은 학습자의 언어능력 향상과 교재 및 교육과정의 효과성 증대에 이바지할 수 있다(Meurers, 2012). 자연어 처리가 영어교육에 활용되는 예시를 〈표 8-2〉를 통해 더 자세히 살펴보자.

〈표 8-2〉 영어교육에서의 자연어 처리 활용 예시

<table>
<tr><th>예시</th><th>내용</th><th>기술</th><th>종류</th></tr>
<tr><td>대화형 챗봇을 활용한 영어 대화 연습</td><td>실제 대화와 유사한 환경에서 영어 음성언어 기능을 연습한다.</td><td>음성 인식 및 생성</td><td>음성 자연어</td></tr>
<tr><td>기계 번역을 활용한 영어 의미 이해</td><td>영어를 우리말로 번역하여 영어 단어, 어구, 문장 등의 의미를 이해한다.</td><td>텍스트 기계 번역</td><td rowspan="3">텍스트 자연어</td></tr>
<tr><td>영어 텍스트 분석을 통한 읽기 자료의 난이도 조절 및 선택</td><td>학습자 읽기 수준에 맞는 자료를 선택하기 위해 다양한 영어 텍스트의 어휘 난이도와 문법적 복잡성을 분석한다.</td><td>텍스트 분석 및 분류</td></tr>
<tr><td>자동화된 영어 작문 평가 및 피드백</td><td>학습자의 에세이나 작문을 자동으로 평가하고, 문법, 구문, 어휘 사용 등에 대한 구체적인 피드백을 제공한다.</td><td>텍스트 분석 및 생성</td></tr>
</table>

| 예시 | 내용 | 기술 | 종류 |
|---|---|---|---|
| 영어 음성 인식과 영어 발음 교정 | 음성 인식 기술을 활용하여 학습자의 발음을 자동으로 평가하고, 정확한 발음을 위한 피드백을 제공한다. | 음성 인식 및 텍스트 생성 | 음성 및 텍스트 자연어 |
| 영어 학습 게임 및 애플리케이션 | 스마트기기 게임이나 앱에서 사용자의 영어 입력을 분석하고 적절한 성 또는 텍스트 응답을 생성한다. | 음성, 텍스트 인식 및 생성 | |
| 개인화된 학습 경험 제공 | 학습자 자연어 처리를 통해 언어 수준, 선호도, 학습 스타일을 분석하여 개인화된 학습 자료를 제공. 학습자의 오답 패턴을 분석해 약한 부분을 강화하는 맞춤형 연습 문제를 제공한다. | 음성, 텍스트 인식 및 생성 | |

위와 같은 영어교육에서의 자연어 처리 활용 예시를 종합해 보면 자연어 처리 기술의 활용은 기본적으로 학습자 맞춤형 교육 실현에 효과적임을 알 수 있다. 다시 말해, 여전히 한 명의 교사와 다수의 학생이 있는 영어 교실 상황에서 개별 학습자는 음성 언어 챗봇을 활용하여 자신의 수준에 맞는 영어 대화를 할 수 있고, 교사는 개별 학습자가 산출한 음성 및 텍스트 자연어 처리 결과를 활용해 개인화된 학습 콘텐츠 제공의 근거를 더 손쉽게 마련할 수 있는 것이다. 이는 일종의 데이터 기반 교육 개선의 사례로서 한정된 교실 상황에서의 시간과 자원을 최적화할 수 있고, 개별 학습자의 다양한 요구를 충족할 수 있다는 데서 긍정적이다. 이러한 내용을 바탕으로 영어교육에서의 자연어 처리 기술은 앞으로도 다양한 학습 프로그램 및 콘텐츠 제작에 적극적으로 활용될 것으로 보인다.

### 2) 영어교육 연구 영역에서 자연어 처리 활용

자연어 처리는 영어교육 연구 영역에서 또한 매우 유용한 도구로 활용될 수 있다. 이는 기본적으로 연구자(researcher)가 자연어 처리 기술을 활용해 학습자와 교수·학습 자료의 음성 및 텍스트 자연어를 분석함으로써 영어교육 방법, 영어 교재 구성, 학습자 평가 등과 관련하여 깊은 통찰을 얻을 수 있기 때문이다(Kyle, 2021). 실제로 앞서 〈표 8-2〉를 통해 살펴본 영어교육 영역에서의 자연어 처리의 사례는 모두 다양한 맥락에서 수행된 관련 연구 결과를 기반으로 하여 교육 방법으로서 영어교육 현장에 제안된 것이다. 〈표 8-3〉은 영어교육 연구와 관련된 자연어 처리 활용 영역이다. 각 영역은 음성 및 텍스트 자연어 처리 기술이 동시적으로 사용되어 각 영역에 관한 깊이 있는 이해에 도움을 준다.

〈표 8-3〉 영어교육 연구에서의 자연어 처리 활용 영역

| 영역 | 내용 |
|---|---|
| 학습자 영어 이해 및 사용 패턴 분석 | 학습자의 영어 이해 및 사용 패턴을 분석한다. 이를 통해 학습자 언어 습득 과정에서의 일반적인 오류, 언어 이해와 사용의 변화, 관련 학습자의 영어 습득 양상을 측정할 수 있다. |
| 영어 교수 · 학습 자료 개발 | 다양한 영어교육 자료의 언어적 복잡성과 적합성을 분석할 수 있으며, 이를 통해 더 효과적인 교재와 학습 자료를 개발할 수 있다. |
| 영어 자동화 평가 도구 개발 | 작문, 발음, 어휘 등을 자동으로 평가하는 도구를 개발하여 언어능력 평가 관련 연구를 진행할 수 있다. 이는 교육 평가의 효율성과 정확성 제고에 기여할 수 있다. |
| 언어 습득 이론 검증 및 개발 | 학습자 음성 및 텍스트 자연어 처리 결과는 언어 습득 이론을 검증하고 새로운 이론을 개발하는 데 활용될 수 있다. 이는 인간 언어 습득 현상의 본질에 대한 더 깊은 이해를 가능하게 한다. |

| 영역 | 내용 |
|---|---|
| 언어와 환경의 상호작용 분석 | 자연어 처리는 다양한 언어 환경과 상황에서의 언어 사용을 분석할 수 있으며, 이는 효과적인 영어교육 환경에 대한 통찰력을 제공한다. |
| 개인화된 영어 학습 경험 연구 | 학습자 자연어 산출 결과를 처리 및 분석하고, 이를 학습 결과와 함께 분석하여 개인화된 학습 경험이 언어 학습에 미치는 영향을 조사할 수 있다. |
| 실시간 언어 데이터 분석 | 소셜 미디어, 웹사이트, 온라인 학습 플랫폼 등에서 해당 서비스 사용자의 실시간 언어 사용 데이터를 분석하여 해당 맥락에서 산출된 자연어 사용 양상을 연구 질문에 맞게 분석할 수 있다. |

한편, 특정 영역에서의 연구(research)는 해당 영역에서 유의미한 연구 질문을 구체적으로 설정하고, 이를 과학적인 연구 방법 활용해 답하며 논의하는 매우 논리적인 과정이다. 따라서 영어교육 연구 영역에서의 자연어 처리 활용을 위해 다음과 같은 연구 과정을 반드시 염두에 둘 필요가 있다.

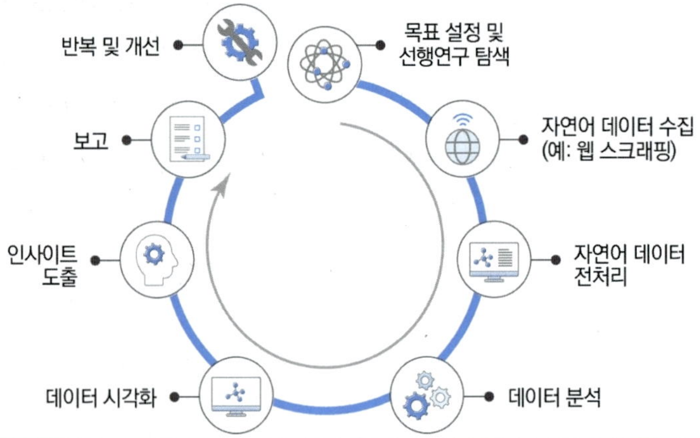


[그림 8-4] 자연어 처리를 활용한 연구 과정

첫째, 목표 설정(setting a research goal and reviewing literature)은 연구자로서 특정 자연어를 왜 수집 및 분석하고자 하는지 분석 주제와 목표를 설정하는 것이다. 이 절차는 영어교육 연구 영역의 맥락을 고려하여 타당하고 유의미한 연구 문제를 던지는 것으로 구체화할 수 있다. 그리고 이 과정에서 관련 선행연구 탐색이 필연적으로 함께 이루어진다. 연구의 핵심 주제와 관련하여 어떤 연구가 이루어졌는지, 연구 문제가 이미 선행연구에서 다루어진 바는 없는지 등을 선행연구 탐색의 과정에서 확인하며 연구의 목표와 연구 문제를 정교화할 수 있다.

둘째, 자연어 데이터 수집(collecting natural language data)은 앞서 설정한 연구 문제에 답을 하기 위해 자연어 데이터를 수집하는 단계이다. 전술한 것과 같이 자연어 데이터는 비정형적이다. 또한 그 형식이 매우 다양하기 때문에 분량과 범위가 매우 방대할 수 있다. 이를 염두에 두고, 연구 문제에 답을 하기 위해 분석이 필요한 자연어 데이터를 직접 수집한다. 예를 들어, 2절의 예시와 관련하여 소셜 미디어와 같은 웹사이트의 자연어 데이터를 수집하고자 할 경우 웹 스크래핑(web scrapping) 또는 웹 크롤링(web crawling)을 활용할 수 있다(김영선, 서춘원, 2018).

셋째, 자연어 데이터 전처리(preprocessing) 단계이다. 비정형적인 자연어는 용어 그대로 인간에 의해 자연스럽게 산출된 자료이기 때문에 그 형태와 양상이 매우 다양하다. 분석 목적에 따라 다르겠으나 수집된 자연어 데이터를 그대로 분석하면 설정한 연구 문제에 대한 답을 제대로 얻을 수 없다. 즉, 수집된 자연어 데이터에 대한 전처리가 꼭 필요하다. 해당 전처리의 구체적인 예시는 품사(Part of Speech: POS) 태깅, 토큰화

(tokenization), 연구 주제와 직접적으로 관련 없는 불용어(stop words) 제거, 지정어 설정, 개념 및 용어 일원화 등과 같다. 실제로 자연어 처리의 목적 달성을 위해 자연어 전처리 과정은 매우 중요하며, 위에 언급한 전처리 기법은 연구 목적에 맞게 선택적으로 활용된다. 각각의 기법의 목적과 방법은 사용하고자 하는 자연어 처리 프로그램에 따라 다양하므로, 보다 심화된 형태의 자연어 처리를 계획하고 있다면 반드시 별도의 학습을 통해 전처리의 목적과 방법을 익힐 필요가 있다(조규희, 심창용, 2022).

넷째, 자연어 데이터 분석(analyzing data) 과정은 목적에 맞게 전처리된 자연어 데이터를 연구 문제에 맞게 분석하는 것이다. 예를 들어, 연구의 목적이 특정 텍스트 자연어 데이터를 간단한 시각이미지로 제시하는 것이라면 워드 클라우드(word cloud)를, 이를 분류하는 것이라면 텍스트 분류(text classification)를, 자연어에서 핵심적으로 드러나는 개념 간의 관련성을 살펴보고자 할 경우에는 의미 연결망 분석(semantic network analysis)을, 사용자 자연어에서 드러나는 감성을 분석하고자 하는 경우는 감성 분석(sentiment analysis)을, 방대한 텍스트에서 주제어(topic words)를 추출하고자 하는 경우는 토픽 모델링(topic modeling) 등을 활용해야 한다. 연구의 목적에 맞는 각각의 자연어 처리 기법들을 학습해둔다면 연구자로서 자연어 처리를 매우 다양하게 활용할 수 있다(조규희, 2021; 조규희, 심창용, 2022).

다섯째, 데이터 시각화(visualizing data)이다. 자연어 처리 결과는 종종 복잡한 분석 결과를 생산한다. 따라서 관련 정보를 더 효과적으로 전달하기 위해 그 결과를 시각화하는 것은 매우 중요하다. 이는 복잡한 데이터를 직관적으로 파악하기 쉬운 형태로 전환하여 데이터 탐색 및 이해를 돕는다. [그림 8-5], [그림 8-6] 비교를 통해 텍스트 자연어 처리 결과를 수치로 분석한 결과와 이를 의미 연결망으로 시각화한 결과를 비교해보자(조규희, 2021).

| | word | English | Other_subjects | ratio_English | ratio_Other_subjects | odds_ratio |
|---|---|---|---|---|---|---|
| 1 | perceived | 9 | 0 | 0.0027092929 | 0.0001877582 | 14.42969385 |
| 2 | books | 7 | 0 | 0.0021674343 | 0.0001877582 | 11.54375508 |
| 3 | blended | 6 | 0 | 0.0018965050 | 0.0001877582 | 10.10078569 |
| 4 | efl | 6 | 0 | 0.0018965050 | 0.0001877582 | 10.10078569 |
| 5 | outcomes | 6 | 0 | 0.0018965050 | 0.0001877582 | 10.10078569 |
| 6 | picture | 6 | 0 | 0.0018965050 | 0.0001877582 | 10.10078569 |
| 7 | suggestions | 6 | 0 | 0.0018965050 | 0.0001877582 | 10.10078569 |
| 8 | underachievers | 6 | 0 | 0.0018965050 | 0.0001877582 | 10.10078569 |
| 9 | classrooms | 11 | 1 | 0.0032511514 | 0.0003755163 | 8.65781631 |
| 10 | degree | 5 | 0 | 0.0016255757 | 0.0001877582 | 8.65781631 |
| 11 | class | 4 | 0 | 0.0013546464 | 0.0001877582 | 7.21484692 |
| 12 | factor | 4 | 0 | 0.0013546464 | 0.0001877582 | 7.21484692 |
| 13 | graduate | 4 | 0 | 0.0013546464 | 0.0001877582 | 7.21484692 |
| 14 | one | 9 | 1 | 0.0027092929 | 0.0003755163 | 7.21484692 |
| 15 | regulated | 4 | 0 | 0.0013546464 | 0.0001877582 | 7.21484692 |
| 16 | contents | 0 | 36 | 0.0002709293 | 0.0069470522 | 0.03899917 |

Showing 1 to 17 of 30 entries, 9 total columns

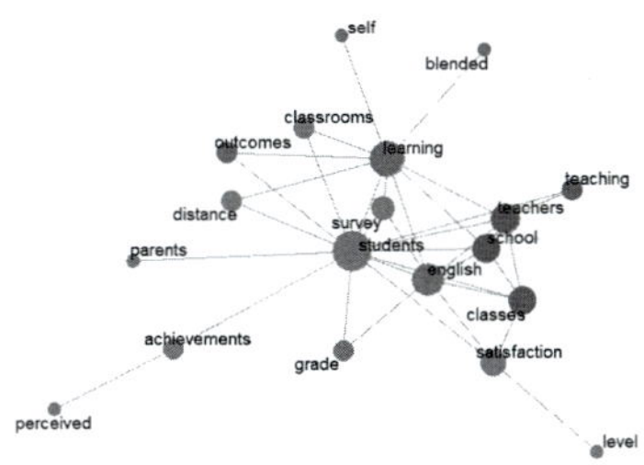


[그림 8-5] 자연어 분석 결과(시각화 전) [그림 8-6] 자연어 분석 결과(시각화 후)

여섯째, 시각화된 자연어 처리 결과의 해석을 통해 연구 주제와 관련된 인사이트 도출(drawing insights)이다. 우리가 연구를 하는 이유는 연구의 출발점에서 제기된 연구 문제에 타당한 답을 도출하기 위함이다. 앞서 데이터 분석과 시각화 과정을 통해 수집한 자연어 데이터가 연구 질문과 관련하여 갖고 있는 함의가 무엇인지를 확인할 수 있었을 것이다. 이를 정리하고, 논의하여 해당 연구 결과에 관심을 갖고 있는 사람들에게 연구 주제와 관련된 인사이트를 제공할 수 있다. 그 인사이트는 주제와 관련된 깊이 있는 이해, 새로운 발견, 문제 해결 방법 도출, 새로운 연구 방향 도출 등 여러 방향으로 도출될 수 있다.

일곱째, 보고(reporting)의 과정이다. 앞서 자연어 데이터 수집, 분석 및 시각화를 통해 얻게 된 인사이트는 물론 연구자 개인의 자료로써 정리될 수 있다. 그러나 그 인사이트가 다른 연구자나 연구 주제에 흥미를 가진 사람들에게 도움이 될 수 있다면, 그 결과를 하나의 지식으로서 공유할 필요 또한 분명하다. 좁게는 대학원 수업 과제 발표로서, 넓게는 학술 논문지 작성 및 게재, 유관 학회 발표, 유튜브, 블로그 등의 미디어를 활용한 공유 등을 활용해 자연어 처리 결과를 다양하게 보고할 수 있다.

끝으로, 자연어 처리 결과를 기반으로 추가적인 질문과 분석을 진행하는 반복 및 개선(iterating and refining) 단계이다. 앞서 인사이트 도출 단계에서 연구 주제 관련 내용에 대한 깊이 있는 이해뿐만 아니라 새로운 연구 문제나 연구 방향이 확인될 수 있음을 언급하였다. 이렇게 새로이 도출된 문제나 연구 방향은 첫 단계인 '목표 설정'을 시작으로 또 다른 연구로 진행할 수 있다. 즉, 자연어 처리를 활용한 연구 과정 [그림 8-4]는 연구가 끝나면 그 결과가 다시 새로운 연구의 출발점이 될 수 있는 순환적 과정이다. 이를 통해 선행연구를 통해 생성된 지식을 계속해서 확장하고, 관련 연구 주제를 깊이 있게 발전시킬 수 있다.

한편, 본 장의 핵심 내용과 관련하여, 자연어 데이터 수집, 전처리, 분석, 시각화를 위해서는 해당 기능을 수행할 수 있는 컴퓨터 프로그램이 필요하다. Python, R 등과 같은 코딩 기반 프로그램이나 특히 텍스트 자연어 처리에 유용한 Orange 3, NetMiner 등의 그래픽 인터페이스 기반 프로그램이 대표적이다. 이 가운데, 본 장에서는 코딩과 같은 CLI(Command Line Interface) 방법이 아닌 아이콘 형태의 위젯을 활용한 GUI(Graphic User Interface) 방법으로 손쉽게 자연어 처리를 할 수 있는 Orange 3 프로그램을 활용해 보고자 한다. 구체적으로, 자연어 처리를 위한 Orange 3 활용 방법을 살펴보고, 이를 실제 영어교육 관련 자연어 처리에 적용할 수 있는 방법을 소개하고자 한다. 특히, Orange 3에서는 '텍스트 마이닝(text mining)'이라는 텍스트 자연어 처리에 매우 효과적인 기능을 매우 다양하게 제공하는 바, 텍스트 자연어 처리를 중심으로 Orange 3 프로그램 활용 방법을 살펴보겠다.

## 3 자연어 처리를 위한 Orange 3 프로그램

### 1) Orange 3 프로그램 소개

Python을 기반으로 제작된 Orange 3는 데이터 시각화와 데이터 마이닝을 위한 강력하면서도 사용자 친화적인 오픈 소스 소프트웨어이다(Orange Data Mining-Text Mining, 2024). 슬로베니아 류블랴나 대학의 생명정보학 연구소(Bioinformatics laboratory)에서 개발된 이 소프트웨어는 그 사용의 용이성으로 인해 여러 분야의 전문가와 연구자가 많이 활용하고 있다. 무엇보다, 드래그 앤 드롭(drag and drop) 방식의 직관적 인터페이스를 제공하여, 코딩과 같은 프로그래밍 기술이 없는 사용자도 쉽게 데이터 분석 및 시각화 작업을 수행할 수 있다(신동광, 2021).

즉, 본 장에서 다루고 있는 자연어 처리를 위한 Orange 3의 활용은 프로그래밍 관련 기능을 보유하지 않은 연구자, 교사 또는 일반인들에게 매우 유용하다. 이는 Orange 3가 텍스트 데이터를 불러오고, 전처리하며, 특성을 추출하는 기능을 간편하게 제공하고 있기 때문이다. 예를 들어, CSV 파일이나 온라인 소스에서 텍스트 데이터를 쉽게 불러올 수 있으며, 품사 태깅, 토큰화, 자연어 정제, 스테밍, 불용어 제거와 같은 다양한 전처리 옵션을 통해 데이터를 분석에 적합한 형태로 가공할 수 있다.

또한, Orange 3에는 텍스트 자연어 데이터에서 특성을 추출하기 위한 TF-IDF[7] 변환, 단어 카운트 등과 같은 기본 자연어 분석 기능도 포함되어 있다. 이러한 특성은 텍스트 분류나 클러스터링 작업에 사용할 수 있다. 또한, k-평균, 계층적 클러스터링과 같은 알고리즘을 사용하여 텍스트 데이터를 클러스터링하거나, 의사결정 트리, 랜덤 포레스트, SVM(Support Vector Machine)과 같은 방법으로 텍스트를 분류할 수도 있다. 나아가 감정 분석을 위한 사전 기반 또는 머신러닝 기반 접근 방식도 포함되어 있어, 텍스트 자연어에서 감정을 분석하는 데 Orange 3를 활용할 수 있다. 그리고 해당 프로그램은 자연어 데이터 시각화 측면에서 또한 워드 클라우드나 텍스트 산포도 등과 같은 다양한 시각화 도구를 제공한다. 이를 통해 텍스트 데이터의 특성과 패턴을 시각적으로 표현하고, 이해하기 쉬운 형태로 분석 결과를 나타낼 수 있다. Orange 3에 관한 구체적인 소개와 기본 사용 방법은 공식 홈페이지(https://orangedatamining.com) 및 유튜브 채널(https://www.youtube.com/@OrangeDataMining)을 통해 확인할 수 있다.

7) TF-IDF(Term Frequency-Inverse Document Frequency): 단어 빈도-역문서 빈도를 의미하는 TF-IDF는 특정 단어(t)가 단일 문서(d)에서 얼마나 자주 등장하는지에 관한 단어 빈도(TF) 값과 전체 문서 내에서의 특정 단어(t) 희귀 빈도(Inverse Document Frequency) 값을 결합하여 계산한다($\text{TF-IDF}(t,d) = \text{TF}(t,d) \times \text{IDF}(t)$). 이를 통해 특정 단어가 문서 내에서 얼마나 중요한지를 정량적으로 평가할 수 있으므로, 텍스트 마이닝과 같은 자연어 처리에서 TF-IDF는 중요한 개념으로 다루어진다.

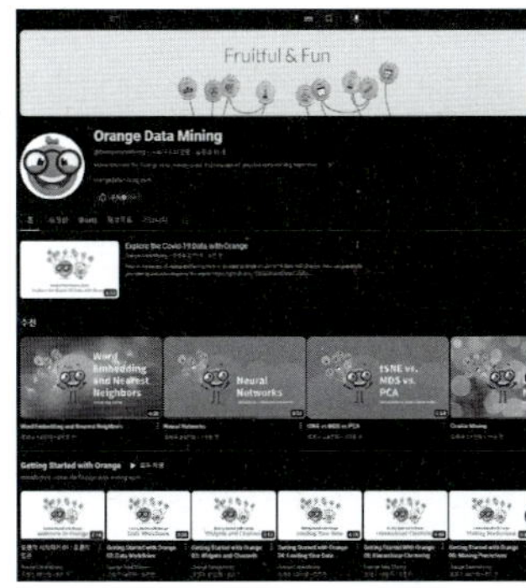


[그림 8-7] Orange 3 공식 홈페이지 [그림 8-8] Orange 3 공식 유튜브 채널

Orange 3 프로그램은 GUI를 기반으로 하며, 데이터 분석을 위한 다양한 위젯을 활용해 직관적인 작업 흐름도(workflow)를 작성하여 구동할 수 있다. [그림 8-9]는 Orange 3를 구동하였을 때 나오는 초기화면에 자연어 텍스트 네트워크 분석을 위해 위젯을 배치한 작업 흐름도 예시이다.

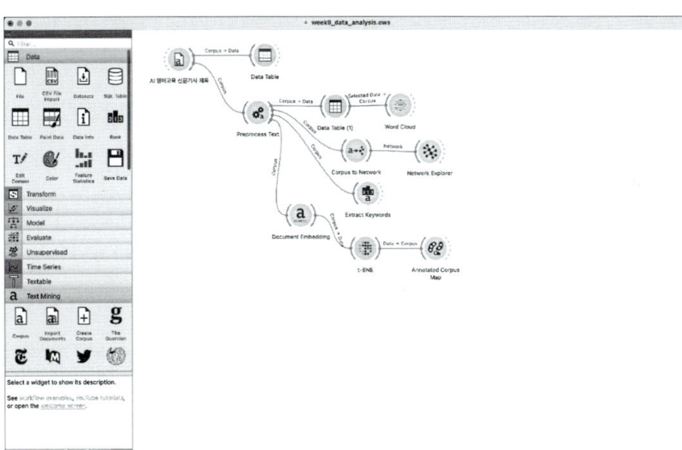


[그림 8-9] Orange 3 구동 화면 및 예시 작업 흐름도

[그림 8-9]와 같은 작업 흐름도에 위치한 각 위젯을 클릭하면, 해당 위젯의 기능에 따른 자연어 처리 결과를 확인할 수 있다. 이는 사용자의 목적에 맞게 알맞은 위젯을 올바른 순서에 따라 연결해야 함을 의미한다. 따라서 영어교육자 또는 연구자로서 자연어 처리를 위해 Orange 3 프로그램을 활용하기 위해서는 먼저 Orange 3 프로그램에서 제공하고 있는 자연어 처리 관련 위젯이 무엇인지, 그리고 각 위젯이 어떤 기능을 갖고 있는지에 대해 알고 있어야 한다.

### 2) Orange 3 프로그램의 자연어 처리 위젯

Orange 3 프로그램은 자연어 가운데 특히 텍스트 자연어 처리를 위한 다양한 기능을 GUI를 기반으로 한 위젯의 형태로 제공하고 있다. 이는 Orange 3 기본 구동화면에서 '텍스트 마이닝(text mining)'이라는 좌측 메뉴 카테고리에서 확인할 수 있다. 텍스트 마이닝은 대규모 텍스트 데이터에서 가치 있는 정보를 추출하고, 데이터 패턴을 분석하는 자연어 처리의 핵심 분야 중 하나이다. 그리고 자연어 처리 기술의 성장과 함께 텍스트 마이닝 또한 그 방법적 측면에서 계속해서 발달하고 있는 분야로서 교육, 산업 등 여러 분야에서 그 활용 가능성이 확대되고 있다. 영어교육에서 또한 어휘, 구문, 문장 학습 자료 제작 등의 교수·학습 영역과 연구 동향 분석, 학습자 인식 분석, 평가 문항 지문 분석 등의 연구 영역에서 텍스트 마이닝과 같은 텍스트 자연어 처리가 다양하게 활용되고 있다(권은영, 2020; 김연주, 이건수, 2016; 이혜진, 이제영, 2022).

영어교육 및 연구 영역에서 텍스트 자연어 처리가 다양하게 활용될 수 있음을 염두에 두고, 실제 영어교육 텍스트 자연어 데이터 분석을 위해 Orange 3가 제공하고 있는 텍스트 자연어 처리 위젯은 [그림 8-10]과 같다. 참고로, Text Mining 위젯은 Orange 3 설치 이후 상단 'Options – Adds on' 메뉴를 통해 추가로 설치해야 한다.

[그림 8-10] Orange 3 텍스트 자연어 처리를 위한 'Text Mining' 카테고리 내의 위젯

[그림 8-10]과 같은 텍스트 자연어 처리 위젯의 개별적인 설명은 Orange 3 공식 홈페이지에서 제공하고 있는 각 위젯 설명 페이지를 통해 상세히 확인할 수 있다. 본 장에서 실제 영어교육 자연어 처리 예제로 다루어 보고자 하는 감성 분석(sentiment analysis) 위젯에 관한 설명을 예로 들면 [그림 8-11], [그림 8-12]와 같다. 감성 분석에 관한 내용은 2절에서 상세히 제시하기로 한다.

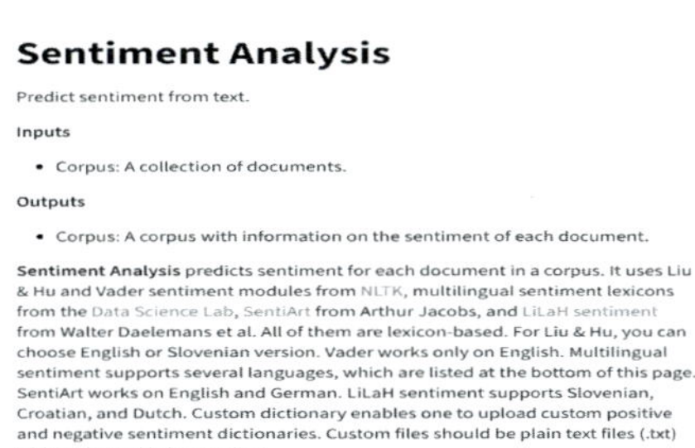

**Sentiment Analysis**

Predict sentiment from text.

Inputs

- Corpus: A collection of documents.

Outputs

- Corpus: A corpus with information on the sentiment of each document.

**Sentiment Analysis** predicts sentiment for each document in a corpus. It uses Liu & Hu and Vader sentiment modules from NLTK, multilingual sentiment lexicons from the Data Science Lab, SentiArt from Arthur Jacobs, and LiLaH sentiment from Walter Daelemans et al. All of them are lexicon-based. For Liu & Hu, you can choose English or Slovenian version. Vader works only on English. Multilingual sentiment supports several languages, which are listed at the bottom of this page. SentiArt works on English and German. LiLaH sentiment supports Slovenian, Croatian, and Dutch. Custom dictionary enables one to upload custom positive and negative sentiment dictionaries. Custom files should be plain text files (.txt) with each word in its own line.

[그림 8-11] 감성 분석 위젯 안내 페이지 1

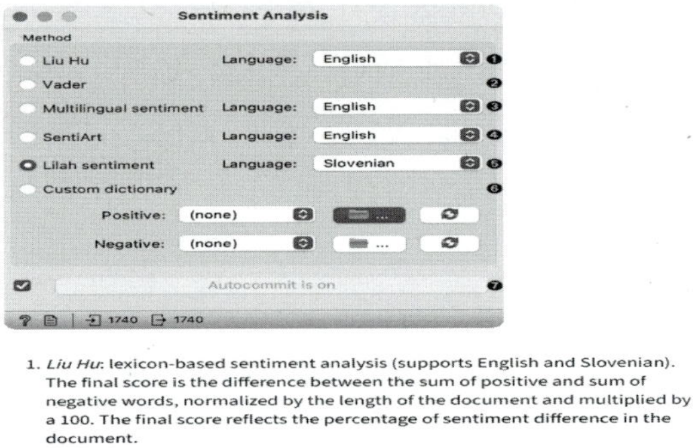


[그림 8-12] 감성 분석 위젯 안내 페이지 2

상기 내용을 통해 자연어 처리의 개념과 자연어 처리 기술을 영어교육 및 연구 영역에서 어떻게 활용할 수 있는지를 알아보았다. 또 자연어 처리를 위한 Orange 3 프로그램에 관한 기본적인 내용을 확인하였다면, 다음 절에서는 웹 스크래핑을 활용해 직접 자연어 텍스트 데이터를 수집하고, 그 결과를 Orange 3 프로그램을 활용하여 처리 및 분석해 보도록 하겠다. 이때, 앞서 '2) 영어교육 연구 영역에서 자연어 처리 활용'에서 [그림 8-4]를 통해 살펴본 자연어 처리 활용 연구 과정에 따라 텍스트 자연어 처리 실습을 진행할 것이다.

SECTION

# 02 Orange 3 활용 텍스트 자연어 처리의 실제

## ① 목표 설정 및 선행연구 탐색

최근 음성 언어 자연어 처리 기능을 바탕으로 한 영어교육용 인공지능 챗봇이 영어 학습자, 교사, 연구자의 많은 관심을 받고 있다. 특히 우리나라와 같이 영어가 외국어로 다루어지는 상황에서는 영어 입력 및 영어 상호작용의 기회가 제한적이다. 이러한 환경에서 인공지능 챗봇은 학습자에게 다양한 영어 입력을 제공하고, 실제적 영어 상호작용의 대상으로서 학습자 영어능력 발달에 유의미한 영향을 줄 것으로 기대되고 있다(성민창, 2019).

이러한 맥락에서 영어교육을 위한 다양한 챗봇이 상용화되었다. 해당 상용 챗봇은 스마트 기기에서 앱 내려받기를 통해 영어 말하기 학습에 언제든 활용할 수 있으므로 학습자의 자율적인 영어 말하기 학습에 매우 효과적이다. 또한 체계적인 학습관리시스템을 통해 챗봇을 활용한 학습자 학습 결과를 상세히 분석하여 관리할 수 있으므로 교사에게 또한 학습관리 측면에서 아주 유용하다(오지윤 외, 2022).

이와 같이 영어 수업에서 챗봇이 많이 활용되는 가운데 EBS, ETRI, NHN 에듀 컨소시엄에서 ‘AI 펭톡(PengTalk)’을 개발하여 2021년 교육 현장에 보급하였다. AI 펭톡은 토픽 월드, 스피킹, 렛츠톡, 스캔잇, 스쿨톡과 같은 5개의 메뉴로 구성되어 있으며, 스마트기기 앱 또는 PC 환경에서 사용이 가능하다. 특히, 아동 학습자에게 친근한 캐릭터 '펭수'와 대화하는 방식을 취하고 있어 초등영어교육의 활용 가능성과 그 효과에 대해 많은 교사와 연구자가 주목하고 있다(조규희 외, 2022).

[그림 8-13] AI 펭톡 앱 초기 메뉴

[그림 8-14] AI 펭톡 앱 대화 화면

*출처 : AI 펭톡 홈페이지

AI 펭톡은 초등 학습자 영어 말하기, 정의적 영역 등에 효과적인 것으로 알려져 있다. 이는 초등 영어교실 맥락에서 AI 펭톡이 활용된 여러 연구 결과에 따른 것이다. 그러나 이러한 결과는 특정 교실 상황의 사례(case)라고 볼 수 있다. 그러므로 더 거시적인 관점에서, 즉, 영어교실 상황을 넘어 AI 펭톡에 관한 여러 사용자의 인식과 경험, 사용자 만족도, AI 펭톡의 기능 개선 등에 관한 추가적인 탐색이 필요할 수 있다. 이러한 시도를 통해 AI 펭톡 앱에 관한 대중들의 인식을 알 수 있고, 나아가 관련 인식 분석을 통해 학습자와 교사에게 더 나은 교수학습 도구로서의 AI 펭톡의 개선 방향을 살펴볼 수 있기 때문이다.

이러한 관점에서, 본 절에서는 AI 펭톡에 관한 사용자의 인식과 경험에 관한 데이터를 수집 및 분석해 보고자 한다. 구체적으로, AI 펭톡을 내려받기할 수 있는 Google Play에 앱 사용자가 남긴 리뷰(review)에 관한 감성 분석(sentiment analysis)을 통해 AI 펭톡 사용자의 인식과 사용 경험을 분석할 것이다. 그리고 이를 기반으로 AI 펭톡 개선 방안을 제안하고자 한다.

## ② 자연어 텍스트 수집: 웹 스크래핑(Web scrapping)

### 1) 웹 스크래핑의 개념

앞서 AI 펭톡 사용자의 인식과 경험을 구체적으로 살펴볼 수 있는 사용자 댓글을 '감성 분석'한다고 하였다. 해당 댓글은 사용자가 산출한 텍스트 자연어로서 Orange 3가 제공하는 자연어 처리 위젯을 활용하여 분석할 수 있다. 이를 위해, 먼저 자연어 텍스트, 즉 Google Playstore 웹 페이지 상에 있는 사용자 댓글을 수집할 필요가 있다. 이러한 데이터 수집을 용이하게 진행하고자, 웹 스크래핑을 활용할 수 있다.

웹 스크래핑은 웹 페이지에서 유용한 정보를 자동으로 추출하는 프로세스로, 프로그래밍 기법을 사용하여 인터넷 상의 웹사이트로부터 데이터를 수집하고 이를 분석 가능한 형태로 변환하는 과정이다. Python의 BeautifulSoup 패키지 또는 LISTLY, Octoparse, Scraper 등과 같은 프로그램이 웹 페이지의 HTML 또는 XML 데이터를 요청하고 수집하는 웹 스크래핑의 대표적인 도구이다. 해당 도구는 지정된 웹사이트의 필요한 정보를 HTML 태그와 속성을 이용해 파싱(parsing)하고 추출한다. 이때 추출된 데이터는 CSV[8], JSON[9], 데이터베이스 등의 형식으로 저장되어 분석, 보고서 작성, 데이터베이스 통합 등에 활용된다.

웹 스크래핑은 자연어 처리 영역에서도 데이터 소스 제공의 측면에서 중요한 기능을 할 수 있다. 예를 들어, 대량의 텍스트 데이터를 수집하여 자연어 처리 모델을 학습시키는 데이터셋으로 사용할 수 있으며, 소셜 미디어 게시물이나 제품 리뷰에서 의견을 수집하여 감성 분석에 활용할 수 있다. 또한, 웹 스크래핑을 통해 수집된 텍스트 데이터를 분류하거나 클러스터링하여 특정 주제와 관련된 경향이나 패턴을 분석하고, 다양한 언어의 웹 텍스트를 기계 번역 시스템 개발이나 언어 모델 향상에 사용할 수 있다. 그리고 정보 추출을 통해 특정 주제에 관한 데이터베이스를 구축하거나 분석에도 활용된다. 이처럼, 웹 스크래핑은 다양한 웹 소스에서 방대한 양의 실시간 데이터를 추출하고, 이를 분석에 활용하기 위한 필수적인 도구이자 데이터 수집 방법으로 볼 수 있다.

### 2) 웹 스크래핑 실습

LISTLY는 사용자 친화적인 인터페이스를 갖춘 Google Chrome 웹 브라우저 확장(extension) 기능 웹 스크래핑 도구로, 비전문가도 쉽게 웹 데이터를 수집할 수 있게 해주는 프로그램이다. 이 도구는 특히 리스트 형태의 웹 데이터 수집에 최적화되어 있으며, 웹 페이지의 URL을 입력하면 원하는 데이터를 자동으로 추출하고 정리해주는 기능을 제공한다. 웹 스크래

8) CSV(Comma Separated Value): 쉼표를 기준으로 항목을 구분하여 저장한 데이터

9) JSON(Javascript Object Notation): 전송하고자 하는 데이터를 '속성(attribute)'과 '값(value)'으로 나열해서 표현하는 형식

핑 실습을 위하여, 먼저 Google Chrome 웹 브라우저에 LISTLY 확장 프로그램을 설치하도록 한다. [그림 8-15]는 LISTLY를 설치할 수 있는 공식 홈페이지(https://www.listly.io/ko) 첫 화면이고, [그림 8-16]은 설치 이후 Chrome 웹 브라우저 우측 상단에 고정한 LISTLY 아이콘 클릭 이후의 화면이다. 참고로, LISTLY의 모든 기능을 사용하기 위해서는 유료 계정을 구입해야한다. 그러나 사용자가 갖고 있는 기존의 구글 계정을 활용해 무료 가입을 할 수 있고, 무료 가입 이후 제공되는 기능으로도 충분히 웹 스크래핑 실습을 진행할 수 있다.

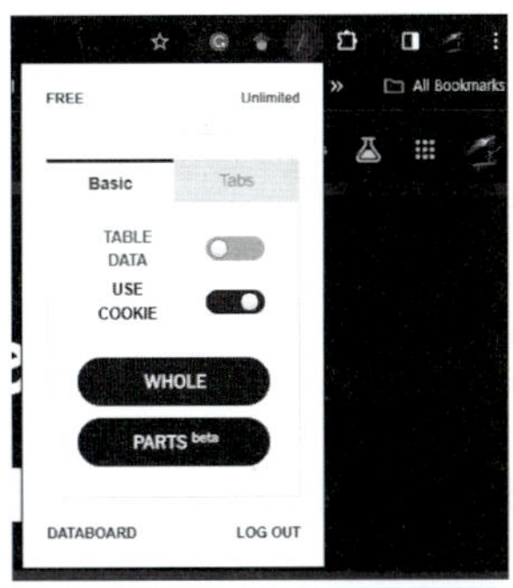


[그림 8-15] LISTLY 공식 홈페이지 [그림 8-16] LISTLY 설치 및 가입 후 첫 화면

LISTLY를 활용해 웹페이지 상의 자연어 텍스트를 스크래핑하기 위해서는 해당 자연어 텍스트를 수집할 수 있는 웹사이트로 이동을 해야한다. 본 절에서는 AI 펭톡 사용자 리뷰를 분석하고자 하였다. 따라서, Google Play 홈페이지에서 AI 펭톡 웹페이지로 이동해 [그림 8-17]과 같은 사용자 리뷰를 확인할 수 있다. 해당 웹페이지에서 '평가 및 리뷰' 우측의 '화살표(→)' 버튼을 눌러 사용자 리뷰를 별도의 팝업으로 띄운다.

다음으로, Chrome 우측 상단 LISTLY 아이콘을 클릭 후 '부분(PARTS)'을 클릭하고, 마우스를 아래로 스크롤하여 전체 사용자의 리뷰 텍스트 자연어를 [그림 8-18]과 같이 스크래핑할 수 있다.

[그림 8-17] AI 펭톡 사용자 리뷰: 텍스트 자연어

[그림 8-18] 사용자 리뷰 스크래핑

다음으로, [그림 8-18]의 중앙에 있는 'Run LISTLY'를 클릭하면 [그림 8-19]와 같이 LISTLY가 제공하는 데이터 보드 페이지로 이동한다. 이를 통해 스크래핑 데이터 수, 개별 데이터 정보(작성자, 작성 시기, 리뷰 코멘트 등)를 확인할 수 있다. 해당 데이터를 Orange 3로 보다 정확히 분석하기 위해서는 [그림 8-19]의 우리말로 작성된 AI 펭톡 사용자 리뷰 자연어 데이터를 영문으로 번역할 필요가 있다. 이를 위해 [그림 8-19] 'G 구글시트(빨간색 네모)'를 클릭한다. 이후 LISTLY 사용을 위해 로그인된 구글 계정의 Google Sheets가 자동 생성되어 [그림 8-20]과 같은 정리된 데이터 시트를 쉽게 얻을 수 있다.

[그림 8-19] 스크래핑 데이터 보드

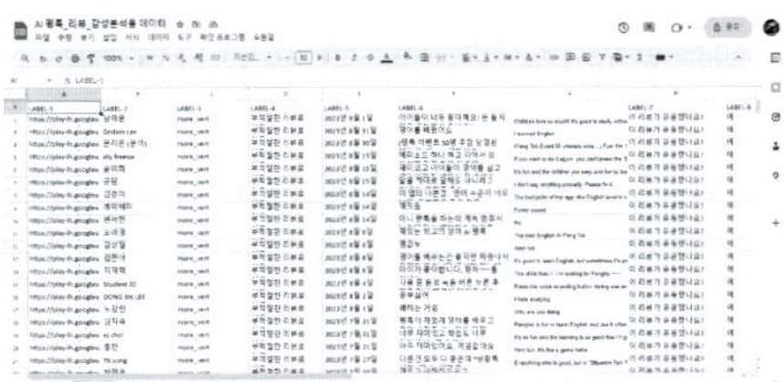

[그림 8-20] Google Sheets 정리 데이터

[그림 8-20]의 데이터 시트를 살펴보면 우리말 AI 펭톡 리뷰 자연어 데이터가 1행 F열에 있는 것을 알 수 있다. 이를 영문으로 번역하기 위해 해당 데이터 시트에 G열을 추가하고, G열 2행에 다음과 같은 함수 '=GOOGLETRANSLATE(F2,"KO","EN")'를 입력한다.

위 함수는 F2열에 있는 한국어(KO)를 영어(EN)으로 자동 번역해주는 함수이다. 해당 함수를 입력 및 드래그 자동 적용하여 전체 리뷰 데이터에 대한 영문 번역 데이터를 G열에 쉽게 얻을 수 있다. 이후, [그림 8-20] 좌측 상단 '파일' 메뉴에서 Microsoft Excel(.xlsx)형식으로 '다운로드' 한다. 이제 웹 스크래핑을 통한 텍스트 자연어 수집이 완료되었고, Orange 3 프로그램으로 분석할 준비가 되었다.

## ③ 자연어 데이터 전처리

앞서 [그림 8-4]에서 타당한 분석 결과를 얻기 위해 비정형적 자연어 데이터의 전처리가 매우 중요함을 언급하였다. 전처리, 감성 분석 및 데이터 시각화를 위해 Orange 3를 구동하고, [그림 8-21]과 같은 작업 흐름도에 따라 각 위젯을 배치한다.

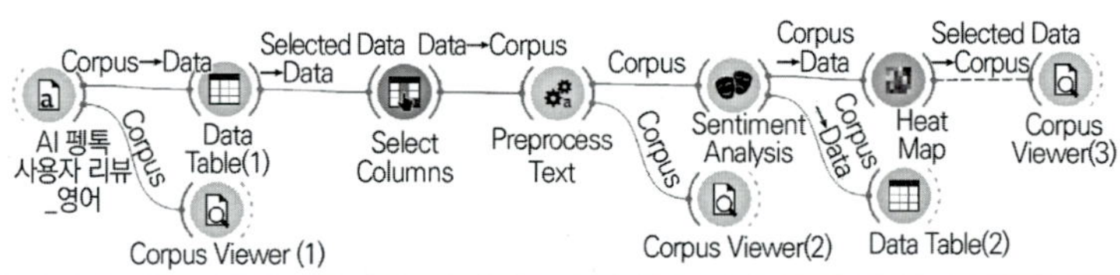


[그림 8-21] AI 펭톡 리뷰 자연어 텍스트 데이터 분석을 위한 Orange 3 작업 흐름도

텍스트 자연어 전처리, 감성 분석 및 시각화를 위한 [그림 8-21] 각 위젯의 기능은 〈표 8-4〉와 같다.

〈표 8-4〉 AI 펭톡 리뷰 자연어 텍스트 분석을 위한 각 위젯의 기능

| 순서 | 위젯 | 기능 | 내용 |
|---|---|---|---|
| 1 | Corpus | 텍스트 자연어 데이터 불러오기 | 앞서 스크래핑 후 Google Sheets에서 정리한 AI 펭톡 사용자 리뷰 엑셀 데이터를 불러온다. |
| 2 | Corpus Viewer | 자연어 데이터 확인 | 불러온 자연어 데이터의 내용을 확인한다. |
| 3 | Data Table | 스프레드시트 형태 데이터 확인 | 불러온 데이터가 스크래핑 및 정리 후 데이터와 일치하는지를 확인한다. |
| 4 | Select Columns | 분석 대상 열(column) 선택 | 해당 데이터에서 분석 대상이 되는 'G열'을 선택한다. |

| 순서 | 위젯 | 기능 | 내용 |
|---|---|---|---|
| 5 | Preprocess Text | 텍스트 자연어 전처리 | 전처리를 통해 일반 표현을 중심으로 토큰화, 텍스트 변형 및 불용어 제거를 실시한다. |
| 6 | Corpus Viewer | 전처리 후 자연어 데이터 확인 | 전처리 후 자연어 데이터 내용을 확인한다. |
| 7 | Sentiment Analysis | 감성 분석 | 감성 분석을 실시한다. Orange 3에서 제공하는 감성 분석 AI 패키지를 선택할 수 있다. |
| 8 | Data Table | 감성 분석 결과 수치 데이터 확인 | 감성 분석 결과를 스프레드시트 형태의 데이터로 확인한다. |
| 9 | Heat Map | 감성 분석 결과 시각화 | 감성 분석 결과를 히트맵(heat map)으로 시각화한다. |
| 10 | Corpus Viewer | 시각화와 매칭하여 데이터 확인 | 시각화한 데이터 세부 영역의 텍스트 자연어 원 데이터(raw data)를 확인한다. |

[그림 8-21] 및 〈표 8-4〉 가운데 AI 펭톡 사용자 리뷰 텍스트 전처리를 위해서 작업 흐름도에 배치된 위젯 중 'Preprocess Text'를 선택한다. 해당 위젯이 제공하고 있는 텍스트 전처리 기능 가운데 [그림 8-22]와 같이 토큰화, 변형, 불용어 제거 기능을 선택한다.

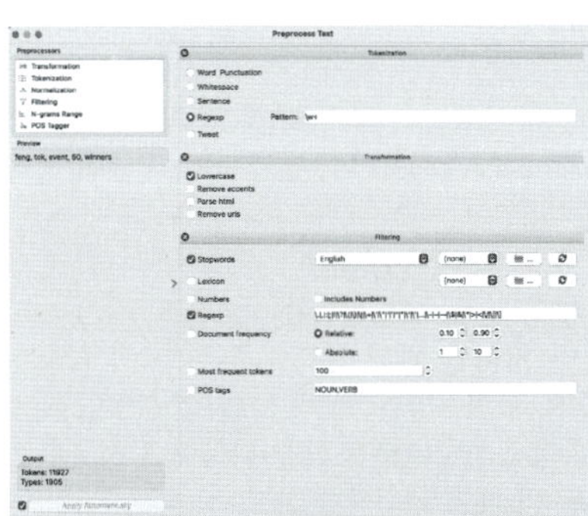

[그림 8-22] Preprocess Text 위젯을 활용한 자연어 텍스트 전처리

[그림 8-22]의 과정을 거치게 되면 Preprocess Text 위젯이 기본적으로 제공하는 일반 영문 표현(regexp)을 기준으로 스크래핑한 텍스트 자연어가 토큰화(tokenization)되고, 모든 영문이 소문자(lowercase)로 변형(transformation)된다. 그리고 해당 위젯이 기본으로 제공하는 영문 불용어(stopwords)가 자동으로 필터링(filtering)된다. 이 과정을 통해 AI 펭톡 사용자 리뷰 자연어 텍스트 데이터의 감성 분석이 모두 준비되었다.

## ④ 데이터 분석: 감성 분석(Sentiment analysis)

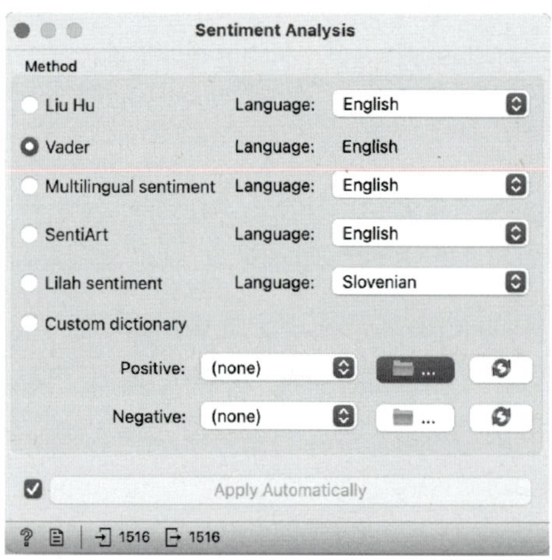


[그림 8-23] Sentiment Analysis 위젯을 활용한 자연어 텍스트 감성 분석[10)]

---

10) 본 텍스트 자연어 처리를 위해 앞서 [그림 8-20]에서 우리말 사용자 리뷰 텍스트를 영문으로 번역하였다. 실제 [그림 8-22]의 'Multilingual sentiment' 패키지는 영어 이외에 한국어를 포함한 다국어 감성 분석 패키지이다. 그러나 아직까지 Orange 3의 해당 패키지가 한국어의 감성을 정확히 분석하지 못하는 것으로 보이므로, 해당 패키지 기능이 개선되기 전까지는 영문 번역 후 Vader 패키지를 사용하는 것이 좋다.

[그림 8-21]과 같이 작업 흐름도를 모두 배치한 후, 'Sentiment Analysis' 위젯을 클릭한다. 그럼 [그림 8-23]과 같은 팝업창을 볼 수 있다. 이때, Method에서 Vader 자연어 처리 모델을 선택한다. 해당 모델은 소셜 미디어와 같은 자연어 감성 분석에 가장 타당한 결과를 제공하는 것으로 알려져 있다(장은아 외, 2020).

다음으로, 감성 분석 결과를 살펴보기 위해 [그림 8-21] 작업 흐름도에서 'Data Table (2)' 위젯을 클릭하여 분석 결과를 [그림 8-24]와 같은 스프레드시트 형태의 데이터로 확인한다.

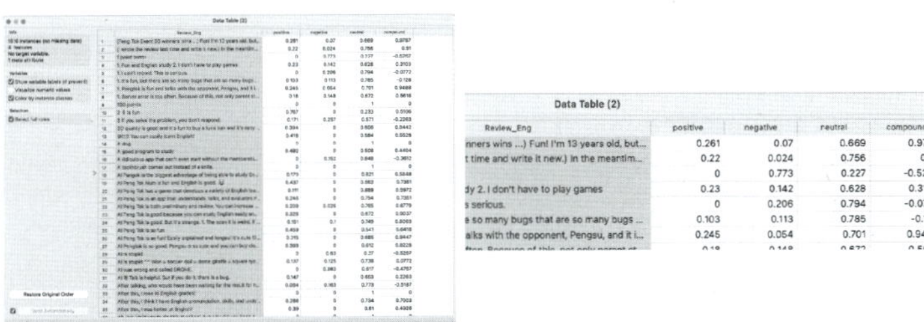


[그림 8-24] Data Table 위젯을 활용한 감성 분석 결과 확인

[그림 8-24]를 통해 사용자 리뷰 텍스트 자연어 데이터의 감성 분석 결과를 개별적으로 확인할 수 있다. 이를 위해 상단의 데이터 헤드(head)를 살펴볼 필요가 있다. 한 사용자가 남긴 단일 리뷰라고 하더라도, 해당 텍스트에는 긍정, 부정, 중립적 감성이 동시에 존재할 수 있다. 그러한 텍스트 데이터 감성의 복잡성을 Vader 패키지를 통해 긍정(positive), 부정(negative), 중립(neutral), 종합(compound)의 각 수치로 확인할 수 있다. 종합 수치의 경우 그 값이 양수(+)일때는 긍정적 감성이, 음수(-)일때는 부정적 감성이 두드러지는 것으로 해석할 수 있다.

## ⑤ 데이터 시각화

[그림 8-24]는 수치로서 텍스트 자연어 처리 감성 분석 결과를 제시하고 있다. 그 결과를 보다 효과적으로 전달하고, 또 직관적으로 파악하기 위해 'Heat Map' 위젯을 활용해 시각화를 할 수 있다. [그림 8-21]에서 Sentiment Analysis 위젯 우측에 연결된 Heat Map 위젯을 클릭하면 [그림 8-25]와 같은 AI 펭톡 리뷰 텍스트 자연어 처리 시각화 결과를 확인할 수 있다.

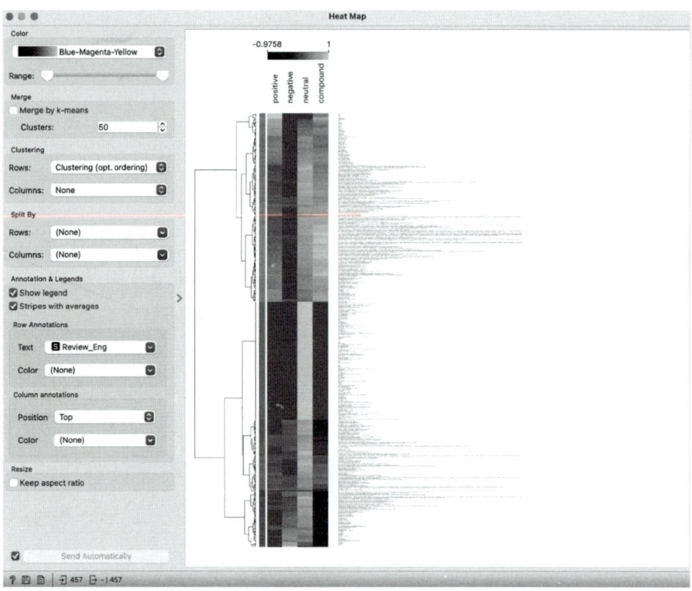


[그림 8-25] Heat Map 위젯을 활용한 감성 분석 결과 시각화

[그림 8-25]와 같은 시각화 결과에서 가장 주목할 부분은 개별 리뷰 텍스트 자연어가 총체적으로 분석된 종합(compound) 영역이라고 할 수 있다. 해당 영역에서 노란색과 주황색은 긍정

적인 감성을, 보라색과 군청색은 부정적인 감성을, 빨간색은 중립적인 감성을 나타낸다. 이를 통해 Google Play에서 수집한 AI 펭톡 사용자 리뷰 텍스트에서 긍정적 감성이 약 50%, 부정적 감성이 약 20%, 중립적 감성이 약 30% 정도 분포하고 있음을 직관적으로 확인할 수 있다. 그리고 [그림 8-25]의 Heat Map 위젯을 통한 시각화 결과 팝업과 'Corpus Viewer' 위젯을 함께 클릭하면 [그림 8-26]과 같이 개별 리뷰 텍스트 자연어 원 데이터를 개별 분석 수치 및 시각화 결과와 함께 확인할 수 있다.

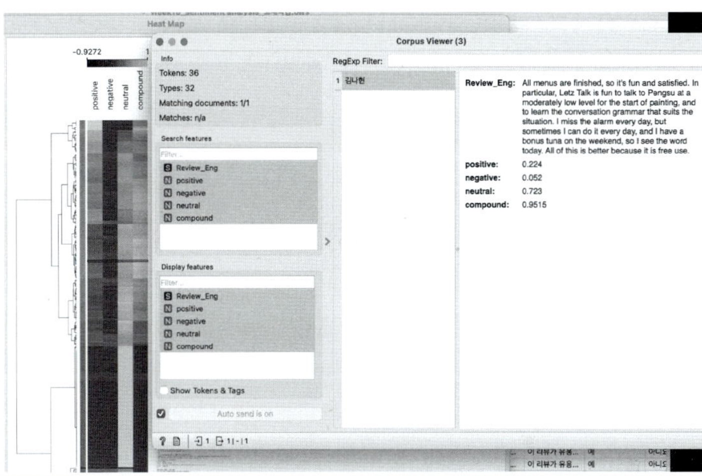


[그림 8-26] Corpus Viewer 위젯을 활용한 감성 분석 결과 원 데이터 확인

## ⑥ 인사이트 도출

앞선 과정을 통해 Google Play에서 수집한 AI 펭톡 사용자 리뷰 텍스트 자연어 처리 및 시각화를 모두 마무리하였다. 이를 통해 우리는 많은 수의 사용자가 AI 펭톡에 대해 어떻게 생

각하고 있는지를 알 수 있었다. 그렇다면, 해당 결과가 교사 또는 연구자에게 주는 인사이트는 무엇일까?

첫째, AI 펭톡에 관한 전반적이고도 광범위한 사용자 인식을 파악할 수 있다. 앞서 웹 스크래핑을 통해 약 2,100개의 사용자의 리뷰 텍스트 데이터를 분석할 수 있었다. 이는 30명 내외 1개 학급 학습자에게 AI 펭톡을 적용한 기존 연구들과 비교하여 더욱 거시적인 AI 펭톡 관련 대중의 인식을 살펴볼 수 있다는 점에서 유의미하다.

둘째, 해당 결과는 AI 펭톡과 관련하여 보다 구체적인 만족도 분석 결과로 활용할 수 있다. 2024년 1월 현재, Google Play AI 펭톡 웹페이지를 살펴보면 AI 펭톡 사용자 만족도는 약 3.9점으로 표기되어있다. 해당 만족도를 앞서 분석한 감성 분석 및 시각화 결과와 관련지어 긍정적이고 부정적인 사용자 만족도가 어떤 비중을 갖는지를 더 세부적으로 확인할 수 있다.

셋째, 부정적인 감성을 보인 리뷰 텍스트를 별도로 분석하여, AI 펭톡 개선 방안을 탐색할 수 있다. Corpus Viewer 위젯을 활용해 부정적 감성과 관련된 원 데이터를 살펴보면 현재 AI 펭톡은 '음성 인식 오류', '제공 활동의 단순함', '참치캔 모으기 게임의 지루함', '자연스러운 대화 부재' 등이 부정적 반응으로 두드러짐을 알 수 있다. 이는 향후 AI 펭톡 기능 개선을 위해 매우 유용한 참고 자료가 될 수 있다. 특히, 이와 같은 정보는 사용자 인식과 함께 AI 펭톡의 기능에 대한 정보도 담고 있으므로 교사들은 이를 살펴보고 AI 펭톡이 자신의 교실 상황에 적용 가능한지, 적용한다면 어떻게 적용할 수 있는지에 대한 계획을 세울 수 있다.

끝으로, 후속 연구 방향에 대한 인사이트를 얻을 수 있다. 이는 앞서 [그림 8-4]에서 제시된 연구의 순환성을 의미한다. 즉, AI 펭톡 사용자 인식에 관한 감성 분석 결과는 관련 주제 탐구의 필요성, 연구 방법으로서 감성 분석 활용 가능성 등과 관련하여 후속 연구 방향성 설정에 도움을 얻을 수 있다.

## ⑦ 보고

AI 펭톡 사용자 리뷰 텍스트 자연어 처리, 감성 분석, 시각화 및 인사이트 도출까지 완료된 결과는 관련 주제에 관해 흥미를 가진 사람들에게 다양한 형태로 보고될 수 있다. 특히, AI 펭톡과 같은 영어학습용 인공지능 챗봇은 에듀테크의 확장적 도입으로 그 양상이 매우 급변하고 있는 오늘날의 영어교육 환경에서 학습자 및 학부모, 영어교사, 영어교육 연구자, 영어교육 정책 제안자 등이 많은 관심을 갖고 있는 대상이다. 이를 고려할 때, 앞선 분석 내용과 결과를 더 객관적이고 자세하게 정리하여 학술 논문지 작성이나 학회 발표 등을 통해 공유해 볼만할 것이다.

## ⑧ 반복 및 개선

[그림 8-4]를 통해 연구는 순환적 과정임을 알아보았다. 이는 하나의 연구가 마무리되면 그 결과가 새로운 연구의 출발점이 될 수 있음을 의미한다. 중요한 점은 그 새로운 출발점이 이전 연구의 한계점과 맞닿을 수 있다는 것이다. 예를 들어, 앞서 분

석한 AI 펭톡 사용자 리뷰는 Google Play에만 업로드된 데이터이다. 만약 이러한 사실을 기존 연구의 한계점이자 새로운 연구의 출발점으로 본다면, Apple APP Store 등 AI 펭톡을 다운로드할 수 있는 또 다른 서비스의 AI 펭톡 사용자 리뷰 데이터와 비교하거나, 해당 데이터를 추가하여 기존 연구를 확장할 수 있을 것이다. 이와 더불어 AI 펭톡 관련 기사나 유튜브 기사의 댓글을 추가로 조사하여 데이터를 보완할 수도 있을 것이다.

위와 같은 추가 데이터 수집과 분석을 '반복 및 개선'의 한 예시로 본다면, 본 장에서 다룬 AI 펭톡 사용자 리뷰 텍스트 자연어 감성 분석 결과를 바탕으로 자연어 처리 방법을 활용해 어떤 연구를 새롭게 더 시도해 볼 수 있을까?

- AI 펭톡 사용자 리뷰에서 핵심적으로 드러나는 토픽 모델링(topic modeling)
- AI 펭톡 사용자 리뷰 게시일(date) 메타 정보를 활용한 시계열(time series) 감성 분석
- 사용자 리뷰 자연어 처리 결과 클러스터링(clustering)을 통한 AI 펭톡 기능 영역별 개선 방향 탐색
- 스픽(Speak), 듀오링고(Duolingo) 등 널리 알려진 상용 영어교육용 AI 챗봇 사용자 리뷰와 AI 펭톡 사용자 리뷰 비교와 감성 분석

위와 같이 다양한 자연어 처리 기반 후속 연구가 가능할 것이다. 여기에서 눈여겨 볼만한 점은, 위에 제시된 토픽 모델링, 시계열 감성 분석, 텍스트 클러스터링 등 본 장에서 다룬 감성 분석과 더불어 다양한 텍스트 자연어 처리 방법이 존재한다는 점이다. 그리고 각각의 방법은 그 분석 목적, 과정, 알고리즘이

모두 상이하므로, 교사와 연구자의 관심과 목적에 따라 여러 방법을 다양하게 활용해 볼 수 있다. 특히, 위에 제시된 자연어 처리 방법은 모두 Orange 3 Text Mining 위젯을 통해 손쉽게 시도해 볼 수 있는 것들이다. 그러므로 본 장의 '텍스트 자연어' 읽고 있는 지금의 독자들이 1절에 제시한 자연어 처리 분석 과정의 개별 순서와 전 과정의 순환성을 다시 한번 염두에 두고, 다양한 자연어 데이터를 웹 스크래핑 등을 통해 직접 수집 및 분석해 보며 영어교육 영역에서 교사 또는 연구자가 지녀야 할 안목을 키워가기를 바란다.

# 참고문헌

## 1장

교육부. (2022). 혁신을 불러일으킬 인공지능(AI) 교육의 중요성. [https://if-blog.tistory.com/13125]

Boroditsky, L. (2012). How the languages we speak shape the ways we think: The FAQs. In M. J. Spivey, K. McRae, & M. F. Joanisse (Eds.), *The Cambridge handbook of psycholinguistics* (*pp. 615-632*). Cambridge University Press.

Pease, A., & Pease, B. (2006). *The definitive book of body language.* New York: Bantam Books.

Russell, S., & Norvig, P. (2010). *Artificial intelligence: A modern* approach. Upper Saddle River, NJ : Prentice Hall

Thibodeau, P. H., & Boroditsky, L. (2011). Metaphors we think with: The role of metaphor in reasoning. *PLoS ONE, 6*(2), Article

## 2장

Allwright, R. (1984). The importance of interaction in classroom language learning. *Applied Linguistics, 5*, 156－171.

Bachman, L.F. (1990). *Fundamental considerations in language testing.* New York: Oxford University Press.

Barnes, D. (1969). Language in the second language classroom. In D. Barnes, J. Britton, & H. Rosen (Eds.), *Language, the learner and the school* (pp. 11－77). Harmondsworth: Penguin.

Bentley, K. (2010). *The TKT Course CLIL module.* Cambridge: University of Cambridge.

Chaudron, C. (1988). *Second language classrooms: Research on teaching and learning.* UK: Cambridge University Press.

Chomsky, N. (1959). *A Review of B. F. Skinner's Verbal Behavior, Language, 35*(1), 26–58.

Dörnyei, Z., & Scott, M. L. (1997). *Communication Strategies in a Second Language: Definitions and Taxonomies. Language Learning, 47*(1), 173-210.

Ellis, R. (1994). Teacher–pupil interaction in second language development. In S. Gass, & C. Madden (Eds.), *Input in second language acquisition* (pp. 99–123). Rowley, MA: Newbury House.

Flanders, N. A. (1970). *Analysing teaching behavior.* MA: Addison–Wesley.

Hills, J. B. (2012). *Questioning techniques: A study of instructional practice.* Pennsylvania: University of Pennsylvania.

Jarvis, J., & Robinson, M. (1997). Analysing educational discourse: An exploratory study of teacher response and support to pupils' learning. *Applied Linguistics, 18*(2), 212–228.

Krashen, S. (1982). *Principles and practice of second language acquisition.* Oxford: Regents.

Lemke, J. L. (1985). *Using language in the classroom.* Geelong, Victoria, Australia: Dwakin University Press.

Long, M. (1996). The role of the linguistic environment in second language acquisition. In W. Ritchie, & T. Bhatia (Eds.),*Handbook of second language acquisition* (pp. 413–468). San Diego: Academic Press.

Long, M., & Sato, C. J. (1983). Classroom foreign talk discourse: Forms and functions of teacher's questions. In H. W. Seliger & M. H. Long (Eds.), *Classroom oriented research in second language acquisition* (pp. 268–286). Mass.: Newbury House Publishers.

Mehan, H. (1979). *Learning Lessons: Social organization in the classroom.* Cambridge, MA: Harvard University Press.

Moskowitz, G. (1976). The classroom interaction of outstanding foreign language teachers. *Foreign Language Annals, 9*, 123–143.

Richards, J. C., & Lockhart, C. (1994). *Reflective teaching in second language classrooms*. Cambridge: Cambridge University Press.

Sim, Chang–Yong. (2013). Topic Effects on Interlanguage Production. *Primary English Education, 19*(3). 167–185.

Sinclair, J., & Couthard, R. (1975). *Towards an analysis of discourse: The English used by teachers and pupils*. London: Oxford University Press.

Skinner, B. F. (1938). *Behavior of organisms*. New York: Appleton–Century–Crofts, Inc.

Skinner, B. F. (1950). Are Theories of Learning Necessary? *Psychological Review, 57*(4), 193-216.

Skinner, B. F. (1957). *Verbal behavior*. New York, Appleton–Century–Crofts, Inc.

Swain, M. (1985) Communicative competence: Some roles of compre hensible input and comprehensible output in its development. In Gass, S. and Madden, C. (Eds.), *Input in second language acquisition* (pp. 235–256). New York: Newbury House.

van Lier, L. (1984). Analysing interaction in second language classrooms. *ELT Journal, 38*(3), 160–169.

교육부. (2022). *영어과 교육과정*. 교육부 고시 제2022–33호 [별책 14].

김장규. (2011). *초등학생의 영어 발화분석을 통한 원어민 보조교사 협력 수업 개선방안*. 박사학위 논문. 한국교원대학교, 충북.

박광노. (2005). 초등영어수업에서 교사와 학생간 상호작용의 참가유형 분석. *외국어교육, 12*(1), 185–215.

박선호, 임희진. (2009). 초등학교 영어 협동수업에 나타난 내국인과 원어민 교사의 발화 및 상호작용 연구. *초등영어교육, 15*(3), 57–84.

박효선, 박선호. (2014). 초등학교 방과후 영어 수업에 나타난 학생–교사 상호작용 연구. *초등영어교육, 20*(4), 177–211.

성민창. (2021). 초등영어 학습자를 위한 협상 챗봇 개발. *초등영어교육, 27*(1), 55–78.

심창용, 성민창, 박지현, 조규희. (2022). AI 펭톡 중장기 활성화 방안 연구. EBS 연구보고서.

심창용, 황필아, 남보라. (2023). 챗봇과 생성형 AI 활용 영어교육. *ESP Review 5*(2). 79–91.

심창용. (2019). 초등영어 교실의 상호작용 유형과 원인. *교육논총, 39*(4), 105–122.

심창용. (2022). 인공지능 기반 번역기 활용 교육: Pre–editing. *ESP Review, 4*(1), 85–102.

윤여범, 박미애. (2020). 인공지능과 초등영어교육: 챗봇의 현황과 발전 방향을 중심으로. *한국초등교육, 31*(특집), 77–90.

이승복. (2005). 초등 영어교사 교실영어 비교 연구. *영어교육, 60*(2), 161–183.

정고은, 이대기, 이현정, 심창용, 황필아. (2021). 초등영어 학습용 챗봇의 구성과 한계: AI 펭톡을 중심으로. *초등영어교육, 27*(4), 95–121.

## 3장

김태영. (2016). *영어교육을 알면 영어가 보인다*. 글로벌콘텐츠

Ahmad, K., Corbett, G., Rogers, M., & Sussex, R. (1985). *Computers, language learning, and language teaching*. Cambridge: Cambridge University.

Brown, H. D., & Lee, H. (2015). *Teaching by principles*. New York: Pearson.

Hinkel, E. (2010). Integrating the four skills: Current and historical perspectives. In R. Kaplan (Ed.), *The Oxford handbook of applied linguistics* (2nd Ed.). (pp. 110–123). Oxford: Oxford University Press.

Otto, S. E. (2017). From past to present: A hundred years of technology for L2 learning. In C. Chapelle, & S. Shannon(Eds.), *The handbook of technology and second language teaching and learning*, (pp. 10–25), NJ, USA: Wiley Blackwell.

Vygotsky, L. S. (1978). *Mind in society*. Cambridge, MA: MIT Press.

## 4장

Andrich, D. (1989), Distinctions between assumptions and requirements in measurement in the Social sciences, In Keats, J.A, Taft, R., Heath, R.A, Lovibond, S (Eds), *Mathematical and theoretical systems* (pp. 7-16), Amsterdam, North Holland: Elsevier Science Publishers.

Armstrong, B. G. (1998). Effect of measurement error on epidemiological studies of environmental and occupational exposures. *Occupa tional and environmental medicine, 55*(10), 651-656.

Attali, Y. (2011). A differential word use measure for content analysis in automated essay scoring. *ETS Research Report Series, 2011*(2), i-19.

Attali, Y., & Burstein, J. (2006). Automated essay scoring with E-rater® V. 2. The Journal of Technology*, Learning and Assessment, 4*(3), 3–30.

Wright, B. D. (1992). IRT in the 1990s: Which Models Work Best?. *Rasch Measurement Transactions. 6*(1), 196-200.

## 5장

성민창. (2021). 초등영어 학습자를 위한 협상 챗봇 개발. *초등영어교육, 27*(1), 55-78.

성민창. (2024). ChatGPT를 활용한 외국어 교수-학습 커스터마이징. 임철일(편). *미래교육의 실제와 방향*(pp. 185-204). 파주: 교육과학사.

Bloter. (2015). DOS 시절 '맥스'가 열어준 개발자의 삶 #박정만. [https://www.bloter.net/news/articleView.html?idxno=21813]

Huang, W., Hew, K. F., & Fryer, L. K. (2022). Chatbots for language learning-Are they really useful? A systematic review of chatbotsupported language learning. *Journal of Computer Assisted Learning, 38*(1), 237-257.

Kuhail, M. A., Alturki, N., Alramlawi, S., & Alhejori, K. (2023). Interacting with educational chatbots: A systematic review. *Education and Information Technologies, 28*(1), 973–1018.

Turing, A. M. (2009). Computing machinery and intelligence. *Mind, 59*(236), 433-460.

## 6장

계보경, 권미영, 이동국, 이정서, 구병국, 김대권, 김준현, 김형태, 노성욱, 박중현, 박지훈, 박찬, 엄태건, 이은주, 정선양, 최미애, 김민정. (2022). *메타버스 기반 교수학습모델 개발 연구*. 한국교육학술정보원.

고선영, 정한균, 김종인, 신용태. (2021). 메타버스의 개념과 발전 방향. *정보처리학회지, 28*(1), 7-16.

과학기술정보통신부. (2022). 디지털 뉴딜 2.0 초연결 신산업 육성, 「메타버스 신산업 선도전략」 발표자료.

이혜진, 이제영. (2023). 증강현실(AR)과 가상현실(VR) 기술을 활용한 메타버스 영어교육의 효과: 메타분석. *영어교과교육, 22*(1), 241-259.

최재호. (2022). 영어교육 관련 메타버스 연구현황 분석. *Studies in English education, 27*(3), 353-380.

한국교육문화뉴스. (2023.12). 경북 이서고 국제교류 메타버스 젭 기반 실시간 교과 융합 수업 성공적 진행.

[https://www.kecn.co.kr/news/articleView.html?idxno=2340.]

Cai, Y., Pan, Z., & Liu, M. (2022). Augmented reality technology in language learning: A meta-analysis. *Journal of Computer Assisted Learning, 38*(4), 929-945.

Chen, B., Wang, Y., & Wang, L. (2022). The effects of virtual reality-assisted language learning: A meta-analysis. *Sustainability, 14*(6), 31-47.

Chien-pang Wang, Yu-Ju Lan, Wen-Ta Tseng, Yen-Ting R. Lin & Kao Chia-Ling Gupta. (2020). On the effects of 3D virtual worlds in language learning-a meta-analysis, *Computer Assisted Language Learning, 33*(8), 891-915.

Dalim, S., Dey A., Piumsomboon, D., & Billinghurst, M. (2016). *TeachAR: An Interactive Augmented Reality Tool for Teaching Basic English to Non-Native Children.* 2016 IEEE International Symposium on Mixed and Augmented Reality Adjunct Proceedings.

Jalaluddin, I., Ismail, L. & Darmi, R. (2021). Developing Vocabulary Knowledge among Low Achievers: Mobile Augmented Reality (MAR) Practicality. *International Journal of Information and Education Technology, 10*(11), 813-819.

ASF(2007). Metaverse Roadmap: Pathways to the 3D Web

## 7장

정고은, 손소혜, 장세영, 이대기, 이동환. (2022). 다중모드 리터러시 기반 디지털 스토리텔링 초등영어 수업모형 연구. *교육논총, 42*(3), 47-66.

Carle, E. (1969). *The very hungry caterpillar.* New York: Putnam & Grosset.

Chung, S. J. (2021). Digital Multimodal Storytelling: Understanding Learner Perceptions. *Journal of Convergence for Information Technology, 11*(3), 174-184.

Dreon, O., Kerper, R. M., & Landis, J. (2011). Digital Storytelling: A Tool for Teaching and Learning in the YouTube Generation. *Middle School Journal, 42*(5), 4-10.

Garcia, O., & Wei, L. (2014). Language, Bilingualism and Education. In Translanguaging: Language, Bilingualism and Education. London: Palgrave.

French, F. (1990). *Snow white in New York*. New York: Oxford UP.

Hobbs. R. (2017). *Create to learn: Introduction to digital literacy*. Hoboken, NJ: John Wiley & Sons.

Jones, R., & Hafner, C. (2012). *Understanding digital literacies: A practical introduction*. London: Routledge.

Kim, S. (2014). Developing Autonomous Learning for Oral Proficiency Using Digital Storytelling. *Language Learning & Technology, 18*(2), 20-35.

Kress, G. (2003). *Literacy in the new media Age*. London: Routledge.

Liang, W. J., & Lim, F. V. (2021). A Pedagogical Framework for Digital Multimodal Composing in the English Language Classroom. *Innovation in Language Learning and Teaching, 15*(4), 306-320.

Lotherington, H., & Jenson, J. (2011). Teaching Multimodal and Digital Literacy in L2 Settings: New Literacies, New Basics, New Pedagogies. *Annual Review of Applied Linguistics, 31*, 226-246.

Mantiri, O. (2019). Digital Literacy in ESL Classroom. *Universal Journal of Educational Research, 7*(5), 1301-1305.

Moradi, H., & Chen, H. (2019). *Digital Storytelling in Language Education. Behavioral Sciences, 9*(12), 147.

Murtafi'ah, B., & Putro, N. H. P. S. (2019). Digital Literacy in the English Curriculum: Models of Learning Activities. *Acta Informatica Malaysia, 3*(2), 10-13.

Nelson, M. E. (2006). Mode, Meaning, and Synaesthesia in Multimedia L2 Writing. *Language Learning & Technology, 10*(2), 56-76.

Ohler, J. B. (2013). *Digital storytelling in the classroom: New media pathways to literacy, learning, and creativity*. Thousand Oaks, CA: Corwin.

Robin, B. R. (2008). Digital Storytelling: A Powerful Technology Tool for the 21st Century Classroom. *Theory into Practice, 47*(3), 220-228.

Shin, D. S., & Cimasko, T. (2008). *Multimodal Composition in a Collge ESL Class: New Tools, Traditional Norms. Computers and Composition, 25*(4), 376-395.

Tanrikulu, F. (2021). Students' Perceptions about the Effects of Collaborative Digital Storytelling on Writing Skills. *Computer Assisted Language Learning, 35*(1), 1-16.

## 8장

권은영. (2020). 연구동향 분석을 통한 영어교육에서의 에듀테인먼트: 파이썬과 텍스트 마이닝을 활용하여. *영상영어교육*, *21*(3), 73－100.

김연주, 이건수. (2016). 텍스트 마이닝을 활용한 고등학교 영어 교과서 어휘 목록 개선방안에 대한 제안. *언어학*, *24*(4), 281－301.

김영선, 서춘원. (2018). 클라우드 컴퓨팅의 웹 스크래핑을 이용한 텍스트 데이터 분석에 대한 연구. *대한전자공학회 학술대회*, *2018*(6), 1445－1447.

성민창. (2019). 우리나라 초등학교 영어학습자를 위한 순서도 기반 의미협상 챗봇 개발 연구. *초등영어교육*, *25*(4), 101－122.

신동광. (2021). 설득적 에세이 점수의 예측도구로서의 감성분석 기법. *Brain, Digital, & Learning, 11*(2), 215－226.

오지윤, 이삭, 전재호, 홍선호 (2022). 초등영어교육에서 AI 펭톡의 역할 및 활용 방안. *한국초등교육*, *33*(2), 35－50.

이혜진, 이제영. (2022). 중등영어 임용시험 준비생을 위한 통사론 어휘다발 선정 및 텍스트 마이닝 분석. *영어교과교육, 22*(1), 165－186.

장은아, 최회련, 이홍철. (2020). BERT를 활용한 뉴스 감성분석과 거시경제 지표 조합을 이용한 주가지수 예측. *한국컴퓨터정보학회논문지, 25*(5), 47－56.

진성희. (2022). 자연어처리의 교육적 활용 연구동향 분석. *교육정보미디어연구, 28*(2), 215－243.

조규희. (2021). 텍스트 마이닝 기반 초등영어 원격수업 연구 이슈 분석 및 연구 방향 탐색. *초등영어교육, 27*(2), 95－119.

조규희, 박지현, 남보라, 심창용, 최희경. (2022). 영어 발화 오류에 대한 AI 챗봇의 반응: AI 펭톡과 스피킹 클래스. *교육논총, 42*(4), 179－195.

조규희, 심창용. (2022). '초등영어교육' 학술지 연구 동향 토픽모델링: 영어교육 주요 정책 중심 분석. *초등영어교육, 28*(2), 5－30.

Gharehchopogh, F. S., & Khalifelu, Z. A. (2011). Analysis and evaluation of unstructured data: text mining versus natural language processing. In A, Baku (Ed.), *Proceedings of the 2011 5th International Conference on Application of Information and Communication Technologies (AICT)* (pp. 1-4). New York: IEEE.

Khurana, D., Koli, A., Khatter, K., & Singh, S. (2023). Natural language processing: State of the art, current trends and challenges. *Multimedia tools and applications, 82*(3), 3713-3744.

Kyle, K. (2021). Natural language processing for learner corpus research. *International Journal of Learner Corpus Research, 7*(1), 1-16.

Meurers, D. (2012). Natural language processing and language learning. In C. A. Chapelle (Ed.), *Encyclopedia of applied linguistics*, (pp. 1-15). NJ, USA: Wiley.

Orange Data Mining-Text Mining. (2024).
[https://orangedatamining.com/workflows/Text-Mining]

# 찾아보기


ㄱ

가상세계(virtual worlds) …… 189
가상현실 …………… 189, 195, 206
감성 분석(sentiment analysis) … 264, 271, 275, 282
강한 인공지능 ……………………… 7, 8
개방형 상호작용 (open-ended interaction) …. 69
거울세계(mirror worlds) …… 188
게이미피케이션(gamification) 199
계기 오류 (Instrumental errors) ………. 119
공동체 언어 학습법 ………. 93, 94
과대 오차(gross errors) /과실(blunders) ………………… 118
관찰자 오류 (Observational errors) ……. 120
교육용 챗봇 ……. 171, 172, 173, 174, 175, 176
구조주의 언어학 55, 56, 57, 58

ㄴ

눈금매기기(calibration) ……… 119
뉴욕의 백설공주 ………. 225, 228, 232, 233, 234, 235
능숙도평가(Proficiency assessment) …………………… 129

ㄷ

다중모드 리터러시 ……. 218, 220, 221, 222, 224
다중모드 변환(multimodal transduction) ……………………. 245
데이터 기반 학습 (Data-Driven Learning) ……. 99
데이터 시각화 (data visualization) … 264, 267, 280, 284
디지털 스토리텔링 ……. 212, 216, 220, 225, 231, 235, 240, 245
딥러닝 …………………… 5, 8, 9, 51

ㄹ

라이프로깅(lifelogging) ……… 188
뢰브너 상 ………………….. 163, 164

ㅁ

마이크로 컴퓨터 ……. 92, 95, 97, 98, 100, 104
머신러닝 ………………………. 5, 8, 9
메인프레임 컴퓨터 ….. 88, 90, 97
메타버스 … 184, 187, 191, 197, 201, 206, 210
모바일 보조 언어 학습 (Mobile-Assisted Language Learning, MALL) …………….. 109
목적 지향적 상호작용(goal-oriented interaction) ………… 69

몰입 ·········· 190, 191, 195, 202
몸짓언어 ·························· 42, 43
무작위 오류
(random error) ···················· 118
문법 번역식 교수법 ················· 85
문항반응이론 ······ 133, 134, 136, 139, 140, 149, 150
문항특성곡선(item characteristic curve) ·········· 134
문화 간 의사소통 능력
(Intercultural communicative competence) ························ 66
미디어 리터러시 ···················· 224

ㅂ

배고픈 애벌레 ·············· 230, 231
배치평가(Placement assessment) ························ 129
보기(viewing) ······················· 223
분석형 인공지능 ·············· 26, 27, 28, 29, 30
브레인스토밍 ················ 245, 249
비언어 매체 ······· 217, 224, 230, 245, 249
비정형 데이터(unstructured data) ················ 254, 255, 256

ㅅ

사피어-워프 가설 ······ 46, 47, 50
상대평가 ······················ 115, 116
상호작용 ··········· 67, 70, 75, 77, 176, 179
생득설(innativeness) ············· 59
생성형 인공지능 ··············· 26, 28
세환 효과
(washback effect) ····· 122, 131
스토리 핵심 층위
(story core) ························ 218
스토리맵 ···· 237, 239, 245, 249
스토리보드 ········· 217, 226, 231, 237, 242, 246, 249
시나리오 ······················· 167, 168
시뮬레이션(simulation) ········· 187
시청각 저장 장치 ···················· 84
실감형 콘텐츠 ·············· 186, 192

ㅇ

아바타 ······ 184, 185, 187, 189, 191, 195, 196, 203, 208
앨런 튜링 ··········· 159, 161, 163
약한 인공지능 ··························· 7
언어 ···· 3, 9, 10, 27, 34, 41, 50, 53, 66, 77
언어의 기능 ···························· 43
언어의 일반적 특성 · 39, 42, 43, 46, 54
언어의 특수성 ·················· 46, 50
엘리자 ················ 161, 162, 164
영어교육용 챗봇 ········· 171, 176, 177, 178, 179, 180, 181
웹 스크래핑
(web scrapping) ······· 251, 263, 272, 275, 277, 286
의사소통 능력(communicative competence) ························ 60

의사소통 전략 ………… 74, 75, 77
의사소통 중심 교수법 …… 96, 97, 106, 107
이러닝 ……………………………… 90, 91
이론 오류
(Theoretical errors) ………… 121
인공지능 … 1, 5, 9, 13, 17, 21, 25, 29, 33, 39, 45, 50 , 56, 68, 72, 79

ㅈ

자동평가 …………… 141, 144, 149
자연어 처리(Natural Language Processing: NLP) …………… 8, 9, 167, 181, 251
자연어
(natural language) ….. 158, 167
자연적 접근법 ………………………… 96
전신반응 교수법 …………… 94, 95
정형 데이터(structured data) ………………… 254, 255, 256
제미나이 ……………………… 6, 7, 53
제시(presenting) ……………… 223
증강현실
(augmented reality) ………… 187
지능형 컴퓨터
보조 언어 학습 …………………… 99
지표(descriptor) ……… 116, 117
직접식 교수법 ……………… 84, 85
진단평가(Diagnostic assessment) …………… 124, 125

ㅊ

창작자 ………………………………… 186
챗봇 ……… 158, 161, 164, 167, 170, 173, 178, 180, 182
청화식 교수법 ……………… 87, 88, 92, 93, 96
체계적 오류
(systematic error) …………… 118
초지능 인공지능 ………………… 7, 8
총괄평가(Summative assessment) …………… 124, 128
측정 오류 ………………… 112, 117, 118, 133, 135

ㅋ

컴퓨터 능력적응 검사(Computer Adaptive Testing, CAT) ….. 102
컴퓨터 매개 의사소통
(Computer-Media ted Communica tion, CMC) ……………… 106, 108
컴퓨터 보조 언어 학습 …. 92, 97, 99, 103

ㅌ

텍스트 전처리
(text preprocessing) ………… 281
튜링 시험 ………………… 159, 160

ㅍ

퍼셉트론 ········· 5
페르소나(Persona) ········· 171
포스트메소드(postmethod) ··· 107
프롬프트 ········· 74

ㅎ

행동 유도성(technological affordances) ········· 176
행동주의 심리학 ········· 57, 58
형성평가(Formative assessment) ········· 124, 126
혼합현실 ········· 189
확장현실 ········· 189
환각(hallucination) 효과 ········· 166
환경 오류 (Environmental errors) ········· 119

기타

1모수 로지스틱 모델(1 Parameter logistic model) ········· 136
2모수 로지스틱 모델(2 Parameter logistic model) ········· 137
3모수 로지스틱 모델(3 Parameter logistic model) ········· 138
3차원 ········· 184, 189, 191, 192, 194
agent ········· 172, 173
AI 디지털교과서 ········· 70, 71, 72
AI 펭톡 ········· 178, 180, 181
AIED ········· 12
LISTLY ········· 251, 275, 277, 278
Orange 3 ········· 251, 266, 269, 273, 289
PPP 모델 ········· 93

저자와의
합의하에
인지를
생략합니다.

# 인공지능 융합 영어교육의 이해

인공지능이 변화시키는 영어교육의 미래


지은이 남보라 · 조규희 · 박지현 · 성민창 · 황필아 · 강정진
이동환 · 심창용 · 최희경 · 박선호 · 김혜련

펴낸이 조경희

펴낸곳 경문사

펴낸날 2024년 5월 17일 1판 1쇄

등 록 1979년 11월 9일 제1979–000023호

주 소 04057, 서울특별시 마포구 와우산로 174

전 화 (02)332–2004 팩스 (02)336–5193

이메일 kyungmoon@kyungmoon.com

값 23,000원

ISBN 979–11–6073–685–4



★ 경문사의 다양한 도서와 콘텐츠를 만나보세요!

| 홈페이지 | www.kyungmoon.com | 페이스북 | facebook.com/kyungmoonsa |
|---|---|---|---|
| 포스트 | post.naver.com/kyungmoonbooks | 블로그 | blog.naver.com/kyungmoonbooks |
| 북이오 | buk.io/@pa9309 | 인스타그램 | instagram.com/kyungmoonsa |

도서 중 **정오표** 및 **학습자료**가 있는 경우 홈페이지 내 해당 도서 상세 페이지의 **자료** 탭에 업로드됩니다.